"谢林及其影响"丛书

Schelling and
Modern European Philosophy :
An Introduction

谢林 与
现代欧洲哲学

[英] 安德鲁·鲍伊 著
Andrew Bowie

田佳润 孟德誉 杨萌萱 译
王丁 校

中国出版集团 东方出版中心

本书为国家社科基金青年项目"谢林晚期哲学体系的双重视角重建及其影响史研究"（23CZX040）的阶段性成果。

本丛书为山东大学"文明互鉴视域中的汉语哲学"
研究团队下设系列书系之一种

山东大学"文明互鉴视域中的汉语哲学"系列丛书

顾问:刘大钧　刘陆鹏
主编:傅永军　刘森林
编委:(以姓氏笔画为序)
　　　王　丁　王文方　王新春　冯　波
　　　李尚信　李海涛　吴童立　何中华
　　　梁　飞　梁乐睿　傅有德

"谢林及其影响"丛书总序

　　汉语谢林哲学翻译经历了几代学者的辛勤劳作,从 1976 年梁志学、薛华译出《先验唯心论体系》开始,经过苏国勋、王炳文等译出《谢林传》,邓安庆译出《论人类自由的本质》《布鲁诺对话》,直至最近先刚主编的《谢林著作集》趋于完成,谢林的原著终于慢慢在汉语学界呈现出其全貌。谢林的著作至少在汉译规模上,也得到了与他本人在思想史中的地位相对等的待遇。

　　自 20 世纪 80 年代以来,西方思想进入中国总是以"热"的方式呈现。在如今我国西方哲学研究水平已经提高到了一个新的阶段以后,我认为,任何思想家思想的引进不该再以"热"的形式表现了,这既不符合时代状况也不符合思想本身的品质,尤其是德国古典哲学的思想品质。严肃认真的研究不仅要以原著为基础,也应以学养深厚的、确立了这一研究百年来的基本论题和范式的重要经典研究为辅助。无前者研究则空,无后者研究则盲。即便谢林本人向来以变幻莫测的"普罗透斯"形象展现在他的同时代人眼前,但其思想内核、基本讨论框架和论题则几十年都保持稳定不变。唯有如此,谢林才算得上是一个严格意义的思想家。"热潮"尽管在某时有其积极一面,但当"热潮"退去,更应该考虑的问题是,这个东西是否提升了我们的思想水平,我们能讨论的问题的深度是否增加了,我们是否更理解其源流,进而是否更好地理解自己。科学的严肃性是由其自身所面临的实质内核决定的,不是由时代的好恶决定的,尽管可以被扭曲,但就像童话里面不能带出仙山的灵药一样,进入尘世即为灰飞。

自我本人参与"谢林著作集"的工作以来,对自己的要求一直都是研究式翻译,即不仅了解眼前有待翻译的文本及其内容,也应了解它的影响史、编纂史、讨论史。"谢林著作集"是近年来汉语哲学研究事业中的一桩意义重大的成果,我始终对能够参与这项工作感到荣幸和自豪。眼下这套"谢林及其影响"丛书的出版基于两个考量。第一,对"谢林著作集"中因为一些考虑没有收入、但内容也很重要的谢林原著进行补充,比如 1806 年的《驳费希特》、1812 年的《驳雅各比》等。第二,在"谢林著作集"出版过程中,就有一些声音,表示不太能理解为什么对这样一个"过去"的人物要投入如此大的心血和精力,所以本丛书也会出版能够切实回应这一点、呈现了谢林思想影响力的经典研究。在这类书目的选择上,我考虑的不是那种仿佛"报菜名"一样,认为谢林的某某思想是某某主义,某某思想也是某某主义,所以谢林在其中有重要作用的那种洋人为了"评职称"写的东西,而是能够从谢林思想中的某一关键论题出发,并将其实质与某一古代或当代思想讨论直接衔接起来、有扎实学养的经典著作。至于那些极其专精的谢林哲学内部问题研究,在我看来是需要以谢林为主题撰写学位论文的学生,或者以谢林为主要研究对象的学者自己应去克服语言障碍阅读的,故不在考虑范围内。

本丛书也是一个长期和开放的工作,我在此尤其欢迎海内外的优秀青年博士和学者能够加盟这项事业。谢林也好,黑格尔也罢,在他们活着的时候是以自身的人格呈现了精神的伟大思想家,在他们死后,也将是能把有着精神和科学的共同事业和追求的人聚集在一起的英灵。

王　丁

2023 年 8 月 16 日

济　南

献给利兹（Liz）

目　录

鸣　谢

　　我要感谢亚历山大·冯·洪堡基金会，使我能够在图宾根这个田园诗般的、非常合宜的环境中完成我的谢林研究工作。我非常感谢曼弗雷德·弗兰克（Manfred Frank），他在恢复谢林哲学声誉方面的重要工作是我的主要灵感来源，他的友谊、建议、支持、美酒和亲切的陪伴使我在图宾根的工作更加愉快。利兹·布拉德伯里（Liz Bradbury）的陪伴，在我长期缺席期间的宽容，对黑格尔有说服力的辩护，以及在风险中的支持都至关重要。彼得·德斯（Peter Dews）和我在图宾根深夜讨论谢林的许多观点、富特文格勒对贝多芬的解释，以及其他许多问题，使我受益匪浅。他对初稿的评论也至关重要。雷蒙德·格斯（Raymond Geuss）为我最初的翻译和介绍谢林的《现代哲学史》讲座这一较小的项目提供了必要的出版保证，并在本书与该项目出现时提出了有益的建议。安吉利亚理工大学慷慨地让我请假，以接受洪堡奖学金。安吉利亚大学欧洲思想和文学专业的学生让我对伟大的哲学力量充满信心，因为他们有能力接受那些英国高等教育中被许多人错误地认为是太过艰深的思想。图宾根的哲学系对不同的方法路径提供了一种堪称典范的开放心态，这在英国的许多哲学系中是非常缺乏的。Andrew Benjamin, Phil Blond, Rüdiger Bubner, Matthew Festenstein, Heidrun Hesse, Nick Jardine, Chris Lawn, Peter Middleton, Julian Roberts, Cara Ryan, Kiernan Ryan, Birgit Sandkaulen Bock, Simon Schaffer Gianfranco Soldati, Bob Stern,

Martin Swales，Nick Walker，图宾根研讨会的其他成员，以及许多其他人，在成书的不同阶段都是我最为宝贵的对话者。劳特利奇公司的阿德里安·德里斯科尔是一位模范编辑。我在安吉利亚大学的同事 Henry Merritt 在危机中恢复了我对计算机技术的信心。我的父母也一如既往地给予我极大的鼓励和支持。

安德鲁·鲍伊

图宾根与剑桥

导　言

1. 定位谢林

弗里德里希·威廉·约瑟夫·冯·谢林(1775—1854)在近现代哲
学史上的重要性直到最近才开始被理解。长期以来,谢林晚期作品的重
要性都被德国唯心主义的衰落掩盖,导致他仅仅被视为黑格尔的先导。
我要为下面这点辩护:鉴于当代对"西方形而上学终结"以及"后形而上
学思维"的关切,谢林的思想需要被重新评估。新近的绝大多数英文谢
林研究一直把谢林看作黑格尔的附庸。这意味着他要么作为黑格尔批
判的靶子,即黑格尔批判自己先前的哲学无法克服"直接性"、无法在哲
学中阐明存在和思维关系的靶子;要么仅被视为黑格尔理论演进中的一
个插曲:在这种叙事中,在尼采和海德格尔开启了从西方形而上学中解
放的真正进程以前,黑格尔都被视为哲学王国中一切事物的权威。在接
下来的内容里,我力图表明,谢林不仅仅是黑格尔的批判对象。事实上,
谢林通过揭示黑格尔哲学的缺陷,为阐明现代哲学中的关键结构作出了
贡献,这些批判甚至对当今哲学议程的设定有着极大的帮助。[1] 我的

---

[1]　谢林的主要观点在其晚期哲学中最容易得以透视,对黑格尔的批判在这里也得到了充分
　　的发展。这些内容主要可以参看我为剑桥大学出版社翻译的《近代哲学史》(*On The*
　　History of Modern Philosophy)讲座(Schelling 1994),以下我将把它称为"讲座"。

目标在于，结合新近那些建立新的理性概念的尝试，以及联系后现代思想的理性概念批判这两方面，重新审视谢林哲学思想，促进对谢林哲学的理解。

在 1831 年黑格尔去世前，他的哲学长期宰制着哲学界。而待其去世，对他哲学大规模、多方面的攻击才纷至沓来。然而很少有人意识到，谢林对这些攻击的贡献有多么重要。事实是，在 1841 至 1842 年期间，一些青年黑格尔派成员就参加了谢林在柏林的讲座——当时谢林接替了黑格尔的哲学教席，或者通过他人的讲座笔记了解了一些讲座内容以及谢林早期对黑格尔的一些批判。显然，谢林被他们视为是"未来哲学"（费尔巴哈）的另一个敌人，尤其源自他晚期生活中被确认无疑的保守主义倾向——这在某种程度上是一个恰如其分的判断，因为谢林即使以诸多方式冲击很大一部分唯心主义概念，但他仍然对唯心主义抱有信念。在唯心主义的哲学史传统中，最重要的阶段是最高和最终的阶段。这意味着，那个阶段必须在自身中把握之前的所有阶段。从费希特开始，德国唯心主义者的共同目标，不外乎是终结形而上学——根据康德对独断论形而上学的批判来理解"绝对者"（这个争议极大的术语含义将在后面变得清楚明晰）。为了实现这种理解，哲学家必须确保他自己的哲学是最后一个可能的哲学。对于晚期谢林来说，这就是他的"肯定哲学"。它将通过展示理性体系自我奠基的不可能，来超越黑格尔的唯心主义体系，从而导向一个新的基于历史的哲学宗教。谢林确实超越了黑格尔，但他也没有实现更高的综合：现在，谢林的一些晚期思想被重视，正是因为它们揭示了那个由黑格尔建立的形而上学的不可能性。

无须多言，属于谢林和黑格尔哲学时期的雄心壮志已成过眼烟云。鉴于同黑格尔一样构建总体哲学的失败，我们现在更可能会去思考"后哲学"是什么样子。正如理查德·罗蒂所说，如今的情况是，我们"发现黑格尔、尼采、海德格尔、德里达以及像我这样的德里达实用主义评论者，都争夺着成为历史上第一个真正激进的反柏拉图主义者的地位"（Rorty 1991b p. 96）。罗蒂引用了米歇尔·福柯的观点，认为哲学家现在面临的关键危险是，无论我们走哪条路，我们注定会发现黑格尔在路的尽头耐心地等待着我们的到来（同上），因为试图超越形而上学的概念在某种程度上也总是预先假定着同样的概念。形而上学的概念本身就不断显示出它辩证地依赖于它要克服的东西。谢林正是最早试图避免"不知不觉地成为黑格尔"的哲学家之一。在这个意义上，谢林受到了最早提出"哲学的终结"的人，即青年黑格尔派的追随。而"哲学的终结"这个概念在最近又变得耳熟起来。

　　哈贝马斯（Jürgen Habermas）提出了谢林—黑格尔构成的这一"星丛"在哲学史上的重要性："我觉得，我们的处境和黑格尔的第一代弟子并没有本质差别"（Habermas 1988 p. 36）；"在哲学上我们始终都是青年黑格尔派的同代人"（同上书，p. 277）。哈贝马斯认为，现代形而上学的思维模式可以追溯到笛卡尔和康德，"直到黑格尔那里仍然生机勃勃"，其特征在于："同一性思想、理念论和强大理论概念在意识哲学中的转型［作者注：在实践之前的意义上］"（同上书，p. 41）。因此，哈贝马斯和海德格尔的观点一致，即现代哲学的特点是赋予主体以首要地位，并试图通过自身的活动来确定对象世界的真实本质。因此，超越"主体—哲学"的模式构成进入后形而上学思维的途径。但在谢林晚期的哲学中，谢林显然不符合哈贝马斯所概述的现代形而上学构想，甚至在他早期哲学的某些方面，谢林提出了一个完全不同的视角。因此，值得一问的是，所谓的"形而上学的终结"，无论是在形而上学终结的传统意义上，还是在以"后形而上学思维"的名义克服形而上学的当代意义上，是否还可以通过重新审视谢林来更好地得到理解。

在英语世界，晚期谢林的声誉似乎使他在这样的背景下不太可能成为人们进行研究的候选对象。毕竟，他的许多晚期哲学都被猜测是受到雅各布·波墨(Jakob Böhme)和其他一些神秘主义者影响，这些学说被理解为将基督教转化为一种在哲学上可行的宗教的尝试，即尼采所谓的"大众柏拉图主义"的一种尝试。即使是晚期谢林的同时代人，比如克尔凯郭尔以及马克思的朋友阿尔诺德·卢格(他们1841—1842年在柏林听了谢林的讲座，那时谢林获得了曾属于黑格尔的教席)也认为谢林是无望的。克尔凯郭尔曾说："我已经完全放弃谢林了。"(引自 Schelling 1977 p. 455)卢格说："认为谢林仍然是一位哲学家是最愚蠢的事情。"(同上，p. 464 页)如果真有如这些有影响力的思想家所认为的那样，晚期作为哲学家的谢林已经消失了，为什么我们现在还要重新唤起他呢？

在后经验主义科学哲学氛围中工作的科学史学家不难像马克思一样，对青年谢林作出肯定评价。他们认为进行自然哲学研究的谢林是一个重要的人物，他对自然的"生产性"(productivity)和其内在的极性(polarity)的思辨性阐述，在紫外线的发现、能量守恒原则的提出以及电磁学的发现中起了重要作用(参见：例如 Kuhn 1977 pp. 97 - 9；Cunningham and Jardine 1990)。即使如此，他们也没什么理由去关注晚期谢林的"讲座"、《神话哲学》和《启示哲学》等作品，而这些作品占据了谢林自1820年代末期以来的大部分精力。当然，当时间到了19世纪40年代，自然科学研究开始受到物理主义和实证主义的影响，它们使得作为现代科学公开实践事物的一部分的自然哲学被有效扼杀了。谢林的晚期工作很少涉及自然科学，而当涉及时，结果也往往令人失望。他将注意力转向神话和神学，这一事实也常常被看作谢林无法构建一个完整融贯的哲学体系的又一证明，这一长伴谢林一生的指责在黑格尔的《哲学史讲演录》中早就被人熟知了。

谢林的晚期作品如同他的早期作品一样,在许多不同的方面往往不尽如人意。然而,毫无疑问的是,它对现代哲学的发展具有重要的历史意义:叔本华、克尔凯郭尔、费尔巴哈、尼采和海德格尔等思想家对谢林的研究远比他们承认的要多。例如,克尔凯郭尔在听了谢林1841—42年在柏林的一些演讲后,在1846年的《最后的、非科学性的附言》中以如下方式攻击了唯心主义(黑格尔)对主体和客体的同一性的抽象证明:

> 因此,如果人能成为这种东西,那么他成为纯抽象的、有意识的参与和知识,即这种纯粹的思维和存在之间的关系、这种纯粹的同一性;是的,这是一种重言,因为赋予思想家的存在并不表明他是什么,而只表明他从事思考。
>
> (*Kierkegaard 1968*)

实际上,克尔凯郭尔在此处明确地回响着谢林对笛卡尔唯心主义的批判,这种批判和原"海德格尔式"的批判是一致的,它也贯穿于谢林讲座里对黑格尔的批判:"因此,那蕴含在cogito[我思考]之内的sum[我存在]仅仅意味着:sum qua cogitans[我作为思考者而存在着],也就是说,我处在人们所称的'思维'这一特定的样式之下。"(I/10 p.10)。谢林的后继者们借用了谢林的批判,其中大部分通过变相引用进行掩饰,甚至也有像费尔巴哈一样毫无掩饰的借用。

然而,正如我之前提到的一样,我并不仅仅想展示谢林在历史上的重要性。我也想要特别地展示的是,在最近德国对谢林哲学的研究中,谢林的一些早期和晚期的作品仍然对当代理论有重要意义。这个目标的一些方面很容易实现,比如在谢林对于同一哲学或自我意识的反思上。然而,显而易见的是,那些占据谢林晚期作品很大篇幅的,比如关于在创世之前的上帝的思辨，似乎对于后尼采主义、后海德格尔主义、后维特根斯坦主义等许多当代哲学的关切并没有什么用处。从这个角度而言，谢林的一些作品显然已经没有什么意义了。那么，我们如何以富有成效的方式研究他的作品呢？正如我们所看到的，现在的后经验主义科学史学家比过去的经验主义者更能欣赏谢林的重要性。经验主义的科学史学家的假设是，谢林的自然哲学由于对经验研究漫不经心的态度以及仅从类比出发进行研究的倾向，成为现代意义上"硬科学"发展的障碍。而现在，语言的各方面在科学发现中扮演的角色，也正被人们认真关注，这使得经验主义和思辨之间的严格分界逐渐被打破。

2. 隐喻与形而上学

在这一点上，一个关键的因素正是隐喻，这一点被玛丽·赫斯、托马斯·库恩、唐纳德·戴维森、米歇尔·福柯等思想家强调。通过审视隐喻在科学发现中的作用，我们发现其影响显然超越了自然科学领域。罗蒂声称：

> 往我们以前的信念体系中添加新信念的方式有三种，即感知、推理和隐喻……感知和推理都不会改变我们的语言，也不会改变我们划分可能性的方式。它们改变了语句的真值，但不改变我们的语料库。……相比之下，将隐喻视为第三种信念来源，从而成为重编我们信念网和欲望的第三个动机，意味着将语言、逻辑空间和可能性领域看作开放的。这正放弃了这样一种视角，即认为思维的目的是达至一种上帝视角。

(Rorty 1991b p.12)

在关于语言在科学中的作用这一点上,谢林的目标显然是要达至一种类似上帝的视角。但我们应该始终牢记谢林受康德的形而上学批判启发这一背景,它使谢林截然不同于康德之前的哲学家达至绝对者的尝试。唯心主义哲学的总体化目标使哲学语言变得多义且比一般人所理解的更复杂。把握主体和客体的同一性的渴望导致黑格尔将语言看作精神的体现、无限者的感性表象。然而,特别是在《世界时代》一书里,谢林提出,语言不应仅被认为是超感性理念的感性再现。尽管仍然关注形而上学问题,但谢林的回答通常可以从现在被视为"后形而上学"的角度理解,因为它们并不总是依赖着形而上学的某些核心假设。

事实上,正如德里达一再提醒我们的那样,隐喻问题本身就使形而上学问题更加复杂。卡尔-奥托·阿佩尔(Karl-Otto Apel)在维特根斯坦后期哲学的启发下指出,形而上学历史中的大部分语词,例如作为谢林著作中核心概念——"存在",会产生"隐喻幻象",而正如在康德看来,独断论形而上学的传统概念产生了"超验幻象"。这些词语的使用会产生无法解决的哲学问题,因为它们诱使我们忽略这样一个事实,即语言是没有办法有意义地陈述"存在"之类的东西。然而,阿佩尔接着说:

> 人们可能会问:虽然一方面,隐喻的实体化经常会引起虚假的本体论问题,但对于人类意识在思想史上的逐步扩展这方面而言——例如,对于科学问题及其模型的启发,它可否或缺? 正如海德格尔所说,所有思辨的隐喻'不都同时是遮蔽和解蔽吗'?
>
> (Apel 1976 pp.326-7)

他同时指出，这一点与谢林的黑格尔批判有关：

> 所有把普遍性（无论是一般意义上的概念、范畴还是最终归结为"超验"的存在者之存在［*Sein des Seienden*］）还原到诸语言因素（概念、意义、语义规则）的做法都是自相矛盾的；它们否定了语言的使用依赖前理解的预设，而他们自己在把"存在"还原为语言时，却仍依赖于这一预设。
>
> （同上书，*p.358*）

在隐喻的运作中，这种前理解格外明显。

可能是受到戴维森的影响，罗蒂在隐喻和意义之间进行了严格的区分。[1] 隐喻是语言的创新的、非标准的使用，但没有"意义"。而"意义"是"当人们使用句子时，他们注意到一个句子和其他句子之间的标准推理联系而赋予语词的属性"（Rorty 1991b p. 13）。当隐喻通过融入日常语言而消亡时，隐喻用法才变成了"意义"。罗蒂这一观点的问题在于，他和哈贝马斯都希望在"问题—解决"（意义）和"世界—解蔽"（隐喻）之间严格的界线划定。这使我们很难理解，为什么隐喻能像它不可否认

---

[1] 解释戴维森本人对隐喻的看法是困难的。对戴维森来说，重要的是"一个隐喻唤起我们的注意，而我们被引起注意的大部分东西在性质上不是介词"（Davidson 1984 p. 263）。隐喻在这方面的能力是"没有限制的"（同上）。戴维森认为，通常当我们把一个句子看作假的，或者琐碎的、同义反复的真的时候——因此当它作为命题的地位似乎不足以解释它的作用的时候，我们才有可能把它看成一个隐喻。不过，戴维森进一步坚持认为，实际上任何语言的使用在它能让我们注意到什么方面都没有"明确的目的"，从而使事情不像字面意义（罗蒂的"意义"）和隐喻之间的最初区分那样明确。在这方面，纳尔逊·古德曼（Nelson Goodman）认为，为大多数隐喻找到一个字面的转述是困难甚至是不可能的。戴维森将此作为例证，认为没有什么可以转述的。一个句子在隐喻上并没有说出什么，或者说它没有从字面上说，而是以不同的方式发挥作用，邀请人们进行比较并激发思考。但许多字面意思的句子的转述也是极其困难的，我们甚至可能会质疑，是否有任何句子可以准确地翻译成相同或任何其他语言中的其他词语（Goodman 1984 p. 72）。

的那样，在重新定义和解决几乎任何领域的问题上都具有启发的效力。可以说，"标准推理联系"并不像罗蒂所希望的那样可靠和确定。戴维森认为，任何语言的使用都可以使我们注意到命题断言外的更多东西，这正可以提供解释。因此，语言在世界——解蔽与问题——解决的两方面最终能否分开，仍然是一个开放的问题。此举留下了解释的空间，使我们不至于错过谢林的那些——唯有在隐喻性上，其真正力量才能得以显现的——重要问题。

正如阿佩尔所说，在这个视角下"形而上学"不可能结束——与罗蒂试图简单地结束形而上学的愿景相反，因为形而上学的关键概念不可能最终消除或者说被赋予"意义"——对"存在"[1]的使用即一个例证。人们对深究海德格尔对"存在"（Sein）的纠缠的长久热情——其中包括只在"打叉"的情况下使用它——也是一个例子。因此，隐喻可以说内在地保证了某些哲学的活力，尤其是分析哲学曾一度试图将其遗忘。因此，对隐喻的思考在很大程度上就是在此所讨论的德国哲学传统的一部分。霍尔茨（H. H. Holz）在 1975 年出版的一本关于恩斯特·布洛赫（Ernst Bloch）的书中，用以下评论清楚地表明了这一点——布洛赫和霍尔茨都把谢林作为他们思想的核心。

> 每一种哲学基本上都是隐喻的，因为它用已知的手段来命名和开辟尚未知道的东西……一切不可直观的东西（*Alles Unanschauliche*）都只能用隐喻来表达。通过被制成一个图像，它得以被普遍地体验

---

[1] 在讨论与海德格尔有关的"存在"（being）一词时，决定是否将其大写是一个问题。我决定不这样做，而是在讨论海德格尔的时候使用德语 Sein。当谢林使用 Seyn 这个词时，我将只使用"存在"，并将试图从上下文中明确说明其含义。如果他使用的"存在"一词不是 Seyn，必要时我将具体说明。事实是，尽管谢林显然是在存在论的差异方面进行思考的，但他也经常交替使用 Seyn 和 Seyendes。

到——而这种体验最初总是对图像的一种理解。概念产生于类比、比较和隐喻——当形象以一种固定的、相同的方式被使用时,其隐喻性却愈发消弭了。

(引自 Wüstehube 1989 p.146)

这似乎就是现代哲学关切的,被分析哲学、精神分析视为核心的问题。

然而事实是,施莱尔马赫(F. D. E. Schleiermacher)本人深受谢林的影响——他在19世纪初试图通过分析当时的文学语言以克服文字固有的普遍性,从而展露某种关于世界的新事物时,在隐喻问题上说了几乎一样的话(关于这一点,参见 A. Bowie 1990 pp. 146 - 75)。哲学中的隐喻问题实际上是浪漫主义哲学的一个关键因素。在施莱尔马赫、洪堡、诺瓦利斯和弗里德里希·施莱格尔(他们都是谢林的熟人)的作品中,以及在谢林自己的早期作品中,文学和其他艺术都被认为具有与哲学同等甚至更高的地位,因为它可以展示哲学所不能道出的东西。因此,我们在谢林研究中可以得到这样的帮助:我们不必仅从谢林是否成功建立了一种肯定形而上学的判断上达至对他所说的"隐喻"的理解。此外很明显的是,谢林本人也有意地依靠隐喻独特的揭示能力,这和谢林哲学中的一些段落所表现出的一样。

对隐喻的考察可以帮助我们解释:为什么谢林作品中的关键术语和概念结构会在他之后多种多样的理论中发挥作用。这样的例子不胜枚举。谢林对无意识概念的使用指向弗洛伊德;他对宇宙的思辨使他产生了类似于"大爆炸"的观点;他的自然哲学呼应了当代的生态学关切;他分析存在问题的方式指向了海德格尔和德里达;他的语言概念指向了雅克·拉康。这些联系并不偶然:人们可以在所有这些例子中追溯历史上观念影响的模式。一个需要解释的核心问题是,在这些思想中,有许多想法都以宏伟的唯心主义哲学中的概念为开端,但当它们在概念层面被重新使用时(例如精神分析),这些观念似乎只在关注人类个体意识的领域才卓有成效。这些关注背后的真正关键恰恰是,如何对意识及其在自然中的其他部分的联系加以设想,正是在这里,谢林达至了他最伟大的洞察。

将意识与自然联系起来很明显会招致一种指责,即谢林的做法依靠的是拟人论(anthropomorphism)。这些观点认为,拟人化的做法在谢林早期作品中无效地把人投映于自然,在后期作品中则是投映到上帝(例如,Jaspers 1955 pp. 178 - 84)。海德格尔在《谢林:论人类自由的本质》一书中对于谢林拟人化问题粗略地指出,对拟人化的反对依赖于"没有进一步检验的信念,即每个人都真正知道人是什么"(Heidegger 1971 p. 196)。如果"人"的本质恰好"不仅仅是它本身,也不是首要的东西"(同上书,p. 197)的存在。那就不能给他分配一个可确定的本质。因此,这就需要我们能更仔细地考察谢林的拟人论。晚期谢林不是把已知的人类本质投射到他者身上,而是试图接受这样的认识,正如他在1842—3年的《启示哲学导论》中所说:

因为我们的自身意识绝不是那个经历过一切阶段的自然的意识。我们的意识恰恰只不过是我们的……人类的意识并不等同于自然的意识……人类及其行动还远没有使世界变得可理解,人类自己就是最不可理解的东西。

(II/3 pp.5 - 7)

这里的段落是谢林在此问题上最极端的陈述之一——在这方面,谢林在他的整个哲学生涯中的表现并不一致,但它确实揭示了谢林彻底意识到了将拟人化的隐喻投射到上帝和自然的问题。谢林涉及许多拟人化或传统的神学表达,所以这些乍一看是没法得到辩护的,但仅仅上述这一事实就应该让人们对谢林哲学中的一些段落作更谨慎的考察。

谢林使用拟人化隐喻的原因可能各不相同,但其中一个来源显而易见。事实上,谢林的大部分哲学生涯都在试图避免斯宾诺莎的决定论和机械论的影响——这种论调在今天的思想中仍然存在大量的回响。谢林与斯宾诺莎的斗争即是找到一种同时维持自由和理性的方法,以此方法使自然、意识的生成和发展得到解释,但与此同时谢林也得说明,自然和意识的根据本身是无法从哲学反思中出现的。

在这里,谢林的思想对哲学仍然重要的原因与当代的怀疑论有关,这种怀疑反映在对尼采、海德格尔、霍克海默和阿多诺日益增长的兴趣中,即西方理性已经被证明是一种自恋的幻觉,这是“虚无主义”、“对存在的遗忘”、“谬误的普遍背景”、生态危机的根源,简而言之,是现代性弊病的根源。然而,至关重要的问题是理解形而上学思维如何与现代性危机相关。最近理解这个问题的许多方法似乎是不充分的,而谢林哲学在这里的意义即说明这些方法的不充分性。哈贝马斯指出,形而上学的思考在本质上是反思性的,因为它依赖于理性在世界的镜子中认识自己:

只要哲学坚持认为,认知理性在具有合理结构的世界中确认自身,或者说,认知理性赋予自然和历史以一种合理结构——不论是通过一种先验的保证,还是通过使世界辩证化——那么,哲学就都还忠实于其形而上学开端。一种内部合理的整体性,无论是世界的整体性,还是建构世界的主体性的整体性,保证了其各个环节和组成部分都能分享到理性。

（Habermas 1988 p.42）

霍克海默和阿多诺等形而上学的批判者认为,将主观的、"工具性"的理性强加于自然界,是哲学努力将人类理性与这个整体联系起来的结果。不过,从后形而上学的角度来看,这种关系是自恋的:理性只把世界看作自己的反映。而晚期谢林显然打破了这种关于理性与整体的联系的形而上学概念:

整个世界,可以这样说,都落在知性或理性的网中,但问题是它究竟 11 如何进入这些网中,显然在世界上有一些其他的东西,而且有些东西超越了这些屏障。

（I/10 pp.143－4）

他进一步提出了这样一个问题:"为什么毕竟有某物(etwas)存在?为什么无(Nichts)不存在?"虽然谢林提供的有神学意味的回答可能最终不能令我们满意,但他的问题却不容忽视。因为其中一些问题已经成为当代哲学围绕后形而上学思维所展开争辩的中心。

我在这里试图恰当呈现出谢林部分作品的价值,而这需要有意地排除谢林许多其他可能的面向:我对谢林的个人生活不感兴趣。尽管他的哲学思想确实与他个人生活的变化有关。在我看来谢林不算不讨人喜欢,但我希望没人在乎我在这些方面的评价。我在这里不关注谢林的思想与其过往哲学的源流,而是重视其面向未来的重新诠释。我的目光只停驻于谢林某些最好的作品中巨大的价值和重要意义:为此,我将引用许多已翻译和尚未翻译的原文(所有翻译都是我自己完成的)[1]。最重要的是,我不过分关注批评。持有这种或许令人惊讶的立场的原因很简单:相比大多数现代哲学家,谢林作品中的问题更容易被我们发现——这也是他在英语世界消失的原因之一。但是,将全部热情、气力投入对其论证缺陷的索察可能立马会导致阐释的失败,就像我已经在谢林的拟人论那儿试图表明的一样。我会为我后面将详细介绍的观点留下足够的批判空间,但首要的是,它们仍然值得批判性地评价。因为我专注于至今依然有价值的内容,我呈现出的观点固然会有变形:有时我只会考虑一个更完整的文本中的一小部分,有时我会在谢林没有完全明确陈述的内容中重建论证。某些时候,我展示出的某些观点在谢林的文本中甚至可能找到相反的陈述:我对文本进行选择和强调的标准仅仅在于谢林是否达到了新的洞见。谢林思想的前后不一致是谢林阐释者必须承担的负担。至少,这种"变形"相比于在那种标签化的哲学史中将谢林定位为黑格尔的另类先导的做法更为可取。

如果我们依然在乎哲学史,那么一个主要的任务必须是去拯救那些宝贵的东西,以免它们在现今日益占主导地位的、对"西方形而上学"刻板化的讨论中遗失。当前经常出现的形势是,基于时兴的语境主义的各种哲学大都依赖一种对西方哲学史的脸谱化解读,它假设我们已然完全理解了康德、黑格尔,包括其他的一些哲学家——甚至比如谢林这种他们压根没有读过的。那些宣告后现代来临的当代思想家,事实上,相比于那些被他们批判为"暴力地对待他异性"的前辈而言,恰恰是更暴力的。在这方面,他们已经开始分享同分析哲学家一致的盲目性——尽管事实上他们对哲学史知之甚少或者压根一概不知,但他们认为哲学史已

---

[1] [译注]中译本对谢林原著文本的翻译参考先刚教授主编中文版《谢林著作集》。

然被自己终结,继而可以翻篇,去着手解决所谓"真正的问题"。

3. 谢林哲学的各阶段

为了使我们更简明地走进这位艰深的思想家,我将对谢林哲学从早期到晚期的阶段,作一个非常简略的概述。在接下来的章节中,我按照时间顺序选择谢林最重要的一些文本,集中讨论一些关键问题,试图阐明其关键的洞见,并且将这些洞见与相应的问题联系起来。

在晚期的"启示哲学"系列讲座中,谢林重新阐述了自己的哲学思想。不出所料,他十分关切地强调,自己早期的工作并非只有历史意义,而是与自己后期的思想相容的。然而,并非每个人都同意这一点。评论家或批评者对谢林思想的态度通常可以从一个判断得到透视:要么,谢林实际上具有一个统合性的基本哲学思想;要么他就是一个多变的"普罗透斯",能够闪现出智慧的洞见,但无法持续进行融贯一致的哲学思考。对谢林的赞美或贬损都源于这个判断。显然,谢林的思想确实经历了很大的变化,他的关注点也发生过转移。但从某种意义上说,谢林确乎是在追寻一个基本的哲学图景,尽管这个图景乍看起来可能很一般,以至于一眼看起似乎没有任何意义。曼弗雷德·弗兰克(Manfred Frank)谈到了"谢林的基本思想,即存在或绝对同一性不可还原为反思的开端"(Schelling 1985 p. 8)。我们的一个主要任务就是阐述弗兰克这个恰当而又晦涩的短句的含义——毕竟,是弗兰克的工作最大限度地将谢林带回当代哲学讨论中。

谢林哲学进入与当时的外部环境交融、关联的阶段始于对费希特思想的一段短时间的热情——在 1790 年代中期,费希特对康德先验哲学进行修正,使意识的活动在构建可知世界中占据主导地位。与此同时,

13

谢林对斯宾诺莎哲学终身的关注也在此时开始，斯宾诺莎所认为的哲学必须以一个自因的绝对者作为开端的观念也伴随了谢林的一生。到 18 世纪末，谢林发展出"自然哲学"，将主体的活动概念延伸到了整个自然界的作为"生产力"的概念中，从而避免了无生命的自然世界与有生命的思维的刻板对立。1800 年的《先验唯心论体系》试图将费希特和自然哲学调和起来，认为艺术是思维活动和自然中"无意识"的生产力最终同一的中介。在早期的 1800 年代，谢林致力于"同一哲学"，即试图建立一个完整的体系，证明"思维"和"存在"，"观念"和"实在"（这些术语的含义将根据使用的背景而大为变化）只是同一之物的不同程度或面向。在这期间，他最终与费希特决裂，谢林认为费希特未能超越自我意识的范畴，而将意识的根据仅安置在其所属的存在（即人类意识——作者注）的一个面向上。在 1809 年的《论人类自由的本质及相关对象》（谢林一生中最后一部公开发表的文本）以及 1811—15 年的《世界时代》中，谢林打破了他先前许多作品中"观念"（意识，主体）和"实在"（物质，客体）之间的静态、平衡的对立关系，他开始关注构成我们显性世界的对立原则背后的原因。在这里，谢林为叔本华、尼采、弗洛伊德及其追随者的争锋论辩搭设了舞台。所谓"肯定哲学"，其内涵已发轫于《世界时代》中，并在 1820 年代得到发展。"肯定哲学"试图超越"否定哲学"，后者像黑格尔的《逻辑学》一样，阐明了决定事物本质的纯思维形式，并确保这一个理念符合事物的存在以及意识历史的生成和运动："因为有存在，所以有思维，而不是因为有思维，所以有存在。"（II/3 p. 161）"肯定哲学"试图从对基督教历史发展的重新解释中推导出一个哲学上可行的宗教。尽管它并没有成功，但其蕴含着对于后续哲学史先知般的重要性。

　　除了提供一些必要的方向指引外，这样的概述很少能够说明谢林真正关注的东西，尤其是对我们现在而言。只有通过具体研究谢林哲学中

14

的特定面向,他的洞见才能真正显现出来。对谢林思想的发展史来说,最权威的标准著作是蒂耶特(Xavier Tilliette)的巨著《谢林:一种生成中的哲学》(Tilliette 1970)。怀特(Alan White)提供了一部值得大力推荐的谢林英文导论(White 1983a)以及一部关于谢林与黑格尔哲学关系的重要论述(White 1983b),这本著作的观点与我将要提出的一些观点有所不同。我在《美学与主体性:从康德到尼采》(A. Bowie 1990)和其他发表的文章中已经处理了谢林某些方面的关键问题。因此,下面的叙述必然会有所重复,但我希望我提出这些观点的视角对大多数读者来说是全新的。

15

第一章

绝对开端

1. 费希特和斯宾诺莎主义

在分析哲学和欧陆哲学传统中,康德的"哥白尼式转向"的重要性已被广泛认可。直到最近,只有欧陆哲学传统的某些领域才认真对待德国唯心主义和浪漫主义中对康德的批评,分析哲学则往往忽略它们,将其视作属于实质上前康德式人物的胡思乱想,这通常是未经论证的。现在已经有英文著作表明这种观点站不住脚。例如,弗雷德里克·诺伊豪瑟(1990)用一种主要是分析的方法论述了费希特,表明了任何哲学与康德的互动都不能忽略费希特的批评。再往前看,托马斯·内格尔的《本然的观点》(Nagel 1986)的初步论题就是一个费希特式论题:主体性不能像客体世界那样被理解,因为理解客体的那个东西不能与它所理解的东西具有相同的认知地位。正如曼弗雷德·弗兰克、诺伊豪瑟等人所指出的,这一点在萨特关于主体性和自由的反思中是很常见的,并且再次成为分析哲学心智理论中的一个重要问题,即关于自我意识是否具有命题结构的问题(关于这个问题,参见 Frank 1991)[1]。谢林在费希特对康

---

[1] 正如弗兰克所指出的,由费希特提出并由迪特·亨利希(Dieter Henrich)和弗兰克自己发展的问题,在哈贝马斯与亨利希和弗兰克之间的分歧中起着重要作用。哈贝马斯认为,主体性理论可以消解为交互主体性理论,而亨利希和弗兰克则否认其可能性。这种分歧是后形而上学思考的争论核心(参见 Henrich 1987; Habermas 1988; Frank 1991)。

德的批评的基础上研究了关于主体问题的关键方面,但最终走向了与费希特不同的方向。

从一开始,谢林就试图调和根本上截然不同的两种哲学图景:一方面,他赞同费希特的先验唯心主义,强调主体在构成客体世界中的优先地位;另一方面,他被一元论的、主要是物质主义(materialist)构想的存在吸引,即自因的,其本质包含其实存的实体观念,斯宾诺莎称之为上帝。谢林一直以来的目标是反对任何形式的二元论,但他充分意识到康德已经使某些一元论立场难以捍卫。同时,康德在我们对事物的认识和"物自体"之间确立了一种似乎同样难以捍卫的二元关系。康德将知识的领域限制在支配现象的规律中,因为它们是被给予给意识的,这排除了没有在直观中被给予的知识。我们只有通过对道德法则的认识和在崇高体验中,才能感知在我们身上不被有限的、受法则规定的本性所约束的东西。然而,这种意识并不具有与自然世界的知识相同的地位,因为它适用于作为本体的我们,而非作为因果关联的现象。康德关于现象界和本体界的区分是后康德德国唯心主义的主要批判对象。

由于他的一元论观点,斯宾诺莎成为过去的一个显而易见的参照点。然而,从康德哲学的角度来看,斯宾诺莎关于上帝的观念涉及一种站不住脚的主张,即基于有限的立场而获得关于无限者的知识,这与所有试图证明上帝实存或描述上帝本性的努力本质上是相同的。尽管费希特坚信他正在完成康德的工作,但他和斯宾诺莎确实在某种程度上都依赖于康德所不接受的自因概念。在费希特的例子中,"我"的存在不可能有先验的规定性根据,因为如果有,那么它在哲学中从自身退回并反思自身的自由就变得无法理解。在斯宾诺莎的情况下,"实体"必须是它自己的根据,否则实体的统一性将丧失,从而产生多个实体,这将回到笛卡尔二元论所面临的全部问题。费希特对谢林的重要性在于他提出,在

15

主体内部,有一个"无限"的方面,而哲学可以比康德所认为的更加明确地展示这一方面。谢林从斯宾诺莎那里借鉴了这样一个观点,即拒绝将思想的根据和物质性存在的根据视为最终可以分离的。

问题在于,这些立场看起来彼此不兼容。费希特未被规定的自由的概念源于"我"的自发性,他认为"我"是绝对的,因为它不能依赖其他任何事物来成为它自己;斯宾诺莎则是一名决定论者,认为一切都是必然从自因事物的绝对本质中产生的。谢林面临的挑战是试图超越这两个构想:一方面,其中一个构想维持了主体的绝对地位,如果没有它,世界的可理解性和道德自主性就失去了根基;另一方面,另一个构想似乎提供了许多阐明有限世界可理解性所必需的概念装置,但这样做的代价是将世界变成了无限实体纯粹机械性的自我表达。对斯宾诺莎来说,为什么世界应该在我们的意识中表现出来? 这个问题的答案仍然晦暗不明。然而,这种张力是否只是形而上学争论的一部分,只是重复了形而上学在寻找可以保证世界合理性的绝对根据(无论是在哲学的主体方面还是客体方面来保证)时所犯的基本错误呢[1]? 我们应该承认,这种形而上学争论已经不再是当代哲学的直接议题,然而,问题很可能会以不同的形式再次出现:将形而上学思维与后形而上学思维之间划清界限的想法可能导致对"形而上学"历史资源视而不见的风险。我们已经看到哈贝马斯如何指出我们仍处于青年黑格尔派的境地。事实上,我们可以进一步回溯,如我将在下一节中尝试展示的那样。

---

[1] 黑格尔 1801 年的《论费希特与谢林哲学体系的差别》试图超越费希特的"主观主体—客体"和谢林的"客观主体—客体"中有斯宾诺莎主义倾向的二元对立。稍后我们将在不同语境中展示黑格尔关于克服主客体分裂的发展观念存在的问题。奇怪的是,正如我们将看到的,罗道夫·加谢(Rodolphe Gasché)正是以黑格尔的这篇文章来说明包括谢林在内的前黑格尔思想的失败,以便讨论德里达对反思的批判。

2. 雅各比、费希特和泛神论之争

　　谢林对斯宾诺莎的担忧在18世纪末的许多哲学家中都有共鸣,正如弗雷德里克·拜塞尔在其广博的哲学研究著作《理性的命运》中所展示的那样(Beiser 1987)。始于1783年的"泛神论之争"在这一卓越的理性时代的众多伟大思想家中引起了关注,关键在于斯宾诺莎被视为"现代科学的先知"(同上书,p. 83)。这一评价最直观地体现在斯宾诺莎主义被认为导致了F. H. 雅各比所预言的"虚无主义"。雅各比认为,"虚无主义"源于仅基于充分理由律的思维;他还认为,虚无主义同样是康德将基于知性判断的知识与事物本身相分离的结果。斯宾诺莎主义被认为将我们对自我的理解简化为仅仅基于因果律的科学知识。这种简化为我们所熟悉的科学主义、物质主义还原论以及某些结构主义的消极方面铺平了道路。康德哲学的目标之一是寻找一种方式,在确立现代科学的自然决定论基础的同时,维护理性存在者的自主性。康德通过将自然法则和道德法则的立法领域分离来实现这一目标,但这样做将把世界一分为二。问题是如何避免这种分裂。

　　费希特的策略是指出这两个领域有一个共同的源头,尽管康德自己确实提到了这个源头,但并未将其放在他论证的核心位置。在康德的观点中,"统觉的先验统一性"是理论知识的必要前提:"'我思'必须能够伴随我的一切表象",否则"在我里面就会有根本不能被思维的东西被表象"(Kant 1968 B p. 132)。康德认为这个前提是一个"事实",但这个事实无法在经验意识中显现,因为它是我们综合直观的能力及经验意识可理解性的前提。费希特抓住了康德没有详细解释的这个前提。对于费希特来说,这是"解释经验意识所有事实的根据,因为在'我'的任何设定之前,'我'本身必须先被设定"(Fichte 1971 p. 95)。它不是一个"事实"(Tatsache),而是一个"行动"(Tathandlung),也就是一种"事实行动"(deed-action)。它结合了实践理性和理论理性,后者依赖于前者。我们无法从理论上掌握这个行动,因为作为开启客观世界可能性的行动,它本身不能成为一个对象。对"我"的理解只能通过"我"自身,在自我反思的行动中实现。让这种理解成为可能的是"因为我做了,所以我知道"(同上,p. 463),费希特称之为"理智直观"。关于"理智直观",诺伊豪瑟说:

> 这种意识的本质是非论述的。这意味着主体将其表象作为自己的即刻表述不应被理解为将多种独立给定的、原本无关的单元综合在一起的过程。自我确立不应被视为概念和直观这两个可区分元素的复合,而应被视为一个简单的、统一的意识。
>
> (*Neuhouser 1990 p.84*)

因此,在费希特看来,"我"是表象存在的前提。康德在《纯粹理性批判》的初版中已经暗示了这样一个构想,即想象力在产生和接受直观方面发挥了综合作用。

与戴维森和罗蒂相反,在费希特的观点中,图型和内容之间没有分裂,因为它们都只是"我"的原初自发性的两个方面。如果存在这样的分裂,我将无法解释我的经验内容是如何成为我的经验,因为图型和内容的关系总是已经将概念和直观分开,留下了无法解决的问题,即如何重新将它们结合在一起。这种彻底的唯心主义是费希特反对"独断论"的结果:正如他(和其他人,如雅各比)所理解的斯宾诺莎主义。如诺伊豪瑟所说,斯宾诺莎主义:

将物自体(或"实体")作为出发点,并从那里试图解释包括主体性在内的所有现实。在费希特看来,这样一个体系有义务将意识的所有特征理解为外部事物对主体的作用产生的结果。

(同上书,*pp.55 - 6*)

对费希特而言,所有这些困难都在于解释我们是如何与充斥着蛮荒的感觉与阻力的外部世界相遇的。如果"我"是无限的,为什么它会感觉受到世界的界限? 费希特的答案是,这种界限是由他所说的 Anstoss(通常译为"阻碍")的东西引起的,这种阻碍使得"我"的无限活动反射回主体。这一概念取代了康德的"物自体"。这种解释是有道理的,因为强制感的先验前提是需要有一个可以感觉到被强制的东西,而这个东西必须意识到它的自由。因此,"我"依赖于一个"非我"将它的活动反射回自身。然而,这种依赖与"我"的本质属性——自发性和相对于外部因果关系的独立性相矛盾。那么,"我"努力的最终目标就是克服这种"阻力"。根据费希特的观点,我们对这种努力的意识源于康德的道德法则,这个法则要求将客体世界与实践理性保持一致。主体和客体的统一将是这个过程完成的结果,而这个过程依赖于"我"。重要的是,费希特必须用相对的"我"和"非我"的术语进行论证,而这两者都处于一个仍被认为是"我"的绝对之中。当然,这并没有解释为什么费希特的"我"一开始就选择这样分裂自身。

谢林后来预见到了以费希特的方法克服康德式分裂的风险[1]。然而,他也认识到,不能轻易地驳回费希特理论所提出的某些方面,否则

19

──────────
[1] 见第四章。

就会陷入斯宾诺莎主义的固有问题。在这方面，1795 年的两篇文章具有启发性。其中，《论自我作为哲学的本原，或论人类知识中的无条件者》这个显眼的标题很有费希特的风格；而《关于独断主义和批判主义的哲学通信》则更加谨慎。《论自我作为哲学的本原》[1]一书以对绝对根据的要求开始："所有实在性的最终根据，是一种只能通过自身得到思考的东西，换句话说，只能在其存在中被思考，简而言之，在其中存在与思想[二者]的本原相一致"（I/1 p. 163）。这种表述可能是斯宾诺莎式的，也可能是费希特式的。然而，谢林随即就坚定反对斯宾诺莎的观点，认为这个根据不能是一个客体，在这点上他与康德一致——客体必须归属于一个先验主体。然而，在这个层面上，主体只能通过其不是客体这一事实来得到规定。

因此，谢林提出了对"绝对"的要求，以涵盖两者的关系。他借助 unbedingt（无条件者）这个词的词源含义（被理解为"非物"[unthinged]，而不仅仅是"绝对"）来表明"没有什么东西（nichts）可以通过其本身被设定为一个物，即绝对的事物（unbedingtes Ding）是一个矛盾"（同上书 p. 166）。其结果是一个费希特式的举动，它要求一个绝对的"我"，即作为永远不可能成为客体的"我"。与费希特一样，这个"我"没有客观证明，因为若有此证明，这个"我"就受到了对其客观知识的制约并以之为条件（bedingt），因此不是绝对的。谢林呼应费希特对笛卡尔的倒置而断言："我存在！我的'我'包含一个先于所有思考和表象的存在。它通过被思考而存在，之所以如此，是因为它只有在思考自身的意义上才是存在的，也只有就思考自身而言才是被思考的，换句话说，在其中存在和思考的本原相一致。"（同上书，p. 167）然而，谢林的整体论证依赖于斯宾

---

[1] 后文简称为《论自我》。

诺莎的思想，这种思想以各种方式在整个德国唯心主义中反复出现，即规定事物的性质就是规定它不是什么。每个对象都是一系列对一象（Gegen-stände）的一部分，它们彼此"对立"。因此，对象不是绝对实在的，因为它们只有通过不成为其他对象才能成为自己。这样看来，对象在某种特定的意义上是"否定的"，这个特定的意义后来将变得至关重要：谢林和黑格尔都将"依赖于与其他事物的关系来成为自身的事物"称为"否定的"。德国唯心主义要求说明使这些相互关联的环节能够作为对象理解的东西，而这个东西本身不能是一个对象。因此，他们称之为"绝对者"，因为无法根据与其他事物的关系来理解它。"绝对者"，从现在开始将一直是我们关注的问题，因此不应将其视为某种神秘的术语：它最初只是意识到因果解释下事物的相对性之后，自然而然产生的一种思想结果。在发展这个"绝对者"的概念的过程中，一个重要影响因素是雅各比对斯宾诺莎主义的解读。

20

雅各比认为，声称能够解释世界的完整理性体系，比如《伦理学》中"否定的规定性"，存在致命的缺陷。比尔吉特·桑德考伦（Birgit Sandkaulen-Bock）在引用雅各比 1789 年写给莫西·门德尔松先生的《论斯宾诺莎的学说——致门德尔松先生的书信》时进行了解释：

> 理性是一种机制："所有哲学认知，因为它是根据充足理由律进行的，即通过中介，因此必然总是且只能是一种中介性的认知。"如果理性理解仅仅在于逻辑"中介"中的根据与结果的"解剖、连接、判断、推论和再次把握"，那么显然它总是只在自己构建的联系中运动。
>
> （*Sandkaulen-Bock 1990 p.15*）

解释世界的基础是找到其"前提条件"（Bedingung）。找到某物的前提是所有解释的基础，但是，"只有当发现某物的前提时，才能认为它被理解了，而它本身也是受前提制约的"（同上）。问题在于，理性体系中的前提由思想本身确定，因此受到思想的制约。雅各比坚持："只要我们以概念（begreifen）的方式理解事物，我们就始终处于受前提制约的前提链中。"（引述自同上书，p. 15）因此，我们无法找到不受制约、无前提的东西，即无条件者（Unbedingte）、绝对的东西，我们无法尝试在理性范围内理解的真实实存的根据。这个根据没有更进一步的前提，雅各比称之为Seyn（与斯宾诺莎的实体等同），即"存在"。存在不能成为知识的对象，因为那会使它受制于前提——它是"无法解释的东西：它不可分割、直接、简单"（引述自同上书，p. 17）。因此，"存在"最终无法通过"反思"，或者与其他任何事物的关系来理解。雅各比利用这种不可言说的根据概念表明：哲学的唯一可能出路是意识到它必须超出自身，转向超越理性的个人信仰体验，感受上帝亦即绝对者的启示。他从而将哲学与神学分开，后者成为不能被解释而只能被启示的领域。

晚期谢林致力于避免雅各比最终的结论[1]：他希望从哲学角度理解绝对者，以便得出一种哲学上可行的神学——因此在他后期的著作中出现了"启示哲学"这一概念。但是抛开最终结论不谈，雅各比还是对斯宾诺莎主义的必然性体系提出一个重要观点。"受制约的前提链条"，这一概念的意义以及雅各比对此的回应，不是非得牵扯超越理性的信仰才能得到理解。实际上，这个问题的基本结构在现代思想的其他领域也很明显。比方说：近来许多哲学作品以索绪尔的语言学为出发点。对于索绪尔来说，符号的同一性取决于与其不同的符号："猫"不是"豹"，也不是

---

[1] 这个结果就是当黑格尔在《精神现象学》中谈论到绝对时所涉及的，他将这称为其他哲学体系中的"黑夜皆牛"（关于这一点，请参见第四章开头部分）。

21

"帽"等。因此,对于索绪尔来说,语言中没有肯定的词项,就像对雅各比来说没有肯定的"前提"一样。在索绪尔的理论中,这一点启发我们:在符号与其所指的对象或心理表象之间没有任何表征关系的情况下,我们还是能够用语言表达可识别的、因而不同的事物。索绪尔本人清楚(不像他的结构主义继承者们那样),这样一种对符号的概念中缺少的是符号本身所具有的意义。就本身而言,它们甚至都不能确定自身是否彼此不同,因为它们需要那些使它们不同的东西,而这些东西本身必须保持相同,才能被认识为不同。此外,在一个仅基于差异的模型中,我们无法理解符号如何成为意义的载体,因为纯粹的差异只留下一连串相互依赖的否定词项,并且无法使人理解它们如何相互关联以构成可迭代的意义。

在雅各比对斯宾诺莎主义概念的理解中,适用于仅仅被设想为符号的东西也同样适用于对象世界——差异链条内的任何东西都无法告诉我们如何意识到这个差异链条本身。把握这种差异的意识必须属于与差异链条不同的层次,因为它涉及一种先验的同一性,这是差异的前提(在基督教传统中,上帝当然是这种同一性的基础)。在这方面,可以说,在语言学转向之后,结构主义者成为斯宾诺莎主义的新代表:毕竟,阿尔都塞是著名的斯宾诺莎专家。从这个角度来看,谢林试图避免斯宾诺莎主义后果的关切变得更加重要,这一点我将在后续章节中展示。

费希特的概念之所以对谢林来说具有重要意义,正是因为它试图规避必然性的差异性体系所暗藏的后果——"独断论",谢林断言它:

> 从未证明非我可以赋予自己现实性,并且具有任何意义,除非它与绝对自我相对立。斯宾诺莎也没有证明无条件者(das Unbedingte)能够并且必须位于非我中;相反,他将绝对者(das Absolute)直接放

22

置于绝对对象中，仅仅因为他自己对其概念的理解——就好像他预设了任何一个接受了无条件者概念（des Unbedingten）的人都会自动接纳他的假设，即绝对者必然会被放置在非我中。

(I/1 p.171)

然而，如果一个"非我"没有内在已经具备了成为"我"的潜力，那么它就不可能意识到自身的存在，也就是说，它们必须已经在某种程度上是"我"。否则，从"物自体"到"自我"的转变将难以解释。能够自我认识的事物必须比它所认识的事物更加复杂。与康德相反，谢林坚持认为，经验的"我"不是他所关注的本原。他引述了康德的基本问题："先天综合判断如何可能？"（同上书，p. 175）康德以从经验内容中进行必要的综合出发，推导出先验主体的本质作为这个问题的答案。谢林以费希特式的重新表述回应了康德的问题："从最高层次的抽象来看，这个问题无非是：绝对自我如何跳出自身并将非我作为对立面？"（同上）也就是说，为什么会有一个世界显现出来？ 如果在理论知识的综合之前没有一个已经分裂的"一"，那就不需要理论知识的综合，而追求知识的目标则是将它们重新统一。因此："完整的科学体系出于（geht aus vom）绝对的'我'，它排除了与其对立的一切。"（同上书，p. 176）如果没有这个事先的"绝对同一性"，在主体的综合判断中建立不同事物间的相对同一性的能力就没有了根据。如此一来，知识就失去了根基，康德的方案和德国唯心主义都会因此走向失败。

　　谢林的论证依赖于将斯宾诺莎的实体转化为绝对的"我"，但在不久后受到雅各比等人的影响，他开始怀疑这种做法。只有通过"理智直观"，我们才能接近这个原则，而"理智直观"必须是非概念性的。因为概念将多样性统一为整体，而这里所要求的是一个已然如此且总是如此的整体,它不能通过其他方式成为整体,否则这个其他方式就成为绝对者。谢林坚持认为,只有通过我们自身的自由,以超越我们作为受限制的自然对象的身份,才能接近绝对的"我":

你是否希望意识到这种自由? 但你是否也考虑到,你所有的意识只有通过你的自由才有可能实现,而前提不能包含在受前提制约的事物中呢? 你是否考虑到,[绝对的]自我,在意识中所呈现的程度上,已经不再是纯粹的绝对自我,对于绝对的自我来说,任何地方都不可能有对象,因此它甚至更不能成为对象本身? 自我意识(即你或我的个体自我)预设了失去[绝对的]自我的危险。

（同上书,*p.180*）

为了在"变化的洪流"(同上)中保持自我意识,我们会受到他者、与我们对立的客观世界的影响,从而放弃作为绝对的"我"。经验性的"我"被外部规定,被对象确认,它的存在不是被绝对地赋予的,而是通过客观形式得到的——作为一种实存(Daseyn)(同上)。在 Daseyn(实存)、being-there(在场)、exsisting(实存)与他者之间的关系有一个问题。如果这种关系仅仅是反映性的,即客观世界将我自身反射回我,那么我如何认识自己呢? 除非我已经以另一种方式认识到了,否则我怎么知道那是我的反映? 如果仅仅如此,费希特所确立的主体的关键特征就被忽略了。话说回来,如果没有客观世界,我不就成了一个仅仅自恋的存在,不再真实了吗? 是什么让"我"不仅仅是一个想法? 这些问题引起了谢林对斯宾诺莎和雅各比的关注,并已经在某种程度上推动着他超越费希特的观点,这在未来将至关重要。24

在费希特看来,正是理智直观使得经验真正转变为我的经验,它也由此呈现为经验主体反思自身能力的前提。在《论自我》中，谢林以这样一种方式扩展了理智直观的概念：它不能"存在"于个体意识中，而且如果它要发挥根据性作用，反而需要放弃个体意识，这样绝对自我的概念才能起作用。为了坚持由经验构成的个体意识的同一性，我将它视为一个自为的对象，从而失去了最根本的东西——它不成为某物，不作为对象的自由。这个问题与萨特在《存在与虚无》中提出的问题非常相似，试图让自为（pour soi）和自在（en soi）重合会导致"错误的信念"，即尝试反思性地认识到自己是什么。这种张力关系在谢林对主体的理解中一再出现。

3. 判断的根据

谢林力图克服斯宾诺莎和费希特之间的张力，这表明他已经朝着这样一个立场迈进，而该立场被视为 20 世纪哲学中海德格尔的成就之一。在以下讨论中，我将反复关注谢林与海德格尔的联系，意在表明海德格尔将形而上学的历史塑造成只有他才能克服的东西，这忽略了一个事实，即海德格尔论点的关键方面已经是哲学史的一部分。恩斯特·图根哈特（Ernst Tugendhat）在谈论康德和德国唯心主义时，提到海德格尔：

> 即使康德和德国唯心主义考虑了思考（des Vorstellens）客观世界的可能性前提，但他们还是预设了思考本身，并回溯或建构地考虑了一种以这样或那样的方式客观规定的思考的可能性，而非敞开状态（Erschlossenheit）本身的前提。
>
> （Tugendhat 1970 p.271）

现在让我们考虑谢林在《哲学书信》中的观点，在这里，他有一个有趣的转变，将他之前针对康德的问题以存在论的方式加以改变。康德式的问题获得了一个发生学的面向："我们如何能够作出综合判断？"（I/1 p. 294）因此，主要关注点不再是"以某种方式客观确定的思考"，而是"思想"这个事实本身。谢林现在的说法也跟之前显著不同："我如何才能从绝对者中走出来，走向与绝对者对立的东西（auf ein Entgegengesetztes）？"（同上）绝对的自我已经消失了；新的起点始于绝对者，而非某种"我"。谢林已经与费希特拉开了距离（关于这一点，请参见 White 1983a pp. 28 - 37）。曼弗雷德·弗兰克指出（Frank 1985；关于这一点的更详细阐述，请参见 A. Bowie 1990 pp. 67 - 72），可能正是弗里德里希·荷尔德林——谢林和黑格尔在图宾根神学院时期的朋友——使谢林摆脱了费希特主义者的立场。另一个主要影响则来自雅各比。

荷尔德林在 1794 至 1795 年与谢林交流时意识到，建立在理智直观基础上的绝对自我概念是有缺陷的。在一封写给黑格尔的信中，他声称：

（费希特的）绝对自我……包含了所有现实；它就是一切，除此之外再无其他；因此，对于这个绝对自我，不存在任何对象，否则现实的整体就不在其中了；但一个没有对象的意识是不可思议的，如果我自己是这个对象，那么作为这个对象，我必然是有限的，即使仅仅是在时间上，因此并非绝对的；因此，在绝对自我中无法想象有意识存在；作为绝对的我（Ich），我（ich）没有意识，而在没有意识的层面上，我（对于自己）什么也不是，因此绝对自我（对我而言）什么也不是。

（引自 A.Bowie 1990a p.68）

谢林根据这个论点得出结论，即一个知识世界的存在依赖于绝对者的丧失这一事实："也就是说，综合只能通过多样性与原始统一性之间的冲突（Widerstreit）产生。"（I/1 p. 294）现在的问题是："在综合判断中表达的统一原则位于何处？"（同上书第 295 页）正如我们所见，这个问题是在"世界—解蔽"[1]（world-disclosure）的先验事实之后提出的。

问题的关键在于，正如雅各比所指出的，关于绝对者的知识是不可能的。因为知识具有一个主体—客体命题结构，这意味着在判断中连接的内容的先验分离。在这一时期的另一篇文章《判断与存在》中，荷尔德林认为主体和客体的分裂预设了一个"主体和客体是部分的整体"（引自 A. Bowie 1990 p. 68），他称之为"存在"，而不是判断（Urteil），后者将整体拆分并试图重新统一它。谢林认为，康德的批判哲学（以及费希特的某些方面，尽管没有明确指出）的"批判"作为对经验知识的解释可能是有效的："它可以证明综合命题对经验领域来说是必要前提。"（I/1 p. 310）然而，真正的问题在于如何摆脱绝对者的先验统一："为什么会有经验的领域？对这个问题的每一个回答都已经预先假定了经验世界的实存。"（同上）这个问题无法作为关于知识的理论问题来回答，因此要求转向不受理论领域决定论支配的实践领域。只有通过实现主客体的统一，我们才能理解使经验领域产生的绝对者之分裂的原因。

这一立场再次抛弃了自我意识：

哪里有绝对的自由，哪里就有绝对的幸福，反之亦然。但是有了绝

---

[1] 可以将解蔽—世界视为一种积极的礼物，就像后期的海德格尔所做的那样，或者将其视为一个分裂世界的开放，就像这里的大部分情况一样。瓦尔特·舒尔茨引用鲁道夫·布特曼的话："上帝是不可预知的下一刻（Ungesichertheit），非信徒将其体验为必须存在/在那里（Daseinmüssen），而信徒则将其体验为被允许在那里（Daseindürfen）。"（Schulz 1957 p. 52）

对的自由，就不能再思考自我意识了。一个不再有目标、不再有阻力的活动，永远不会回到它自己。只有回归自我，意识才会产生。对我们来说，只有有限的实在（*Realität*）才是有效的现实（*Wirklichkeit*）。

（同上书，p.324）

然而，谢林仍然坚持反对斯宾诺莎的观点，认为实体不可能是绝对的客体。他声称，斯宾诺莎认为所有有限的存在物，尤其是我们自己，都是：

相同无限性的变化；因此，不应该有转变，不应该有冲突，只有要求有限应该努力变得与无限相同，并在绝对客体的无限中消隐（*untergehen*）。

（同上书，p.315）

因此，斯宾诺莎主义将导致这样一种后果：它使人把自身的因果关系只看作绝对者因果关系的衍生版本，这就摧毁了使人能够自主进行实践活动的主体性。这种失去自我的要求是矛盾的：失去的是必须被失去的东西，在失去自我的行为中，反倒确证了被失去者的实存。这些信件以对悲剧的反思，以及"在与绝对力量的斗争中失败为何是崇高的？"这一问题开始。谢林将反复使用类似论据来捍卫主体，抵制那些试图将主体归纳为客观确定性事物的观念。斯宾诺莎执着于将自我消解于客观性之中，谢林认为这是因为他（作为在泛神论之争中让每个人都感到困扰的决定论者）已否认了主体存在的任何自主性。

因此，对于谢林来说，独断论就与神秘主义联系在一起，并且无疑导

27

向虚无：费希特所谓不能成为客体的主体，就斯宾诺莎体系的绝对客观性而言，必然被视作"虚无"。从我们之前已经指出的方面来看，这一矛盾的结果有着重要意义。如果我们将斯宾诺莎理解为"现代科学之先知"，那么他的体系就关涉到某类对自我意识的物质主义观点，这些观点认为自我意识仅仅是大脑中物质相互作用的结果。差异化结构作为斯宾诺莎观点的核心，如今已是通过电子计算机模拟大脑这一尝试的基础。对这类科学观点的信仰会导致一种绝弃自我的神秘主义欲望（在意识到自我的无用性之后），这只会将我们孤立在痛苦表象之中，从而断绝与世界的联系。叔本华认为佛教中关于绝弃意志的思想与严格遵循现代科学的要求是一致，它清晰指向了这一方向。而叔本华思想的基础本身就来自谢林哲学的某些方面（见 A. Bowie 1990 chapter 8）。与此相关的，结构主义和后结构主义也宣告了主体的消亡，因为主体的同一性依赖于语言中作为"他者"的异质性要素。在谢林对斯宾诺莎哲学的批判中，也指出了同样的错误客体化。在后面的章节中，我将更详细地讨论这个与当代思想之间的独特"并行"关系。

因此，谢林的重要性不仅在于他反对前文所提及的客体化思维方式，同时在于他反对"费希特式"的以主体名义征服自然的尝试。他声称，"批判哲学"——费希特试图完成康德方案的尝试——只能以一种与独断论观点相对立的方式要求，通过无休止的奋斗来"在自己内心实现绝对"（I/1 p. 335）。然而，这种实现却难以被视为真正可能的，因为这将通过相反的途径再次通向神秘主义：不是客体吞噬主体，而是主体吞噬客体。在这一点上，谢林处于斯宾诺莎和费希特之间：他希望维持主体的自主性和活力，然而，正如荷尔德林在那时或许最为容易理解的那样，他还要求在绝对中囊括主体与客体世界的关系。现在应该显而易见，这个困境不仅是形而上学历史上的一个遥远插曲；相同的问题以不同形式出现,这一问题是——在如今的人工智能、物理主义和后结构主义中——试图解构形而上学的争论的根源。

毫不意外,谢林并没有简单地超越这里概述的各种立场:在 1795 年之后的几年中,他在这些立场之间摇摆不定,有时取得进展,有时则欲速不达。谢林接下来研究的"自然哲学",尽管存在明显缺陷,但对于他自己的哲学方案来说,还是提出了一些关键性问题,这些问题在某种意义上是决定性的。

第二章

自然诠释学

1. 物质与生命

与其后来著作所受的冷待不同,谢林关于"自然哲学"的早期著作近来在英语和德语世界受到大量关注。[1] 然而,我想要研究并非他对 18 世纪末到 19 世纪初"科学进步"的贡献,而是他对自然科学的诠释学方法(这种方法近年来在后经验主义科学史和哲学领域产生了很大影响)可能有的哲学贡献。显然,到了 19 世纪下半叶,"自然哲学"已经不再被视为科学发现的工具,甚至在特定的情况下,它反倒有碍于科学性。[2] 然而,重要的是,谢林的"自然哲学"并未必然失去其在尝试理解科学是什么方面的意义。如今,那种支配了大部分英美哲学的,奠基于"外部"的绝对客体的实在论构想,正逐渐被认为是依赖于站不住脚的、前康德式的形而上学前提。[3] 因此,对自然科学的哲学观点不再局限于解释科学是如何"运作"这一徒劳的任务(无论这究竟意味着什么)。人们可

---

[1] 例如,请参见 Cunningham and Jardine 1990;Heuser-Kessler 1986。然而,这种讨论主要是从科学史的角度,而非哲学方面。

[2] 尽管如此,最近仍有一些建议认为,从当今科学的角度来看,谢林的一些理论主张可能并不像人们曾经认为的那样无效。"自然哲学"的间接影响显然持续到了 19 世纪下半叶甚至更晚的时期。

[3] 例如,请参见 Putnam 1983,以及本章的最后一节。

以既接受现代科学成功解决问题的事实,又追问某些现代科学是否会导致比其所解决的问题更严重的问题。事实上,谢林所提出的问题已经获得了新的现实性,因为它们为人们从哲学上理解当代的一些争论提供了概念工具——尤其是科学支配自然的风险这一议题。然而,谢林这种明显的形而上学构想(尤其是将整个自然视为一个有机体的构想),如今怎样才能和"后形而上学"的反基础主义科学思想相结合?——尤其是当这种思想已经抛弃了实在论(有一种对客体的真实表象)立场时。正如许多关于当代科学思想的问题一样,人们又回到了康德最先提出的问题。

维持谢林"自然哲学"现实性的关键要点在于,其拒绝将我思主体简单地视作与作为客观世界的自然相对立的一极,因为主体本身就是自然界的一部分。"自然哲学"是谢林对康德二元论不满的另一个产物;这也将导致他在1801年仿佛有所预见一般地拒绝费希特克服二元论的方式。谢林对二元论的不满在某些方面得到了康德本人的认同,这一事实在唯心主义和浪漫主义哲学中产生了重大影响。在休谟关于因果关系论证的启发下,康德理论哲学的要点不是对自然本身提出主张,而是专注于那些主体对自然能确定地认识到的方面。因此,自然被认为是可以包含在知性法则中的东西。然而,"自然哲学"无疑对自然本身提出了主张,尽管它同时承认康德的某些界限。在这样做的时候,它触及了反复困扰康德的重要问题。

在1786年的《自然科学的形而上学基础》中,康德警告人们要避免"物活论"的观念,即将生命看作内在于物质之中。力学第一定律[1]——惯性定律,"物质的所有变化都有一个外部原因",清楚地表

---

[1] [译注]原文误为"力学第二定律"。

明物质"没有绝对的内部规定性和规定性基础(译按:中译文引自邓晓芒译,《自然科学的形而上基础》,下同)"(Kant 1977b p. A 120)。物质是无生命的,而"生命是一个实体从一个内在原则出发来规定自己行为的能力,是一个有限实体规定自己变化的能力,是一个物质实体把运动和静止当作自己状态的变化加以规定的能力"(同上书,pp. A 120 - 1)。所有这些自身规定的变化必须根据思想和意志来设想,它们不是表象的现象,因此不属于作为表象对象的物质。康德认为自然科学的可能性取决于惯性定律:

> 与这一法则相对立,因此也是对一切自然哲学的扼杀的,是物活论,从惯性作为单纯无生命性这样一个概念本身即可推出,无生命性并不意味着维持自身状态的某种积极的努力。
>
> (同上书,*p.A 121*)

声称惯性是一种积极力量的主张需要涉及自然本身,因为自然在某种程度上必须像可理解的主体一样,不受自然决定论铁律的支配。这种主张恰恰将再次引入康德——在对独断论形而上学的批判中——所放弃的那些内在的形而上学力量。

《纯粹理性批判》的核心目标是提供一个解释,阐明如何将经验杂多综合成支配现象的普遍法则,而不涉及对自然本身的主张。一旦这些法则存在,它们就可以应用于其他经验案例,在 1790 年的《判断力批判》中,康德将其称为"规定性的判断力"。然而,即使在这里,普遍规律和特殊情况之间也不存在自然而然的关系。法则并不直接适用于它们所包含的内容:它们的应用依赖于判断力(关于这一点,见 Bell 1987)。康德还意识到,我们无法解释这些不同的法则是如何相互关联的——这需要一种更高的原则，它超出了知性的法则立法的范围。因此，在《判断力批判》中，康德引入了一种更进一步的判断方式——"反思判断"。

为了能够从特殊现象转向关于自然法则相互关系的一般性判断，我们必须假定自然确实是以一种体系的方式构成的，其中所有法则都具有同等地位，是整体的一部分。因此，自然被主体通过知性的方式看作具有内在一致原则的。显然，在试图解释自然有机体的目的性时——这些有机体将特定的物理和化学过程结合成大于其部分之和的整体——需要进行"反思判断"："很明显，我们不能充分了解，更不用说仅根据自然的机械原则来解释有机体及其内在可能性了。"（Kant 1977a p. B 338, A 334）康德声称，如果不援引目的性，即使是牛顿，也无法仅仅用机械定律来解释哪怕是一片草叶的产生。人们虽然不能证明目的性的客观现实性，但也不能否定它，它至少解释了有机体的一致性和发展性，这是我们通过经验意识到的事实。因此，康德放弃了他早期作品中追求的机械论意义上的自然，转而研究知性主体和自然本身之间的关系。这正是谢林在"自然哲学"中试图阐明的。

正如我们所看到的，谢林认为康德的问题需要一个更深的基础——例如，将先天综合判断的可能性问题转换成经验事实存在与否的问题。谢林现在被导向了在莱布尼茨那里会遇到的观念的一些新形式，而莱布尼茨正是康德所拒斥的旧形而上学的主要代表之一。对于谢林而言，至关重要的任务是克服心灵和自然的分裂。莱布尼茨提出过一个构想，为谢林的同一哲学指明了方向："因为事物的本质是一致的，我们自己的实体不能与整个宇宙由之组成的其他简单实体无限地不同。"（致德沃尔德的信，30.6.1704；引自 Heidegger 1978 p. 90）这明显突破了康德对理性提供的知识范围的界限，因为它试图理解自然"本身"。然而，谢林想知道一切事物是如何进入理解的，这在康德式理论术语中无法解释。因

32

此,他迫切地寻找一种方法来实现独断论形而上学未能实现的目标。

谢林在《一种自然哲学的理念》的导言中重新阐述了莱布尼茨提出的问题:

> 问题并不是,现象的那个整体关联,我们称作自然进程的那个因果序列,是否以及如何在我们外部存在,而是这个序列如何对我们而言变得现实,现象的那个体系和那个整体关联如何发现通往我们精神的那条路,以及它们在我们的表象中如何获得必然性(有了那种必然性,我们简直不得不思考它们了)。

> (1/2 p.30)

只有接受一元论的必要性,才能使这成为可能:

> 人们可以通过一切种类的幻觉,使这种对立的锐利之处隐而不彰,可以在精神与物质之间塞进极多居间物质,它们越来越精细,但还是必定会达到那样一个点,在那里精神与物质合为一体,或者在那里我们长久以来一直希望避免的那一大步跳跃会不可避免,而且在那里,一切理论都异曲同工。

33

> (1/2 p.53)

莱因哈特·勒夫(Reinhard Löw)将谢林的基本问题总结如下:"自然应该被如何思考,才能使其在产物和过程中的出现变得可理解?"(Löw 1990 p. 57)。这个问题的答案为主体性的起源理论铺平了道路。在该理论中,主体性从自然中出现,并发展出能够在理论上把握自然的能力。发展这样一种理论的尝试成了谢林早期和晚期大部分哲学的共同基础。正如费希特所指出的,该理论依赖的不仅仅是理论知识——制定自然机械法则的能力,甚至是制定这些法则的需求或欲望本身,都不能被认为是这些法则的结果。

谢林并没有像人们有时认为的那样,简单地忽略康德关于理论解释局限性的限制,谢林为了试图克服康德二元论问题,提出了一种关于主体性起源的理论而不是关于自然本身的独断式断言,这一事实本身就证明这一点。根据两位思想家主导性的假说,我们惊讶地发现,是康德而不是谢林为活力论开辟了空间,这种活力论在叔本华、柏格森、尼采的一些著作以及路德维希·克拉格斯(Ludwig Klages)等严肃的非理性主义者身上以一些留有疑问的方式呈现出来。康德的问题在于物质和思维着的生命之间的鸿沟。为什么某些形式的物质会变成有机体,并思考它们自己的"存在"?尽管当今的生物学已经表明,有机体的自我复制问题可以用遗传学的术语得到机械性的阐述,并被纳入知性的范畴,但这并不能回答更为根本的、触及康德哲学核心的问题:如何解释先验主体性本身的起源?因为无论怎么分析,康德的理论哲学必须预设一个先验主体作为我们能够认识其他任何事物的前提,所以他没有办法解释这个起源。对于康德的理论哲学而言,这些起源问题的答案取决于已经建立的主体的认知功能,而这意味着我们无权追问这样一个问题,即这样一个主体是如何被构建的。因此,谢林有理由认为,这不能充分解释我们理解自己也是其部分、并亲自参与其组织的那个自然的能力。

2. 自然的生产力

在对谢林的"自然哲学"的阐述中,玛丽-路易丝·豪瑟-凯斯勒(Marie-Luise Heuser-Kessler)对"自组织化"和"自身再生产"作出了重要

34 区分——后者可以用康德《纯粹理性批判》的术语来解释，而前者不行。她给出了以下这个恰当的例子："数百万年前遗传的出现并不能由遗传本身来解释。"（Heuser-Kessler 1986 p.32）康德本人在《判断力批判》中断言，布鲁门巴赫[1]（Blumenbach）是正确的，但他本人也坚持这种观点——

> 原始的原材料应该按照机械法则自我形成，生命应该能够从无生命的本质中出现，物质应该能够自行组成以维持自身的合目的形式。
>
> （Kant 1977a p.B 379, p.A 374）

——是"违背理性"的，但他并未面对接受这种观点（把生命看作从物质中产生）将引发的后果。如果一个人接受康德的二元论或他在《判断力批判》中的信念，即有机体出现的原理是不可科学解释的，那么他就不得不接受假设"活力"存在的诱惑，并且这种力量与可机械解释的物质宇宙是不同的。因此，正是那些最坚信自然科学中对自然的机械解释的人，用机械论的术语来解释无法解释的东西，才会加入活力论的解释。例如，叔本华在表象世界方面遵循《纯粹理性批判》的观点，但他将"物自体"变成了非理性的"意志"，作为这些表象的根源（参见 A. Bowie 1990 pp.206－214）。

尽管谢林并不总是一致的，但他并没有成为一名活力论者，也没有陷入非理性主义。这里问题的关键是物质的地位，康德在形而上学上用

---

[1] ［译注］约翰·弗里德里希·布鲁门巴赫（Johann Friedrich Blumenbach, 1752—1840），德国医生、生物学家和人类学家。他是现代人类学的奠基人之一，对18世纪和19世纪的自然历史和生物分类学有重要贡献。布卢梅巴赫提出了五大人种分类法，将人类分为高加索人、蒙古人、埃塞俄比亚人、美洲印第安人和马来人。虽然他的人种分类法现在已被认为过时且具有争议，但在当时的科学界产生了广泛影响。

惯性定律来确定它——尽管到了《判断力批判》时期他开始犹豫不决。事实上，只要坚持《自然科学的形而上学基础》中物质和生命的严格区分，先验哲学就无法解释其自身的产生。因此，谢林的基本策略是坚持将整个自然界都放在一种内在于其中的动态术语"生产力"[1]中来思考，以此来斩断这个难题。我们在经验性自然中遇到的都是"产物"。各个特定科学领域处理的都是这些"产物"，这些"产物"似乎是固定的，并且可以归纳到法则下。因此，"自然哲学"不能被归纳到这类科学中，它处理的是表象的根据，因为它不是一个被自身与其他主体的关系所规定的固定对象，它本身并不作为对象呈现出来："由于客体绝非无条件的（unbedingt），因此必须预设某种本质的非客体存在于自然界中；这个绝对非客体的预设是生产力。"（I/2 p. 284）"自然哲学"主要关注的不是自然的机械法则和作为客体的自然。因此，因为经验上的失败而否定"自然哲学"的主张是错误的：虽然"自然哲学"确实试图给出经验结论，但这不是它的主要目的。"生产力"并不是一个独立的、不可通达的自在之物（尽管它不是一种知识对象），因为它也在主体中发挥作用，推动主体超越自身。

从这个角度来看，问题变成了自然（包括我们自己）如何出现在被规定的过程和产物中。单纯作为一种生产力，它永远不会被规定，而会以无限的速度消散。因此，自然界必须存在一种力的冲突。在其中，生产力的"抑制"自身导致了产物的诞生：

想象一条河，它是纯粹的同一，当它遇到阻力时，会形成漩涡，这个漩涡没有固定性，它每时每刻都会消失并重新出现。在自然界中，

---

[1] 这并不意味着，就像我们稍后将看到的那样，它与"力量"具有相同的含义。

原本没有什么可区分性——所有的产物都像溶解在普遍生产力中一样，是不可见的。

(1/3 p.289)

构成漩涡的东西——谢林用它来比喻不止不休的自然界——是由水分子组成的，这些分子不断地被溪流冲走，虽然其形状可能在很长一段时间内保持相对稳定。类似的情况也适用于随着时间的推移而发生变化的人体。谢林声称，自然界的活动和有生命的世界本身对生物来说并不是随机的——它只是对某种科学凝视来说才变得随机，这种凝视把它视为一个孤立的、僵死的物体。如果自然仅仅被变成一个分析的对象，被分裂为无限多的特殊者，它就将变得不可理解。除非在对自然的研究中，我们必须超越因果法则的偶然性，去探究那些法则本身为什么会存在。这也是迫使康德引入反思判断来解释自然在经验上的相互关联性，并因此拒绝以机械论的方式解释生命出现的原因。

谢林明确否认他的论点是活力论，这意味着他并没有触犯康德关于独断论形而上学的批判，也没有声称物自体具有何种内在力量。正如谈及鸦片的休眠力是无稽之谈一样，仅仅因为事物有生命，就说它必须由活力驱动同样滑天下之大稽。他如此这般解释自己的立场：在生命进程中，化学进程显然被凌驾了，因此我们需要一个超越化学定律的原则——

如果现在这本原被称为活力（Lebenskraft），那么我要反过来主张，这个意义上的活力（这个术语也可能极为流行）是个完全矛盾的概念。因为我们只能将力设想为某种有限的东西。然而依其本性来看，即便就其受到一个对立的力限制而言，没有任何力是有限的。因此当我们设想力（正如在物质中那样），我们必须设想一种与其对立的力。

(I/2 pp.49－50)

事物的本质是其构成性力量的连接，而不是超越这种连接的其他东西。在自然界中，可以通过观察相互对抗的力在相遇时产生的效应来观察它们。这些力需要彼此关联，而它们的关联本身不能是一种力，因此"绝对超出了对自然的经验研究的界限"（同上）。在这个层面上，力之间的相互作用使生命成为可能。生命并非外部添加的东西，而是这些力内在运动的产物，因此，对生命来说不可能存在任何外部视角。

在《论世界灵魂》中，谢林区分了"构型力"（Bildungskraft）和"构型驱力"（Bildungstrieb）。前者作为物质本身内在的属性是物质产生形态的基础，是无机自然的基础。然而，正如勒夫所指出的，"它是我们的解释性概念，不是客观可观测的数量"（Löw 1990 p. 60）。谢林坚持认为："因为一般的力只对你们的感觉才出现。但单凭感觉不能给你们任何客观概念。"（I/2 p. 23）。除此之外，我们还需要进一步探讨是什么使物质从自身出发形成有机体。

生命的本质并不在于单一的力量，而在于一系列力量的自由运动，这种运动是由某种外部影响不断维持的。生命所需的是自然界中普遍力量的相互作用；而维持这种运动的偶然性因素必须是某种特殊的东西，换句话说，是一种物质性原则。

有机体和生命本身并不表达任何独立存在的东西，而仅仅是一种特定形式的存在，这种存在源于多种因素相互作用的共同体现。因此，生命原则仅仅是某种特定形式存在的原因，而不是存在本身的原因(因为这样的原因是无法想象的)。

(同上书,*p.566*)

这样说来,将自然界视为"普遍有机体"的观念不再是简单的投射或诗意隐喻:谢林关心的是如何不依赖物质和生命的二元论(这种二元论造成了康德无法跨越的鸿沟)来理解生命的产生。同时,他还试图避免重新陷入那些已经被康德摧毁的旧形而上学之中。

在涉及普里戈金[1]有关非线性动力学的争议性观点时,豪瑟-凯勒斯特别清楚地阐明了这些思想的含义。这些观点表明,尽管熵增是不可避免的,但能量耗散过程也可以是建构性的,这与大多数现代科学的假设相反。他认为谢林在其哲学生涯的这个阶段发现了一些导致"自然哲学"消亡的机械论科学所掩盖的东西。宇宙中首要的进程不能是熵增定律(它导向一种一切力的静态平衡),而是一种自组织化的进程,否则生命和思维的出现将变得无法解释:

> 自组织化的过程并不仅是在一个被规定的自然进程中的短暂边缘现象,而是包含了"所有现实的原初根据",因为机制(例如遗传传承的机制)可以通过组织化过程而产生,而另一方面,组织化过程则不能机械地出现。自组织化必须不仅是心灵而且是整个自然界的主要过程。

(*Heuser-Kessler 1986 p.98*)

---

[1] [译注]伊利亚·普里戈金(Ilya Prigogine, 1917—2003),比利时物理化学家,热力学、非平衡过程和复杂系统理论的先驱。他因在非平衡热力学领域的突出贡献而获得 1977 年诺贝尔化学奖。普里戈金的研究涉及非线动力学,他在热力学、非平衡过程和复杂系统理论方面的工作为许多领域的研究奠定了基础。虽然他的观点在很大程度上被科学界接受,但其中仍有一些具有争议性的观点。比如说,他认为生命系统是一种耗散结构,这种结构在远离热力学平衡的开放系统中自发形成。他的观点暗示了生命起源于非生命物质的过程可能比以前科学家认为的更为自然和普遍。

这不仅仅是唯心主义哲学的一种形式,因为它依赖于自组织过程的相互作用,而自组织过程不可能仅仅是物质过程,且物质是不能自我组织的[1]。谢林后来的大部分工作都在试图阐明物质进程和精神进程之间的关系。

3. 自然作为可见的精神

在"自然哲学"中,谢林的基本思想是精神(Geist)的组织化特征和自然的组织化特征不能绝对分离。正如他在其著名的表述中所说的那样(这一表述现在看来可能不像他的批评者所认为的那样不可信):

> 大自然应当是可见的精神,精神应当是不可见的大自然。因而在这里,在我们内部的精神与我们外部的大自然的绝对同一中,一个大自然在我们外部何以可能的难题必定归于消解。
>
> (1/2 p.39)
>
> 因而哲学无非就是我们的精神的自然学说……大自然的体系也是我们精神的体系。
>
> (1/2 p.39)
>
> 并非不可能的想法是,自然每时每刻以同样的活动再生产自身,只

38

---

[1] 针对将谢林的观点与后来的科学发展联系起来的反对意见——即我们只是依赖于类比推理——我认为是错误的。这种反对意见基于一个站不住脚的现实主义信念,即我们可以通过趋向于绝对客体领域的汇聚来描述科学的进步,从而实现越来越好、真正独立于语言的表达。对类比的怀疑——在科学研究实践中显然是有效的——必须始终考虑到我们永远不能确定我们是否在使用隐喻,以及隐喻本身在科学的重新描述中的作用。确保以免于隐喻的方式工作需要一种外部视角,而谢林揭示了这种视角本质上是无法获取的。在第四章中,我将详细考察谢林对物质和心灵的理解方式。

不过是通过有机体这个中介,思想也是再生产性的。

(1/3 p.274)

　　就像新的思想会从旧的思想中自发地组织起来,自然也会不断地从它的元素中重新形成,这两种过程的差异只是相对的——我们将在之后涉及它们的关系。

　　那些把谢林看作仅会思考幼稚的同一性问题的人——他们通常认为谢林仅仅通过一种饱受怀疑的类比方法将思维和自然过程[1]联系起来——或许会感到惊讶。因为正是在这些论点的基础上,他发展出一种对于自然科学的诠释学概念,这种概念将在早期马克思、海德格尔和第一代法兰克福学派的工作中发挥重要作用。谢林把科学实验看作:

　　每一个实验都是对自然提出的一个问题,自然被迫回答。但是每个问题都包含一个隐藏的先验判断;每个真正的实验都是预言;实验本身就是现象的产生。

(同上书,p.276)

　　海德格尔后来在《关于人道主义的书信》中声称:"在自然转向人的技术掌握的一面,自然恰恰隐蔽着它的本质[2]。"(Heidegger 1978

---

[1]　当然,他无疑在很多时候都是这样做的。

[2]　然而,在同一篇文本中,海德格尔以完全不同于谢林的方式主张:"大概,在所有生物中,生命体(动物)是最难以思考的,因为它一方面在某种程度上与我们最为密切相关,另一方面又通过一个深渊与我们的存在本质(Wesen)分开。相对而言,神性的本质似乎比生命体的陌生性(das Befremdende)更接近我们,也就是说,本质上的距离使它与动物几乎难以想象的深渊般的肉体关系更加熟悉我们的存在本质。"(Heidegger 1978 p. 323)对于海德格尔(这是在 1946 年),区别在于语言。谢林在 1809 年说:"弗·巴达德说得对,如果人类的堕落只达到动物的程度就好了;然而,不幸的是,人类只能站在动物之下或之上。"(I/7 p. 373)

p. 322)谢林和海德格尔都没有将科学研究视为关于自然的客观真理的表现。谢林说的"现象生产"并不是对所呈现事物的实存本身的创造,而是使其能够以某种确定形式出现的东西。如果没有研究活动,就不可能产生一个由法则支配的现象世界——正如康德所表明的,即使是机械结构,也需要有自我意识的存在者作出判断来得到规定。对于谢林来说,一个纯客观的世界是不可想象的,而且将永远不可想象。这不仅仅因为它永远不可能导致以哪怕是纯粹机械论的术语来思考自然,如果一切都是机械论的,那就没有什么是机械论的。这意味着实验永远无法达到最终极的客观性:

> 实验永远无法获得这样的(绝对)知识,这一事实表明,实验永远无法超越它自身作为手段所使用的自然力量(我强调了这一点)……自然现象的最终原因已经不再显现。
>
> (1/3 pp.276 - 7)

我们只能通过经验来接触产物。在产物中,我们所遇到的是生产力本身的界限:因此,我们在自然界中所了解的任何具体事物都不是最终确定的。它在一个无法用客观术语来思考的整体过程中占有一席之地——客观性的基本前提是对整体内部以反思进行剖分,我们作为自然组织整体的一部分,就也被囊括在这种分裂中。对于实证科学而言,其意义如下:

> 当每一个新的发现都让我们重新陷入无知,一个难题解开时,另一个难题又随之出现,那么可以想象,在自然中完全发现所有关联的过程,即我们的科学本身,也是一项永无止境的任务。
>
> (同上书,p.279)

因此，任何宣称自然的绝对真理的实在论思想都是注定要失败的，因为我们自身总是不可避免地成为需要被研究的一部分。

"自然哲学"根据一个基本原则，即在同一性中的差异，阐明了自然体系：

> 如果我们假设，正如我们必须假设的那样，现象的总体内容不仅是一个世界，而且必然也是一个自然，即这个整体不仅是产物，也是生产性的。那么，它在这个整体内部永远无法达到绝对同一性，因为这将导致自然发生绝对转变，使得生产性的自然转变为产物性的自然，即绝对静止（*Ruhe*）；因此，自然在生产力和产物之间徘徊（*Schweben*）的状态必须表现为原则的普遍二元性，这种二元性使自然保持持续活动并防止其在产物中消耗殆尽；普遍二元性作为自然解释的一切原则将与自然本身的概念一样必要。
>
> （同上书，*p.277*）

40

如果没有反思造就的差异，自然就不会显现出来：如果自然只是作为产物，如熵增理论所示的那样，它将不再作为可以被认识的东西存在[1]。这些差异被视为自然中的一个逐渐升高的"潜能阶次"序列，它们本身包含两极对立。以磁铁为模型，其相反的两极是不可分离的："感性只是磁性的更高潜能阶次，兴奋性只是电的更高潜能，构建的驱动力只是化学过程的更高潜能阶次！"（同上书，p. 325）无机自然可以达到

---

[1] 这里暗示的"人的本原性"在最近的宇宙学中的回响，也将在谢林的后期作品中出现。关于这一点，请参见霍格雷贝 1989 年的著作。从生产力的描述中可以看出，谢林的基本模型已经暗示了宇宙"大爆炸"以及当代理论物理学的其他方面。

"无差别"状态,在这种状态下,不会产生进一步的内部变化,只可能发生外部机械变化。如果整个自然都是如此,那么结果将是绝对产物。然而,生命的更高潜能阶次"正是在于不断地阻止达到无差别的地步"(同上书,p.323)。在自然中,"相反物必须永远逃离彼此,以便永远寻求彼此,永远寻求彼此,以便永远不会找到彼此;只有在这个矛盾中,自然活动的基础才存在"(同上书,p.325)。这些潜能阶次最终都包含在普遍的有机体中。自然的差异化环节植根于超越认识的绝对同一性。虽然我们无法说出这种同一性究竟是什么[1],但哲学可以通过"生产力"理论来证明它存在的必要性,而这种生产力无法在某个最终产物中得到固定。关于实际自然的结构化体系的具体描述——尽管谢林在不同时期以不同方式对它进行阐述——在这里并非我们关注的重点。这个体系如今经不起科学的审查,其中许多要素对现代科学思维来说相当奇异(尽管随着科学越来越关注过程而非对象,有些要素变得不那么奇异)。然而,"自然哲学"对科学史的影响无可争议,而它所依据的具体哲学前提,正如我希望展示的那样,值得认真审视。

41

4. 自然的实在性

谢林面临的下一个具体哲学问题是如何从有机自然的发展转向自我意识。然而,在考虑这一转变之前,有一点很重要,这将使我们更加容易理解晚期谢林的某些方面,更好地评估谢林的当代意义。勒夫正确地指出,尽管德国唯心主义在展示如何把握自然与心灵的对立统一方面取得了显著成功,从而摆脱了康德的二元论,但它未能解决自然的事实性

---

[1] 这一点对谢林后来的哲学至关重要。

问题。由于理性和自然在某种程度上被认为是相同的，人们往往试图认为自然因此具有内在的合理性。鉴于思想与自然的事实存在，谢林和黑格尔都可以在理论层面上合理地说明思想如何产生对自然的解释，而这种从思想出发对自然的解释只是自然的一个方面。然而，勒夫认为黑格尔（他的思想在某些方面与谢林的"自然哲学"一致）没有认真考虑科学必须处理的真实性问题，就比如说他对行星数量的错误推断。谢林也犯了很多类似的错误，因为他使用极性原理进行了许多不恰当的类比。这类错误致使赫尔姆霍兹[1]和其他人希望避免在科学解释中使用形而上学原则，反对系统性的"自然哲学"体系。显而易见，在现代科学史上，摆脱了对单一哲学体系的依赖的科学研究活动产生了更有用的结果，因为它不再需要从一个根据性的本原出发。

那么，这是否意味着对"自然哲学"的探究本质上毫无意义呢？显然，我们无法在它产生的科学结果的可用性层面上证明谢林"自然哲学"的合法性[2]。那么，为什么不简单地从物质的角度看待自然，并将我们对它所进行的认识的本质视为实用主义的呢？问题在于，正如勒夫所指出的那样，这导致了当代"进化认知论"的"科学虚无主义"（Löw 1990 p.68），它以物质主义的方式将认知仅仅看作人类适应自然的形式，把自然仅仅理解为一个终极性的固定对象的集合。在这种观点中，理性是发现预先存在的真理的能力，是适应过程的一部分。我们反对这种将概念从经验科学转移到哲学本身的做法不仅出于情感上的反感。

进化认知论的理论对于用机械过程解释生命和可理解性的争论是

---

[1] [译注]德国物理学家和生理学家赫尔曼·冯·赫尔姆霍兹（Hermann von Helmholtz）。他在19世纪对科学作出了重要贡献，包括在光学、声学、热力学和生理学等领域的研究。

[2] 我不会去探讨这个问题，即这是否同样适用于19世纪或者实际上是20世纪的许多重大自然科学发现，而现在这些发现在它们被阐述的方式或者其他任何方式上都不再被视为有效。关于自然哲学的特定问题可以在不涉及这些深奥问题的情况下进行讨论。

开放的。这些理论也忽略了谢林将实验视为"预言"的深层含义,这其实揭示了科学研究中固有的诠释学特质。希拉里·普特南反对进化认知论:

> "真理",在我们现有的关键和实用概念中,是"合理可接受性"(或者更准确地说,是在足够良好的认识前提下的合理可接受性;而哪些前提在认识论上更好或更差,就如同合理可接受性本身一样,相对于不同类型的话语而定)。但将这种表述方式代替"理性是发现真理的能力"的公式,会立刻看出这个公式的空洞:"理性是发现什么是(或将是)合理可接受的能力",并不是哲学家可能发表的最具说明性的陈述。认识进化论者必须要么预设一个"实在论"的(即形而上学的)真理概念,要么看到他的公式变得毫无意义。
>
> (Putnam 1983 p.231)

进化认知论唤回了前康德思想中对"理论中立对象"的概念,这些概念是任何涉及科学本质的严肃哲学思考都无法支持的,并且谢林的理论已经证明它完全站不住脚。

在当代,还存在一种与进化认知论相反的倾向,这一倾向将自然本身转化为某种神秘且难以理解的东西。勒夫认为避免这些不良倾向对于"自然诠释学"至关重要。这种解释不采用客观化的先验把握来探究自然或科学的本质,从而保持我们与自然的联系——我们作为自然一部分去理解自然。勒夫没有提到的是,晚期谢林正关注自然的事实性,即其"实存—实情"(thatness),而非其"所是"(whatness)。晚期谢林非常清楚,无法依靠先验哲学的前提来理解这个实际世界的事实,这正是他对黑格尔进行批判的基础,也是他朝向更高理性概念迈出的一步,这一概念在当今仍引起众多共鸣。他还希望避免神秘主义，这一点从他在讲座等场合对波墨和雅各比的反对态度中可见一斑。尽管谢林可能无法对他提出的问题给出令人满意的答案，但他确实提供了许多引人关注的概念方法，这些方法在当代的研究热点中具有启示意义。然而，在我们开始评估这些观点之前，我们必须先考虑谢林在下一个阶段里尝试将斯宾诺莎和费希特结合的尝试——他试图将关于自我意识起源的论述与《先验唯心论体系》，以及他在 19 世纪之交创作的其他著作中的"自然哲学"联系起来。

43

44

第三章

意识的历史和艺术的真理

1. 通往自我意识的路径

1800 年的《先验唯心论体系》首次以体系化的形式阐述了现代哲学中最有影响力的思想之一：自我意识必须从一个它不存在的地方开始分阶段发展。该书发展了当时新兴的浪漫主义思潮，我们在导言中探讨隐喻时简要地提及了这一点，即艺术可以揭示哲学无法表达的东西。因此，《先验唯心论体系》帮助开辟了特别是现代看法下关于美学真理的视域，这对于阿多诺、海德格尔、伽达默尔等人的工作至关重要。在当今，它甚至还影响着某些分析哲学领域中的真理概念[1]。

《先验唯心论体系》是谢林作品中展示斯宾诺莎和费希特之间张力关系的另一种表现，也是唯心主义和浪漫主义哲学观念之间张力关系的表现。第一重张力表现在谢林试图将"自然哲学"的概念与费希特式的"我"的构想结合起来。第二重张力在于他试图将艺术置于哲学之上作为揭示绝对者的手段——尽管在后来的作品中谢林没有坚持这种优先关系，但这种尝试对他立场的影响并未在后续作品中消失。这些张力关系不仅仅是那个时期哲学中的特殊问题。谢林面临的是一个基本的现

---

[1] 例如，请参阅 Ramberg 1989 的最后两章，他用伽达默尔来更好地解释戴维森。

代问题——如何在上帝死了的情况下理解我们作为有意识的自然生物的存在。这一问题的危险之处在于，人们可能会落入物质主义的陷阱，认为我们可以通过解释自然的机械运作来解释自己，从而把自我意识和自由降格成表面现象。或者，人们还可能落入唯心主义的陷阱，认为自我意识完全是由自我建立的，从而使其与自然的关系变成简单的支配关系。这两种立场其实往往互为镜像，因为在康德和后康德哲学的术语中，彻底的机械论解释反倒是绝对主观性的产物。尽管谢林有时会在《先验唯心论体系》中留下未解决的矛盾，但是这一过程恰恰揭示了现代思想中的重要问题。毫不奇怪的是，经由这一过程，一种预示着精神分析的结构产生了，一种有关艺术的全新哲学理解被传播开来。并且，在远离费希特思想的过程中，谢林即将在随后的工作中发展出一种明确的自然生态观。

在《先验唯心论体系》中，"自然哲学"中的概念结构在描述自我时再次出现。理智直观，即自我在自身上的活动，其中主体和客体是相同的，是最高意义上自我的来源，"但就自我是它自己的产物，既是创造者，同时又是被创造者而言，在我们这里借理智直观产生的就是自我"（I/3 p. 372）。然后，自然本身将通过自我意识的阐释来得到理解："因此，两重性中的原始同一性和这种同一性中的两重性的概念只是一个主客统一体的概念，这样一个主客统一体本来只出现在自我意识里。"（I/3 p. 373）与"同一哲学"中两者都源于绝对者的更高活动的构想不同，此处意识被赋予了优先性（关于此点，参见 Frank 1985 pp. 71 - 103）。对"自我"一词的这种成问题的使用导致了人们对谢林早期哲学的误解：它似乎把一切都理解为某种正在展开的思维的效果。然而，人们应该在文本阅读中多一些解释的宽容度——通过一些术语上的调整，这些想法并不会像听起来那么奇怪。

《先验唯心论体系》的独创之处在于它将哲学变成"自我意识的一部历史"(I/3 p. 331)。这一历史通过审视主体必然经历的各个阶段,回溯了通向自我意识能够书写这样一部历史的各个环节的道路。黑格尔在《精神现象学》中采用了这一模式。从个人主体的角度来看,它在普鲁斯特的《追忆似水年华》中也有体现。此外,它还是精神分析的一种模型:例如,拉康显然借鉴了《精神现象学》的某些方面。在《先验唯心论体系》中,发展的各个阶段就是绝对自我对自我进行限制的逐级展开的阶段。最低的阶段是自然界从简单的一体状态分化出来的阶段。我们可以通过对对象世界阻力的原始感知来理解这个界限阶段,因为"一切有限制状态借以被设定起来的活动作为一切意识的条件,本身并没有得到意识"(I/3 p. 409)。界限,即现象世界的前提,被定位为一个"活动",因为我们不能为其发生提供因果解释,因为它是任何具体事物之间的因果关系的先决前提。

因此,客观自然的世界是"自我"的一个"无意识"阶段,但它仍然"属于自我"。在这个阶段,自我不能通过二重化分裂,在客观化的同时观察自身的客观化。如果要避免康德式的二元论,我们必须明确,他者对界限的感受并非同自我意识有完全不同的层级:

因为就连"印象作用是由客体引起的"这个判断也是以一种活动为前提的,这种活动不依附于印象作用,而是与某种处在印象作用彼岸的东西有关。因此,自我如果没有一种超越界限的活动,就不是作感觉的东西。

(I/3 p.413)

这个源自费希特的想法,将成为黑格尔反对康德对知识设限的论证基础,而谢林在这里用它来反驳物自体的概念。因为对界限的认识已经通过将其认知为界限而超越了界限,所以每个界限都是超越它自身的根据。因为主体发展的每个阶段都会变成对绝对自我的活动而言的新界限,所以这些阶段就变成了下一个要克服的对象。在这些术语中,即使在组织形式和意识的自我意识出现之前,物质世界的分化本身也是自我的一种"直观"。只有当生产力受到抑制时,它才能显现出来。客观世界的基本结构只不过是精神结构的较低形式,哲学家可以通过反思为什么世界(尽管它最终必然与自己相同)被认为是与其自身相异的,从而理解这些结构。

下一个发展阶段是自然有机体的构成,接着是在"绝对抽象"行为中个体意识的涌现,这使我们超脱了自然必然性,走向自我意识和自主意志。在这个阶段,"无意识的"和"有意识的"生产力的概念变得至关重要。关于个体自我意识生成的论点带有费希特式风格。只有通过自我对客观世界绝对超越的行动,自主的自我的意识才能产生。因此,这一生成活动没有先于此的原因:"因此在这里理论哲学的锁链就断了"(同上书,p. 524),即使是为了解释理论知识何以可能,我们也必须进入实践哲学的领域,使自我具有能自身确证的自发性。然而,考虑到这一行动对客观世界的绝对超越——如我们在早期文本中看到的,主体再次成为无前提的——我们如何理解客观世界而不再陷入二元论呢? 答案在于自然界是"无意识的"生产力的领域,相对于自觉的、自律的"我"的"有意识的"的生产力。两者之间并无绝对划分,主要问题在于理解它们是如何关联的。"绝对抽象"导致了发展的第二阶段:"正像从原始的自我意识活动中发展出一种完整的自然界来一样,从第二种自我意识活动中,或者说,从自由的自我决定的活动中也产生了第二种自然界。"(同上书,p. 537)[1]

---

[1] 顺便说一句,这很可能是马克思"第二自然"观念的起源。马克思熟悉谢林早期的一些著作。

在《先验唯心论体系》的后续部分,谢林阐述了第二自然的发展阶段:历史和国家。由于篇幅原因,我在这里不讨论这些部分(关于这一点,参见 Marx 1984)。当谢林在艺术品的概念中将有意识和无意识联系起来时,论证会变得更为有趣。

48

2. 自我指涉与艺术

显而易见的是,对于谢林、雅各比和荷尔德林来说,正因为绝对者无法成为客体,所以它不能作为自身出现。这似乎只对那些认为我们现在应该放弃形而上学探究的人(那些追随罗蒂之流的人)来说才是一个问题。虽然关于绝对者的讨论听起来仅仅是形而上学的,但实际上,这个问题对于那些声称自己已经终结了形而上学的哲学来说也至关重要。有关绝对者的难题,简单说来就是反思性或者自指性的问题,这也是浪漫主义哲学的关键问题(参见 A. Bowie 1990 pp. 58 - 80,以及不同视角下的 Gasché 1986),而黑格尔自己认为这个问题已经被他解决了。在《1795—1796 年费希特研究》中,诺瓦利斯以一种经典的口吻说道:"同一性的本质只能在一个表面命题(Scheinsatz)中建立。我们要离开同一性才能表现它。"(引自 A. Bowie 1990 p. 73)他的意思是,在试图说某物与另一物相同时,我们必须将本就同一的东西分开以表明它是相同的,就像命题 A = A 中,那两个不同的 A 一样。

该问题的另一种形式将取消真理符合论的有效性。如果第一个 A 是一个客体,第二个 A 是关于该客体的一个被认为真的描述,那么想要确定客体和描述之间的关系就需要一个更广阔的视角(将两者的关系包含在内的)。问题在于,我们如何能找到这样一个视角?唐纳德·戴维森近期提出了一个类似的观点,如他所说,这动摇了真理符合论的根基:

第三章 意识的历史和艺术的真理 —— 059

对于符合论的真正反对意见是，没有什么有趣或有内容的东西与真实的语句可以对应。C.I.刘易斯曾经提出过这个观点：他挑战符合论者去找出一个真实的事实或现实世界的部分，可以与真实的语句相对应。如果语句刚好指明或描述了某些个体对象，那么我们可以定位到这些对象，但是即使这种定位有意义，也只是相对于一个参考系而言的。因此，可以假定参考系必须包含在真实的语句对应的任何东西中。[1]

（*Davidson 1990 p.303*）

这也是对荷尔德林在费希特理论中发现的问题（我们在第一章中讨论过它）的一种语言学解读。任何试图涵盖整体的尝试，必须采用一个位于整体之外的视角，并将整体性作为一个相对的整体纳入自身；否则这一尝试将面临这样的问题——整体无法用整体性来描述自身，因为整体性的描述必须包括对描述的描述，这就陷入了无穷倒退[2]。

再举一个更贴近《先验唯心论体系》中世界图景的例子——弗洛伊德的无意识。对于弗洛伊德来说，我们无法直接意识到驱力，只能意识到它们的"表征"，无论是在梦境、幻想还是语言中。然而，既然两者都被包含在心灵的整体中，我们该如何建立一个理论视角来证实驱力与其表征之间的关系呢？我们必须采取这样一种视角，把意识的表征和它在无意识中所关联的东西都统括进去。[3] 在这里，隐喻的问题以一种至关重要的姿态反复出现：在精神分析中，对于人类实存的根本问题，我们只

[1] 当然，刘易斯也熟悉德国唯心主义哲学。
[2] 尽管伯特兰·罗素的类型理论可以解决在逻辑中出现的这个问题的版本，但它并没有回答这里所涉及的问题。
[3] 正如我们在导言中看到的，古德曼建议，对于任何语言的使用，可能都是如此。

能通过一些适切的隐喻来触及。这些隐喻终究不能在另一种概念化的、"科学的"语言中"兑现"，因为没有一种元语言可以陈述隐喻的真理。戴维森在谈到隐喻时说："我认为，我们所说的隐喻释义的无尽特性源于它试图阐明隐喻让我们注意到的东西，而对此并没有明确的终点。"(Davidson 1984 p. 263)因此，精神分析问题不能作为它自身出现，因为它并不是可以用命题陈述的概念知识的对象——我们不能通过把驱力看作驱力来了解它。那么，对无意识运作的理解只能是间接的。这同样适用于《先验唯心论体系》中的绝对者，艺术品在其中扮演着隐喻的角色。用谢林的话来说，我们只能"看到"产物，而不是生产力。这并不意味着我们否认生产力存在——正是因为我们察觉到特定产物的有限性，我们才会被驱动着去阐明自身对这种有限性本身的感受。

在《先验唯心论体系》的语境下，任何客观事物都是绝对自我的反思性分裂的结果。因此，"但我们也容易看出，那个在意识的最初活动中就已经分离，从而产生出整套有限事物的绝对同一体，一般是完全不能谓述的，因为它是绝对单纯的东西"(I/3 p. 600)。那么，为什么要试图谈论它呢？答案是，绝对的前提解释了我们知识的相对性（参见 Frank 1989 pp. 157‑8）。在《先验唯心论体系》中，我的有意识自我有一个客观的、"无意识"的历史，这个历史先于对其自身自由的当下认识而存在。对于该历史，我们没有办法通过它自身来认识，而只能通过它的结果来回溯，因此它必须也被整合到对绝对者的阐述中去：所以我们需要一种叙事性的呈现方式。我们所追求的是理解主观与客观、意识与无意识、精神与自然之间的同一性，这种理解不能被视为理论知识。荷尔德林和早期的浪漫主义者（他们在这个时期与谢林在耶拿保持着密切联系）早就认为，这种理解可能通过艺术来实现。

一棵树在作为一棵树这方面并没有缺失，但它不是为了自己而存在的树。有生命的有机体代表了"无意识与有意识活动的原始同一性"（I/3 p.610），因此需要超越机械论的解释，但有机体同时仍然处于充满着机械性的、被规定的事物的世界中。哲学的任务是在自我意识的层面上完成这种同一性。谢林用倒置修辞手法表达了他的目标：

> 简言之，自然界是无意地开始而有意识地告终的，创造虽说不是合乎目的的，但其产物却是合乎目的的。进行着这里所谈的活动的自我则必然是有意识地（主观地）开始而在无意识的东西中告终的，或者说是客观地告终的；自我就其创造活动而言是有意识的，但就其产物来看则是无意识的。

（I/3 p.613）

产物应该统一有意识和无意识的生产力。然而，如果它们真的同一了，那它们就不会出现，因为它们的出现需要使它们出现的东西，因此涉及非同一性。在绝对自由中，意识世界将完全与自然世界协调一致，最终它们的差异将在其中被扬弃，正如费希特在他对实践理性的看法中所表明的那样。在这里，作为自我和非我之同一性的根据，自由只能被构想为一种无限的展开、一种努力，在这种情况下，自由不能给我们提供任何对象性的接触途径。这就引发了一种不满：为什么我们要考虑绝对者，如果它只是一个不能实现的假设？谢林明确表示，这个问题有一种政治意味：不能被普遍传播的哲学是没有社会意义的。事实上，为了把握绝对者，谢林必须把它看作一种经验的对象，但它不仅是对象，而且不仅依赖于有意识的理论主体。他把绝对者看作艺术作品。

一个物体成为艺术品的原因，与它作为受自然法则约束的自然物体的身份无关。作为自然物体，它是通过与其他物体的否定关系来被规定的,它本身并无意义。作为艺术品,它无法被规定:艺术品之所以是艺术,并非因为它与其他物体具有相同的属性,或者可以通过它们来被定义,而是因为它以一种只有它才能实现的方式揭示了世界。因此,艺术是没有科学性的。在技术层面上,这样一个物体受到艺术家的有意识控制;然而,结果不受控制,因为驱使这种创作的动机,即"驱力",是无意识的。这个观点源于康德的《判断力批判》,在那里,天才通过"将规则赋予艺术的天赋(自然的馈赠)……天才是凭借自然赋予艺术规则的先天才能(天赋)"(Kant 1977a pp. B 181 - 2, A 179),跨越了康德哲学中主体与自然之间的鸿沟。谢林认为,这种自然与心灵、无意识与有意识之间的关系,是"绝对者"显现的唯一场所——他在这点上使用了这个术语(I/3 p. 615):

> 既然两种不断逃遁的活动的绝对会合根本不能深加解释,而仅仅是一种虽不可理解但无法否认的现象,因此,艺术就是这种会合所提供的唯一的、永恒的启示,是一种奇迹,这种奇迹哪怕只是昙花一现,也会使我们对那种最崇高的事物的绝对实在性确信无疑。

(I/3 p.618)

艺术品的基本特征是"无意识的无限"(I/3 p. 619),因为作品的意义无法被穷尽,即使它表现为一个物体,它也不依赖艺术家有意识的意图。

于是,一个看似有限的"产物"竟然以概念无法实现的方式揭示了世界——我们所看到或听到的是一个客体,被揭示的却并非如此。如果我们想知道伦勃朗的自画像在审美上是什么样子,我们不会去看他"长什么样"。只有当我们置身于艺术作品,一个客体才确实是揭示性的——

特定的产物能否达到这一点是无法用规则来判断的。关于艺术品本质的每个定义都掩盖了其基本特征。如曼弗雷德·弗兰克所指出的，谢林在《先验唯心论体系》中呈现的只能通过艺术展示的浪漫化的绝对者，与海德格尔《艺术作品的本源》中的"存在"概念非常相似："两者都是一个世界显现的基础，而且是以这样一种方式——在展示自身时，那自身展现者又隐藏了自身。"（Frank 1989b p. 128）谢林认为，科学与艺术都是揭示绝对者的手段，但正如我们在"自然哲学"中所看到的，科学面临着无尽的揭示任务，而艺术则通过其本身作为艺术品的事实完成了这一任务。

谢林认为，想象力（Einbildungskraft）是理解艺术本质的关键之一。这一论断源自康德，是图型—内容的区别得以被瓦解的又一例证。在《纯粹理性批判》的第一版中，康德发展了想象力的生产性和再生产性的区分，但随后又回避了这种双重性的含义。想象力接收对象世界的图像，然后我们可以在知性中将其综合为认知判断，这一点使其成为谢林所说的"无意识"的能力，同时它还可以在没有任何对象的情况下产生图像，这一点使其成为一种"有意识"的能力。[1] 若艺术展示了这两方面的同一性，那么科学与艺术就都依赖于这种既有意识又无意识的活动，我们将被推向一种诠释学的理解，即将科学与艺术视为世界显现的形式。科学在确定客体时，也排除了客体的所有其他可能性；艺术品则不会产生这种封闭性，因为它以一种最终无法受控的方式揭示了世界。[2]

《先验唯心论体系》的最终结论在于，将艺术奉为"唯一真实而又永

---

[1] 海德格尔在《康德与形而上学疑难》一书中花了很多篇幅研究想象力，这进一步暗示他与浪漫主义哲学的某些方面相近。

[2] 顺便说一句，如果我们以这种方式阅读《先验唯心论体系》，我们就会比伽达默尔的浪漫主义美学版本更接近他在《真理与方法》中关于艺术的观念。

恒的工具和证书,这个证书总是不断重新确证哲学无法从外部表示的东西"(I/3 p. 627);或者说,"美感直观不过是业已变得客观的理智直观"(I/3 p. 625)。因此,哲学无法肯定地表现绝对者,因为反思性思维运作之处,绝对同一性已经消失于意识的产生之中。谢林和黑格尔随后都试图寻找避免这一结果的方法,但谢林在后来的哲学中又回到了一个不同版本的结论。《先验唯心论体系》最后呼唤了一个"新神话",一个"理性的神话",它将引导科学和艺术回归它们共同的源头。这种呼唤在《先验唯心论体系》出版后的大部分时间里都饱受质疑,直到最近,这种质疑才逐渐减轻。在分析哲学和欧陆哲学的某些领域,存在一些与日俱增的信念,认为作为科学真理观念基础的表现论或符合论无法充分说明我们与内在和外在自然的关系。这导致在许多地方产生了这样的怀疑:也许科学和美学关于真理的揭示只是同一语言表现过程的不同方面。

因此,《先验唯心论体系》中那些看似夸张的主张实际上具有真正的哲学内涵。这一点可以从我们在"导言"中讨论的主题中看出。如果我们以另一种方式重新阐发《先验唯心论体系》的论证,那可以说真理的发生是通过不断出现的新隐喻向我们揭示的。隐喻用对有意识的主体来说始终存在的东西(即语言)揭示了世界。自然语言本身是先在的"无意识"生产的结果:它看似一个客观存在,实则是以"回响"的形式出现的对直观世界的标识。同时,它又是"有意识"的生产,因为它具有任何客体都不能具备的意义。如果那个意义可以受到规则的制约,那么它就不再是隐喻了。诗意的语言(以及其他艺术形式)背后的动机,可以理解为——我们希望寻找到表达无法言说之事物的方式,而这些无法言说之事物恰恰就是那些无法用客观谓词来描述的。[1] 问题在于,艺术品能

---

[1] 如果这看起来仅仅是矛盾,试着思考一下音乐到底在表达什么。相关的问题将在后来的维特根斯坦的作品中出现。

否保持其隐喻潜力，从而保持始终不被简化为任何客体——如果可以，那么《先验唯心论体系》的论证就有严肃的哲学内涵，即使它作为通向在艺术品中显现之物的梯子被抛弃。谢林虽未始终以这样的形式保持着这些观念，但在审视他后期作品时，绝对者能否在哲学中表达的问题仍将反复引起我们的关注。

54

第四章

同一哲学

1. 绝对者的同一

谢林的"同一哲学"是他在《先验唯心论体系》之后展开的,到 1804 年的"维尔茨堡体系"达到了顶峰。通常认为,同一哲学正是黑格尔在 1807 年的《精神现象学》中批判的主要对象[1]:

> 这样一种知识(*Wissen*)——在绝对者之内一切都是相同的——与那种作出区分并得到充实的认识(*Erkenntnis*),或者说与那种追求并要求得到充实的认识相对立。它宣称它的绝对者是一个黑夜,在其中,就像人们惯常说的那样,所有母牛都是黑的。这样一种知识是缺乏认识的幼稚表现。
>
> (*Hegel 1970 p.22*)

谢林在他的同一哲学中呈现出的绝对者,总是与"直接性",实现"概念的运作"以及阐明"绝对者演进历史中各环节"的失败联系在一起。而实现"概念的运作"以及阐明"绝对者演进历史中各环节"正被视为黑格

---

[1] 例如,参见 Gasché 1986 p. 58。

尔的伟大成就。在黑格尔那里,对概念运动的阐发始于《精神现象学》,在《逻辑学》和《哲学科学百科全书》中得到最完整的体现。然而,在1802年,即同一哲学的早期版本中,谢林本人就曾这样表述:

> 大多数人在绝对者的本质中除了空洞的黑夜什么都看不到,也没有能力认识其中的任何东西;绝对者的本质在这些人面前仿佛沉入了对杂多性的纯然否定中,所以这些人也就把它捏造为了自己哲学的终点……所以我在此仍要明确地指出,绝对者的黑夜是如何在认识面前转化为白昼的。

(1/4 p.403)

正如曼弗雷德·弗兰克指出(Frank 1975 pp. 68 - 72),黑格尔甚至有可能借鉴了这篇文章中谢林的批判——而这篇文章针对的对象正是那些误解了绝对者概念的人,他们误认为绝对者仅仅在静态一元论中取消了差异。谢林与黑格尔争论的焦点是:如何理解具体知识在体系中的相对位置,同时又不至于陷入怀疑主义。因此,问题再次回到了绝对者上,黑格尔对谢林的同一哲学的主要反对就在于它使用了"理智直观"这个概念。因为理智直观意味着宣称哲学就其开端而言就已经拥有一个奠基性的根据,而黑格尔却会认为这种根据只能是一个结果:

> 只有这种重建着自身的一致性,换言之,只有这个以他者作为中介的自身反映——而不是那个严格意义上原初的或直接的统一性——才是真相。……真相是一个整体,但整体只不过是一个通过自身的发展而不断完善着的本质。我们必须承认,绝对者在本质上

是一个结果，它只有到达终点才成为它真正所是的东西。

（*Hegel 1970 pp.23 - 4*）

当我从自我封闭中超越出来，并看到在镜子中的自己时，我成为"为我自己而存在（自为）的人"，与此一致的是，在反思的过程中，只有当绝对精神变得"为自己而存在"时，才真正地实现了自己："如果说胎儿是一个自在的人，那么他还不是一个自为的人。"（同上书，p. 25）谢林和黑格尔所争辩的问题可以进一步理解为，绝对精神是否可以像黑格尔认为的那样，通过反思的过程来把握，从而不需要反思之外的任何预设。在《先验唯心论体系》中，艺术作品扮演的角色正是提供进入反思之根据的钥匙，而这个根据只能被预设，不能在反思中出现。对于黑格尔来说，存在、实体是自我推动的，正如斯宾诺莎提出的那样。然而，和谢林一致的是，黑格尔也反对斯宾诺莎的另一个主张，他认为实体必须是运动的——这在反思的运动中显而易见，实体自我分裂并自行展开。因此，黑格尔的实体必须是"主体"，而不是客体，它超越了任何原初的直接性，在"成为自己"（Werden seiner selbst）的过程中迈出了更大的步伐（同上书，p. 23）。在黑格尔哲学中，可以通过阐述自我意识的发展，到达它理解自身历史运动的环节，从而哲学的根据得以显现。有时，谢林在同一哲学上确实和黑格尔接近，不过他也提出了一些新论点的雏形，这些论点在后来对黑格尔的批判中重新被唤起，并构成了它对后世哲学的意义基础。 57

2. 超越自我：与费希特的决裂

回到对"同一哲学"的讨论，我们需要简要浏览谢林如何完成与费希特的决裂。这次决裂的方式正暗示着谢林往后主要哲学方向的特征。

在 1801 年的《一种自然哲学的理念》中，谢林不再对自然哲学和先验哲学的关系含混不清。首要的哲学是自然哲学——他对此没有任何疑虑。虽然正如费希特所暗示的，哲学必须从自由的意识主体的行动开始，但这种行动同时产生了一种幻觉——即这个行为本身也是真实的，而不仅仅作为哲学的认知起点。谢林认为费希特混淆了"哲学"和"思考哲学的哲学"（I/4 p. 84）。费希特将最高的"潜能阶次"即自我意识作为开端，却没有解释它的前提预设，而在谢林看来，它应当是在原初的"无意识的活动"中（同上书，p. 85），而非在哲学家的有意识的活动中。先验哲学是一种结果，而非开端。然而，谢林并没有倒退回独断论，因为他知道他必须对意识主体作出解释。因此他提出，在到达主体之后，哲学必须从最高点，将自我意识降至自然中最低的"潜能阶次"，然后再重构上升的道路。费希特的哲学只能在已然构成意识这一条件下运行，其中对象始终依赖主体，但"通过这种方式，它永远无法超越这种［作者注：主体和客体的］同一性，因此基本上永远无法超越意识的圆圈"（同上书，p. 85）。

谢林对内在性自我的超越是其同一哲学体系的核心，也是他对于现代哲学至关重要的意义所在——正如我们所看到的，海德格尔和哈贝马斯都以主体相对于对象世界的首要地位来描述现代哲学。谢林坚持认为，生产力并不是从自我开始的，相反，自我只是生产力的一种构成产物。谢林通过他所说的"抽离活动"来证明这一点，这种抽离活动剥离出意识，以达到先于意识的东西："通过这种抽离，我达到了纯粹的主体—客体（即自然）的概念，从中自我将自己提升到意识的主体—客体（＝自我），它们共同构成了绝对者的结构。"（同上书，p. 86）谢林认为这些阶段是"无意识的"，只有当自我从中发展出来并意识到自我对它们的依赖，自我才能对这个阶段有所意识。为了到达原初的无意识主体—客体——即自然，人们必须通过理智直观进行抽离。但问题是，为什么要把它称为主体—客体呢？谢林的答案是："纯粹的主体—客体的这种行动由其本性（它自身内部的矛盾）决定。"（同上书，p. 90）如果它自身的内部没有"去作为主体"和"去作为客体"两种趋向之间的矛盾，自我意识的生成和发展将是无法解释的。这样做的重要后果是，我们将意识到我们对自然的依赖。这种依赖不可能像费希特所坚持的那样，被实践理性的强加克服。对于谢林来说，理性本身只是自然的更高层面，它不会在那里奴役经由它而生成的东西。

谢林的哲学生涯里有过许多意义深远的思想劳作，其中之一正是霍克海默和阿多诺"启蒙辩证法"的概念根据，即理性误解了自己与自然的关系，因此变成了它的辩证对立面。谢林对费希特的反驳使他发表了惊人的"生态哲学"言论，这种言论后来也在阿多诺身上得到了体现。以下是谢林在1801年写给费希特的一封信中的话：

> 我意识到，根据您对自然的看法，自然只能落在意识的一个非常狭小的领域内。对于您来说自然没有理性意义，只有目的论意义。但是，您真的认为——例如光的存在只是为了让理性生命在彼此交谈时也能看到彼此，而空气只是为了当他们听到彼此说话时能够彼此交谈吗？
>
> （*in Schulz 1968 p.140*）

到了1806年，谢林对费希特的反对到达了顶点：

> 最终的分析：他对自然的整个观点的本质是什么？那就是：自然应当被利用……而且它存在的唯一目的就是被利用；他看待自然的原则是经济的目的论原则。
>
> （*I/7 p.17*）

谢林作出如此严厉评断的原因对现代性的历史具有标志性意义。有些马克思主义流派未能延续青年马克思从谢林那里衍生出的关注非人自然的思想,而是倾向于费希特最糟糕的时期(例如在《人的使命》的最后部分)的自然征服愿景。理论中的这一错误的倾向在东欧得到现实性的证明,并以各种方式在现代资本主义的破坏中复现。

与费希特决裂这一事件,对于谢林建立同一哲学的意义在 1804 年的《哲学导论》(*Propaedeutic of Philosophy*)中展示得相当清楚。费希特在这里被视为只关心"有限表象的起源"(I/6 p. 122),而这些表象是由"我"的无限活动的局限性所导致的,因此,费希特试图通过使意识的事实变得无限,而将哲学降低至只关注有限者的水平。哈贝马斯对青年黑格尔派的说法是,他们的"论点是对精神的有限性的重新认识,反对辩证法的自我关联的整体性思维"(Habermas 1988,p. 47)。谢林在对费希特的批判中已经开始朝这个方向发展,而这种发展将在谢林对黑格尔的批判中得到更完满展开。谢林以一种惊人的洞见看到了费希特路径的后果,而这与他之后的思考息息相关。谢林关于主体的基本思想将在《启蒙辩证法》中重新出现——虽然再没有了绝对者的概念,即客体化的工具理性的概念压制了主体对自然这一他者依赖的事实。

当我把自己设定为我自己,我就把自己与所有别的东西,随之与整个宇宙对立起来。因此"自我性"是这样一个普遍的表述,它意味着脱离大全,孤立化。然而没有什么东西能够脱离无限的大全,所以唯一剩下的办法,就是设定一个有限的、亦即包含着否定的东西,即自我性。因此"自我性"是一切有限性的普遍表述和最高本原,它代表着一切不是绝对大全,不是绝对实在性的东西——问题在于,无限者本身不包含任何否定,它如何能够成为缺陷、限制的原因,这是绝对不可理解的。

(1/6 p.124)

因此,有意识的主体的自由是其与绝对者分离的原因。[1]以这种方式,"主体面临直观(anschauen)这个绝对的整体,而只思考它的否定的必然性"(同上书,p.125)。因此,主体的构成取决于一种基本的压抑。由于在同一哲学中远离费希特,谢林不得不否认有限世界的绝对实在性,同时暗示哲学可以超越有限世界。这听起来可能像是朝最糟糕的柏拉图主义的倒退,但谢林实施这些举措的方式却指向未来,因为他揭示了:主体性依赖于一个它本身无法理解的根据所导致的后果。

3. 传递性存在[2]和同一性

《全部哲学,尤其是自然哲学的体系》(即"维尔茨堡体系",以下简称《体系》)是谢林同一哲学的高峰,是深刻的哲学洞察和奇特自然哲学思辨的混合体。虽然谢林从未公开发表过《体系》——因为他的思想很快就进入了新的阶段,但是其中具体的哲学论证却值得我们更多关注。理解《体系》的关键在于,这乍一看正如黑格尔批判的那样,它似乎只是导致了所有哲学的区分神秘地消解。然而,只要我们仔细阅读,我们会发现事实并非如此。尽管谢林随后走向了与同一哲学不同的方向,但我们即将讨论的一些论证直到最后仍然对谢林具有重要意义。

《体系》以一种黑格尔往后会拒斥的方式开始:"一切知识最初的预

---

[1] 应该补充的是,在与谢林决裂后,费希特在晚期思想中也开始主张类似的东西。
[2] [译注]根据语境,"transtive"在后文也会译作"及物性"。

设是，认知者与被认知者是同一个东西。"（I/6 p. 137）不过，谢林也确实明确表示，这个预设必须得到阐明。只是，这种阐明只有在根据的绝对现实性得到阐明后才有可能。重要的是，谢林明确拒绝了这一开端可以让思维和存在的对应性或充分性得到证明的想法。绝对者不是克服思维与存在、主体与客体差异的结果；因为这种差异仅仅是客体恰好在主体中呈现出的表象，甚至是依凭两者的相互关系才能够存在。

> 在将真理理解为主体和客体在知识中的一致时，主体和客体都被假设为独立的，因为显然，只有不同的事物才能相互一致，而相同的事物本身就是一致的……很明显，在将真理解释成知识中主观性与客观性的某种一致时，主体和客体这双方已经被预设为不同的了，因为只有不同的东西才能一致，而并无不同的东西则在其自身便是一体的。
>
> （I/6 p.138）

谢林对表象（representation）的拒斥预示着一种哲学转变，这种转变在海德格尔的思想里得到充分体现。这在最近出版的、海德格尔在1941 年演讲中对自己《存在与时间》的评论中表现得十分明显。

> 真理不是只通过思维主体与客体的结合而产生的东西，也不是在这种充分关系的事实中被耗尽的东西；相反，主体与客体的结合（反之亦然）只有在已经本质上被解蔽/打开（in einem in sich schon wesenden Offen）的东西中才可能，其展开（Offenheit）有一个本质的起源（Wesensursprung）。直到现在，所有哲学仍然没有对这个问题提出质疑。
>
> （Heidegger 1991 p.56）

61

由此可见,在一般意义上谢林确实提出了与海德格尔一样的问题:在谢林那里,本原就是绝对者。而关键是,除非有差异的东西本质上已然是相同的,否则我们不可能由差异开始并达到同一:如果没有同一的根据——也就是海德格尔所谓的"解蔽",差异甚至不再是可被认识的。[1] 相似的问题可能也出现在适用于同一性开端的情况:如果同一者没有将自己分裂、区别开来,那么它如何认识到自己是同一的呢?

我们需要意识到的是,这种分裂的根据必须从一开始就被设想为"绝对同一性"。正如谢林对费希特批判:在思维主体的出现中所揭示的,只有有限的差异。如果哲学没有某种方式与它所立足的无限者(正如我们将看到的,其含义非常具体)相联系,那么这种差异就无法被解释为有限的差异。早在海德格尔之前,谢林就反对所有"主体化"(Subjektivieren)(I/6 p. 142)哲学。与海德格尔一样,他反对以主体和客体的分裂为前提的哲学,这种哲学通过主体的片面努力试图克服这种分裂。正如我们在上一章中所看到的,表象概念引发了所有那些无法解决的[2]、试图在思维表象与它试图表象的东西之间建立联系的困难。

谢林对这个问题首次颠覆性的、超越主体性的尝试正是以下内容:如果我将我的知识认作一种真正知识的话,那么唯一的一种可能即是,不是我在进行认识,而是只有大全(All)在我身上进行认识(同上书,p. 140)。谢林在综合判断中产生的经验知识与绝对"知识"之间进行明确区分。这与他在后来指出的,"我思故我在"是所有知识(Erkenntnis)

---

[1] 晚期谢林将在某些方面达成一个甚至更接近海德格尔的立场,这一点将在接下来的两章中得到证明。

[2] 谢林显然把这些问题放在像"绝对者"这样的术语中,这些术语似乎只是属于一种"不可救药的形而上学";不过,论证的结构表明,如果把谢林使用的词汇放在与明显属于"西方形而上学"的文本的意义上,就不能充分理解其中的含义。

的基本谬误:"思维不是我的思维,存在也不是我的存在,因为一切只是来自上帝或大全"相呼应(I/7 p.148)。因此,真正的"知识"并不是我们在综合判断中得出的东西。在这里的论证中,谢林显然没有赋予主体任何特权。然而,这一立场有没有可能只是一个声势浩大的同义反复——绝对者认识绝对者? 但可以肯定的是,谢林毫不怀疑,这个问题最初必须且只能在 A = A 的同一性中讨论,这一表述及其重述是他重新思考关于康德综合判断问题的根据。

对于"同义反复"这一批评,谢林的第一步回应是否认,在对绝对者那里,A = A 表达的是主体与客体之间的关系,或者说,一种谓述关系。所以在这里 A = A 就不仅是一种最抽象的综合判断表述,即同义反复:

> 因而在这个命题中并未考虑一切东西,既没有考虑一般意义上的 A 的实在性,也没有塑造它作为主语和作为谓语的实在性;但在这个命题中剩下来不可能不考虑的和唯一实在的东西,乃是等同性或绝对同一性本身,因此这等同性或绝对同一性乃是这个命题中知识的真正实体。……等同性并非通过主体与客体而持存,而是反过来,仅就等同性存在着而言,即仅就双方是同一个而言,主体与客体也才存在着。

> (I/6 p.146 - 7)

谢林认为,存在一种"同一的双重性",在这种情况下,事物间被割裂的同一性只有通过在先的绝对同一性作为其根据才得以可能。我们通过思考这样一个事实来理解这句话:说两个事物绝对不同是没有意义的,因为如果它们绝对不同,它们甚至不能作为"两个事物"来理解,否则这话就自相矛盾。如果我说"主词是谓词",那么命题里两边的内容是可以改变的：同一个人可以在不同的时刻感到愤怒和不愤怒；而不能改变的是存在论上的先验事实，即主词和谓词都"存在"。它们都存在的事实即主词和谓词被认为具备同一性的先决条件，无论它们是什么样的存在。这种同一性看起来可能很可疑，就像"黑夜里的牛"所批判的那样，但谢林这个论证并不导向这样的结果。

谢林在面对莱布尼茨问题时，以自己的方式重提了那个问题：

> 看到无限性的深渊就眩晕的知性提出的那个终极问题，即"为什么并非一无所有，为什么一般而言有某东西存在"，则永远被下述认识抑制：存在是必然会有的，亦即通过在认识中对存在的上述绝对肯定而必然会有的。

这里的关键是"肯定"和"知识"，但它们是什么意思？曼弗雷德·弗兰克认为，谢林将存在设想为"主词与其谓词的系词关系"（Frank 1991 p. 141）[1]。在绝对者中，"存在"不是作为一个不及物的连接动词发挥作用，而是作为一个及物动词。萨特后来使用 être été 这一概念来表达这一点；用谢林的术语说，具体的存在者被"肯定"了。因此，你或我，作为经验性的认识主体，是存在的谓词。我们作为"你"或者"我"的具体存在，在其中，我的同一性是通过我与你，或者说我与其他所有的"你"的差异而获得的，被一个我们无法认作我们自己的存在所"肯定"的，因为那个存在不能依赖于差异，而差异仅是认识它的可能性条件。因此，为了接近这个存在，我们必须超越反思性知识，否则我们就无法理解这

---

[1]　弗兰克在 1991 年发表的"Identity and Subjectivity"一文对于理解谢林的同一哲学不可或缺，我在这里也大量地参考了其论述。

种——我们同样是"我们之外其他的一切"的存在方式,而这正是命题和真理的可能性条件。然而,我们如何才能做到这一点呢?

谢林在《体系》中以他自己的独有风格使用了斯宾诺莎"规定即否定"的观点,绝对者是"肯定者与被自身肯定者"(I/6 p. 148);正由于它只是它自身,所以它是绝对的。因为它只内在于自身,所以它所包含的所有关系都是它自己。关于存在的问题——作为一个关于自己的问题,只能由存在本身来回答。因此,对莱布尼茨问题的回答就是:存在为自身而在。存在对自身的回答似乎将反思性(reflexivity)问题重新引入绝对者,并导致无限倒退的威胁:那些从自身中分裂出来的东西,它如何向自身倒退? 事实上这是不可能的,除非它在分裂之前就已然以一种直接的方式成为自身。谢林坚称,在他的绝对者概念中,"一切无穷倒退都被阻断了"(同上书,p. 165)。那么,切断倒退的关键在于区分,存在自身的直接根据是绝对者,而不是现象世界。不过,这难道不是康德二元论的另一个版本吗?

事实上,这一立场却是一种严格的一元论:充满差异性质的现象世界和绝对世界是相同的。这是如何可能的? 谢林依靠一个存在论差异——即"存在"(Sein)和"存在者"(Seiendes)来说明这个问题。这个区分与之后的海德格尔有关,而我们也可以在雅各比那里看到它的雏形。至少对早期海德格尔而言,"存在"是必须在"存在物"成为谓词对象之前就被揭示的东西。尽管谢林用斯宾诺莎的术语表述了这一点,但基本思想是相同的。

> 每一个存在都受到另一个存在的规定,后者同样又受到另一个存在的规定,如此等等以至无穷。原因在于,作为个别存在,它并不受其自身规定,因为它在其自身内并不具有它存在的根据。但它也不是

被上帝规定为定在的；因为在上帝内部包含总体性的根据，以及存在就其存在于总体性内部而言的根据。……个别存在……被另一个存在规定为定在；但出于同样的理由，这另一个存在必定又受另一个存在规定，如此等等以至无穷。

（同上书，*p.194*）

因此，一般被称为真正的存在，即客体的现象世界，实际上只是"真实的存在的彻底否定"（同上书，p. 194），在黑格尔那里它被称为"恶无限"，而谢林在《体系》中称之为"经验的无限"，即一种无穷增加的无限，这与德国唯心主义所谓真无限不同，真无限是不受自身约束的。

对谢林而言，这结论是对康德哲学的颠覆：在康德那里唯一肯定的知识无关于本质，而只关于表象；但真正的肯定知识——这正是康德的症结所在——不正是关于本质的吗？尽管一切有限的东西都绝对依赖于其他一切，并且需要综合判断来确定；但这些关系的总体，即实体，并不依赖于任何东西，并将所有关系包含自身。因此，思想和存在的差异总是已经被克服了，因为只有当它们都已经存在时，关于它们的同一性问题才可能被提出。个别的思维，就像个别的物体一样，并不是自我奠基的，但这意味着它们必须与一个更高的同一者相联系，因为我们终于意识到它们无法立足于他们自身。[1]

谢林用一个隐喻来表达这一点：

正如眼睛在反照中，即在镜子里瞥向其自身时才设定其自身，看到

---

[1] 同样，这似乎也只是柏拉图主义的一个版本，因为表象的世界不是真实的世界。这在某种意义上显然是这样的，但这个论证的其他后果也可以用一种彻底的非柏拉图式方式来理解，因为谢林认为绝对者并不是表象背后真实本质的宝库，而是世界的时间性根据。

其自身(就此而言它才将反射物——镜子——作为根本不为其自身而存在的东西),也正如设定其自身、看到其自身的仿佛是眼睛的一次行动,而反射物并未看到什么,并未设定什么,那么当大全并未设定、看到特殊东西时,它设定或看到的就是其自身。

(1/6 pp.197 - 8)

这种双重行动是论证的关键。谢林在 1806 年关于存在概念的阐述可以更清晰地说明这个论点:

> 对于存在而言,现实的存在就是自我揭示/启示。如果它要成为一,那么它必须在自己内部揭示/启示自己;但如果它仅仅是自己,而不作为自身的他者——在他者中成为自身的一,那么它就不会揭示/启示自己,因此,如果它不是绝对自身与他者的活生生的联系[作者注:纽带,在连接的意义上]。那么它就不会揭示/启示自己。

(1/7 p.54)

纯然存在自身并不能被描述,事实上,它始终是自为存在的,即使在它自身之内:这就是为什么它可以自我肯定。谢林将"A = A"的同一性命题转化为"A = B"。他做到这点的原因值得引用一段话来说明:

> 无限者(A)作为 A,直接也是有限者(B),而这个绝对同一性的表达式就是 A=B。从 B 出发,这个序列可以走向无穷;系动词本身不以任何东西为前提;A 不可能被规定为 B,除非它还可以被规定为 C、D 等,如此以至无穷。——A 不可能也是 B(即是说 A 不可能是有限

者），除非它在同一个不可分割的肯定中仍然是无限者，也就是说，除非它不仅是对 B 的肯定，也是对这个肯定的肯定。……绝大多数人在这里会遭遇一个困难，即他们很难理解，无限者如何能够与有限者统一在一起，或者说无限者如何能够直接就是有限者。原因在于，他们不懂得什么是绝对同一性，而且他们始终把存在想象为一种不同于实体本身、现实地可以区分出来的东西，殊不知存在恰恰就是实体本身……A 之所以是 B，是因为它是 B 的本质或本质性（Esse），所以 A 不可能等同于单纯的 B 本身。如果有谁觉得这个情况太过于悖理，那么他不妨通过下面这个绝佳的例子来检验一下。比如"当前这个物体是红的"这个命题，很显然，红色性质在这里不可能是一种独立存在的东西，但是它通过同一性而与主词"物体"结合在一起：它是一个被谓述的东西。至于那个作出谓述的东西，物体，则是这个性质的本质性（Esse），所以它确实是这个性质（正如这个命题表述的那样）；但由此却不能得出，主词"物体"的概念（在逻辑上）等同于谓词"红"的概念。因此，当我们说"实体作为实体是有限者"或"A= B"，我们确实认为，实体是这个有限者，而且它实际上也不是别的什么东西，但这并不意味着，实体因此在逻辑上本身就等同于个别性（B）。

66

（同上书，*pp.204－5*）

所以，A 和 B 的同一性不是一个诸如"绝对者是绝对者"这样的重言，而是一个判断，即绝对者作为一种在所有差异之间（包含着同一性）而具有传递性的东西，与所有差异的总体同一。谢林的同一性要求第二位的词比第一位的词揭示更多的信息，即使它们是同一的。为了强调这个相当困难的观点，我们将参考曼弗雷德·弗兰克对谢林基本的同一性概念的总结——他将使用《世界时代》中"A 和 B 的关系基于第三个术语 X"的观念对其进行阐明,这一部分我们将在下一章中看到:

> 谢林指出,主体和客体的同一性不可能在它们完全没有差异(或它们完全相同)的模型下思考(就好像说 A 是 A,在同时且在同一个方面,又说 A 不是 -A,这将是荒谬的)。然而,他接着说,这并不妨碍身为同一性判断的主词 A 和主词 B 都成为一个主词 X 的谓词……而这个 X 同样符合分析性真理或不矛盾律的要求,因为它本身就是自身同一的。与其说自然是心灵(这将是荒谬的),不如说:有一个 X(绝对同一性、系词、联结),这个 X 在一方面是自然,在另一方面是心灵(这些将是 X 的谓词)。
>
> (Frank 1990 p.143 - 4)

谢林通过这种方式避免了二元论,同时为了知识必须存在的反思性差异也得以阐明。

而这种看待有限世界的方式产生了一个后果——至今依然隐含在许多论证中(尤其是自然哲学的那些),即科学知识只能是相对的。如果具体的科学判断是绝对的,它们就没有意义,因为科学知识将成为同一之物的一系列重言式,即一些分析性的陈述;而正如康德所示,科学知识必须是综合性的。不过,重要的一点是,这种相对性并不意味着相对主义,因为它恰恰取决于一个更高的绝对本原——从它出发,相对性才是可以理解的。正是绝对者才能解释知识不断变化的事实。因此,只有通过显示对绝对者的需要,我们才能避免相对主义。然而,我们对绝对者的意识是通过反思的失败产生的,这个事实使得我们原来所有明确的知识都变成了相对的。尽管如此,我们并没有放弃追求更好地描述这个世界的努力,因为真理如果是相对的就毫无意义。真理不可能与虚假相对,两者并不对等:能够说谎意味着你知道真话是什么,说谎的可能性已然蕴含于表述这个行为中了。这种同一性和真理的概念在当代哲学中仍然有重要影响。

4. 同一与"延异"

谢林的同一哲学为我们提供了一种可能性,它或许能让我们更好地理解当代欧陆哲学和分析哲学的一系列问题。例如,一些理论已然形成了一种陈旧的共识,即认为同一性的思考模式会在某种程度上导向一种"压迫"。在这方面,后结构主义——他们将同一性思维视为一种巨大的威胁,造成的影响尤为恶劣(参见 Frank 1984;Dews 1987;A. Bowie 1990,1993a)。尽管避免压迫他人的道德或政治意图是正当的,但对于同一性的这种担忧,往往只源于哲学上的误解。对"同一性"的怀疑源自这样的思想:形而上学必然导致一种普遍性对特殊性的"暴力",即相同者(Same)对差异的压制。然而,阐明这里真正的症结才至关重要:关于同一性思维的争论往往被简化为黑格尔与尼采之间的争辩,换句话说,我们到底是要在辩证的尽头扬弃差异还是拒绝回归同一,让差异保持自身? 无论对于哲学还是哲学史而言,这个问题的复杂性都远远超出这场争辩本身,因为它关乎西方形而上学所依赖的根本前提。这方面,谢林的作用至关重要。事实上,谢林在某些方面更像一个后形而上学思想家,这使形而上学和后形而上学的分界变得更成问题。

对于德里达、海德格尔和哈贝马斯来说,形而上学与主体的首要性地位联系在一起。[1] 主体"作为意识从未能以其他方式宣告自己,而只能以自身在场(présence à soi)的形式存在";赋予主体以"自身在场"的"特权""是形而上学的以太(éther),是我们的陷入了形而上学语言[2]的思想要素"(Derrida 1972 p. 17)。这与上面所引用谢林的说法大相径庭:"自我是所有有限性的普遍表达和最高本原,即所有不是绝对整体、不是绝对现实的东西。"(I/6 p. 124)谢林的说法似乎是一种形而上学语言,但谢林这一论证核心不能被德里达的理论接受,因为在谢林那儿,作为"传递性存在"的谓词,主体必然无法反思性地存在,因为它被一个(就开端而言)先于它并且它无法控制的因素限制。基于上面的论述,德里达引用海德格尔、弗洛伊德和尼采的观点——他们关于意识的观点是人们耳熟能详的,来证明"自身在场"的颠覆。据德里达所述,尼采认为意识是"诸力的效应,诸力的本质、次要方面和形态都不属于意识"(Derrida 1972 p. 18),这与谢林的"自笛卡尔以来,'我思故我在'是所有知识(Erkenntnis)的基本谬误;思维不是我的思维,存在也不是我的存在,因为一切只是来自上帝或整体"[3]相呼应。德里达认为,从某些方面来看,尼采实际上比谢林更具形而上学色彩。尼采认为,意识依赖于一种力,这种力"力自身是从不在场的:它只是差异与量的一种游戏。如果没有诸力之间的差异,就不会有力的总体"(同上)。力,这个具有机械论性质的词汇在谢林那里不过是斯宾

---

[1] 对德里达的详细驳斥,参见 Frank 1984 and 1992a。我在这里以另一种方式复述弗兰克的论点,因为人们还没有看到德里达本人或者他的形而上学历史概念的追随者对这些论点作出充分的回应。

[2] 伽达默尔中肯地反对了这种主要来自后海德格尔的想法,因为对它的界定恰恰牵扯到这个术语试图摆脱的处境。我们如何知道某人在说"形而上学的语言"? 参见伽达默尔1986 年。

[3] 在这个阶段,上帝的含义不需要超过整体。在接下来的阶段中,因其可能导向斯宾诺莎主义,这样的等式从根本上被拒绝了。

诺莎的绝对者的另一版本。而尼采的论证很难与谢林的高度相匹配，因为这种"力的总体"概念在自然哲学那儿就遇到了问题，因为不可能认为一切都是力："因为我们只能将力视为有限的东西。没有力就其本质而言是有限的，除非它受到对立的力的限制。因此，当我们思考力（正如我们在物质中所做的那样）时，我们也必须考虑对立的力。"（I/2 pp. 49 - 50）这意味着我们不能认为绝对者是一种力，力必然依赖于它的"另一面"才能被彻底体现，因此它作为表示整体的概念是无效的。更进一步的问题是，仅仅有力的对立不足以解释主体自身，这需要在对立的力之前设置一种直接性，使它们被确认为主体的构成要素。[1]

德里达用以下术语来描摹尼采的思想[2]：

> 尼采的全部思想，不都是在批评哲学实际对差异漠不关心，批评它是一种还原或压制的中立系统吗？但按照同样的逻辑，按照逻辑自身，并不排除哲学生存在"延异"中和以"延异"为生，因而自身对相同者闭目不见，这相同者并不是同一的。恰当地说，相同者是"延异"。作为从一个不同事物到另一个，从一个对立面的某词项到另一个词项的被替换的和产生歧义的通路的"延异"。这样人们可以重新考虑所有的双偶对立，哲学就建构其上，我们的谈论也赖其而生；这不是为了看到对立面消除自己，而是为了理解什么预示了每一词项必定作为他者的"延异"，作为相同者的系统中另外不同的

---

[1] 尼采自己在某一时刻也意识到了这一点："简单的权力差异不可能让人感觉到自己的存在：那里一定有一种希望成长的东西。"（Nietzsche 1980 vol. 12 p. 140）参见 A. Bowie 1990，第八章。

[2] 关于尼采对唯心主义和浪漫主义哲学的依赖程度（一般不被承认），见 A. Bowie 1990 pp. 219 - 252。

和推延的东西出现。

（Derrida 1972 p.18）

这种同一性，即"延异"，扮演着与谢林思想中的绝对者相似的角色，但在"延异"中却包含着谢林试图回避的问题，这一点我们将在后面看到。对于德里达来说，形而上学是通过主体性的尝试将潜在的东西呈现出来，即将自然变成精神、将有限变成无限、将心灵变成物质，或将物质变成心灵的尝试。这种尝试的典范当然是黑格尔。他的体系将到达一个阶段，在这个阶段，否定性被揭示为一种必须要被克服的东西，以便达到对绝对者的把握。德里达指出，在黑格尔那里："时间的绝对的'这一个'，或此刻，是一种绝对否定的简单性，它从自身当中绝对地排除了一切的众多性，并且通过这个事实，它被绝对地规定。"（同上 p. 60）德里达的形而上学概念中的关键因素是反思性的自身在场，将他者重新认识为最终的同一。然而，即使在同一性的语境中，谢林的思想也不太符合德里达所刻画的形而上学模式。因此，很难从德里达对形而上学历史的断言中得出超越时代的结论。但是，我们又该如何理解德里达用于规避形而上学的中心术语呢？

鲁道夫·加谢（Rodolphe Gasché）认为："延异"——德里达否认将之认作一个词或概念——是他的策略的一部分，通过引入一种时间性，无限期地推迟差异回归到反思同一性，以此避免其落入黑格尔的整全体系中。

德里达的哲学并不是一种反思的哲学，而是致力于系统地探索那个平凡无奇的表面。没有这个表面，就不可能有反射和镜像活动，但同时这个表面在反射的闪烁游戏中没有位置和分量。换句话说，德

70

里达的哲学试图探究被忽略或被边缘化的方面,这些方面在传统哲学中往往被视为不重要或次要的。[1]

（*Gasché 1986 p.6*）

我们应该对这个看法并不陌生,正如上文谢林所说:[2]

当眼睛在反射中看到自己(例如在镜子中),它仅在将反射的东西——镜子——视为对自己无关的"无"时,才能对自己进行肯定、直观。眼睛通过这一行为(只肯定自己,而不肯定进行反射的东西)看到自己,而不是反射的东西。

（*I/6 pp.197 – 8*）

"延异"存在于这样一个事实中,即我们不能将存在认作表象的根据,因为存在永远不能被呈现为它自身。存在论的差异意味着存在永远不能作为"自身在场",而只能在存在者中显现。这意味着表象的根据实际上是被隐藏的,这给我们留下了一个问题,那就是我们能否接触到被隐藏的东西。

海德格尔认为,存在曾经没有被遮蔽过,但随着对象化思维的兴起,即从巴门尼德的形而上学开始,存在就被遗忘了。然而,海德格尔常常谈到存在的双重本质,即被遮蔽和解蔽,对于这一点,德里达倾向于忽

---

[1] 加谢对谢林的所有讨论都基于黑格尔在书信中对自然哲学的描述。这显然有误导性。首先,因为它没有涉及谢林成熟的同一哲学,其次,晚期谢林的思想甚至从未被提及,并不符合加谢批判形而上学的标准。加谢尽管对黑格尔的早期方法进行了富有启发性的诠释,但最终还是增加了关于德国唯心主义的神秘色彩,从而高估了德里达的哲学成就。

[2] 考虑到谢林对总体性的谈论——显然德里达避开了这样的术语——这个想法基本上是一致的。下面将讨论两者的主要区别。

略,他认为:

> 既然存在只有在存在者当中掩饰自身,才能拥有一种"意义",才能
> 得到其所是的思考或言说,那么,延异,就以某种十分奇怪的方式,
> 比存在论差异或存在的真理"更加古老"。

(Derrida 1972 p.23)

用罗蒂的术语来说——正如我们在"导言"中看到的,符号性的"存在"(Sein)是一个隐喻:它没有"意义"——就像德里达这里的"延异"。因为对"存在"这个词的任何用法,都不能通过它在其他句子中的用法中的来推测,因此,它可以被视为完全没有意义。[1]海德格尔意识到这个问题。他表明存在总在进行解蔽和遮蔽,并只能偶尔在擦除(under erasure)的语境下得以表现。恩斯特·图根哈特认为,在海德格尔的基本(且相当成问题)意义上,存在是"如其所是的澄明的发生(das ... Lichtungsgeschehen als solches)和作为现象世界的可能性条件的"时间性的揭示状态(Erschlossenheit)(Tugendhat 1970 p. 277)。

德里达的错误假设是,先前的形而上学——甚至包括海德格尔对存在的理解,都依赖于反映的"存在"概念,即哲学希望将差异——即存在者——包围在同一性的总体中。因此,形而上学依赖于驱散"隐喻"和创造"意义"。[2]"延异"从一开始就否认反思性存在,试图通过消解形而上学的根据来逃避同一性的陷阱。它绕开"为什么存在会无蔽"这个问题(这个问题指向谢林晚期哲学),因为在这里,存在总已经

---

[1] 罗蒂还指出,无论德里达喜欢与否,现在这个词确实有一个意义。

[2] 当然,前提是人们接受罗蒂试图作出的分析性区分。这种区分并不是那么容易作出的事实表明,说出什么是形而上学很可能才是真正的问题,正如德里达自己有时所建议的那样。

是延迟的。

在这种情况下，很难有其他选择，我们只能认为延异在功能上与谢林同一哲学中的绝对者相同。[1] 延异的功能是解释为什么通向反思性自身呈现的道路被阻断了。这也正是绝对者的作用，它将反思视为对于有限者知识的生产，即它是关于"产物"的知识而非"生产性"的知识。虽然德里达坚持认为，不能给"延异"起一个名字，这种坚持源于这样的认识：如果给它一个名字，它将有可能成为绝对者。但对于绝对者是什么的任何明确回答都将引向相对性——但绝对者绝不是具体的东西：某个东西，是它自己而不是其他东西，这仅能在一个谓述结构中被确定。

当德里达讨论符号的差异性质时，他运用了斯宾诺莎—索绪尔的"规定即否定"的观念——当然以他自己的时间化和空间化的方法，这进一步暗示了他和谢林的相似之处。德里达在理解"意义"时，将自我意识的作用排除在外，这就使得任何存在者都无法从自我意识的角度得到理解。这与谢林通过将斯宾诺莎主义范畴动态化来描述具体性世界的方式相呼应：

> 正是因为"延异"，语义的运动才是可能的，只要每一个所谓"在场的"成分，即每一个出现在存在的场景的成分，和不同于它自己的其他事物有关系，因而它自身内保持过去成分的记号，并业已通过与未来成分相关的记号使它自身失效；这一印迹既同所谓未来的也同所谓过去的东西发生联系，并通过这一同它非是的东西的联系的手段，构成了所谓的在场的东西：这个它绝对非是的东西，甚至也不是作为被限定的在场的过去或未来。间歇为使在场者成为其自身，必

---

[1] 引自 Dews 1987 第 1 章。不过，杜斯倾向于将同一哲学完全等同于德里达。在我看来，与德里达的立场相比，谢林有一个至关重要的优势，这将在下文中显现出来。

须把在场者同非在场者分离开来,但这一使它构成在场者的间歇,通过相同的标记物,必须自身和自行区分在场者……在它自身动态的构成和区分中,这一间歇可称为"间距化",是时间的变化着的空间或空间的变化着的时间。

(Derrida 1972 p.13)

现在我们来对照谢林对空间和时间的理解(其中"绝对真实"可以理解为"自身存在"):"空间和时间是彼此相对的两个否定:因此在其中两者都不可能有任何绝对真实的存在,相反,每个存在中真实的部分恰恰是用来否定另一个存在的。"(I/2 p. 368)。在《体系》中,谢林对空间的理解尤为引人注目:

与大全内部的生命相对立,特殊生命只能显现为向着差别——不含有同一性——的无限衰变,显现为无限的非同一性、纯粹的广延。——原因在于,内部的同一性被各种断定的相互关系消除了。但这关系却是进行确认、肯定性东西。因此事物的那种与无限实体内部的生命形成对立的特殊生命,即与作为同一性的无限肯定相分离的事物被肯定状态,也就只能显现为无限差别,显现为同一性的彻底剥夺,因而仅仅显现为某种无力的衰变,显现为纯粹的广延。

(I/6 p.219)

如果去掉中介性的"纽带"(Band)概念,那么这段话中其余部分的逻辑,与德里达由"延异"引申出的空间化和时间化的意义观念非常相似。

然而,消解同一性会带来一系列问题。如果某事物被推迟,这意味着它也必然某种方式发生,因为推迟并不意味着取消。事实上,如果意义总是被推迟——因为自身在场是不可能的,那么就根本没有意义,只有"通过其他符号中介"的现象(Dews 1987 p.30),意义瓦解为不明确的无差别,成为纯粹的广延(参见 A. Bowie 1990 pp. 109 - 12)。德里达的假设似乎是,"意义"必须包括发送者将原始内容传递给接受者的过程:如果被传输的内容不完整,那就没有"意义",因为内容将不会呈现给接受者。意义被时间化和空间化的符号链延迟,失去了它的"存在"。德里达有时从这个立场中得出形而上学终结的结论,与实际的情况比较,这似乎有些夸张了。在谢林那儿,绝对者是意义差异化的过程,但这种构建意味着一切都相对于无限而存在:"没有单个存在有'自身在场'的根据。"在这个意义上,差异没有被加以任何限制;事实上,如果没有同一性,只可能会导致"无能为力的瓦解",这似乎就是德里达遇到的情况。当然,谢林也不可能再进一步揭示德里达理论的不合理之处了。

　　无论是在符号的分化层面,还是在世界的分化层面,差异都只能基于在先的同一性才有意义。德里达似乎忽略了一个事实,正如弗兰克一再表明的那样,不同的符号标志系列存在并不足以解释即使是最原始的语言现象[1]。不同的标志没有任何意义:它们的意义取决于把它们联系在一起的东西,它使它们彼此具有相同的序列,成为有意义的标记(参见 Frank 1984 p.356,以及 A. Bowie 1985)。谢林把这种无关系的差异看作不存在——相对意义的不存在,或依附性的存在——布拉德利(F. H. Bradley)后来称之为"关系"的"虚无"。在这个意义上,如果没有自身在场,对一个事物的绝对知识就没有任何意义,也没有形而上学意义上的"意义"。关系性同一的在先根据不是已知的东西,但它也不是相对

[1] 人们甚至可以说,在德里达提供的术语中,甚至不可能有一个开放的世界,因为他根本没有给我们阐明差异的标准尺度,从而让我们意识到世界的结构。

的:它必须是差异之间的链接。德里达保持了依附性的意义,但认为其可以通过否定来阐释,而不必以任何肯定的方式来阐释。正如弗兰克所指出的,这使他接近黑格尔,因为他将所有差异都看作一种否定,而没有肯定性的根据(参见 Frank 1989a pp. 446 - 70,以及第六章)。德里达的做法已经使他进入了形而上学史,但他试图通过将绝对同一性转化为"延异"来避免他所持立场的后果。在谢林和德里达的作品中,反思同一性依赖于那些使它失去任何可知根据的东西,因此被剥夺了自身在场。在谢林那里,这是因为绝对的同一性阻止了殊异性以绝对的方式存在:"大全并未设定、看到特殊东西时,它设定或看到的就是其自身。"(I/6 p. 198)时间性的根据是:"时间本身就不是别的,只是显得与事物的特殊生命相对立的大全。"(同上书,p. 220)作为已然存在着的东西,德里达的"延异"使自身在场变得不可能。它阻断了倒退,因为倒退所朝向着的那个"根据"已经被分裂。在这里,已然不存在一个有意义的根据。然而,谢林的观点是,如果没有绝对同一性作为所有差异的根据,就不可能进行谓述。如果相对差异不能由"同一性"进行中介性的谓述,那么它们甚至不能成为差异。因为,如果差异没有尺度,差异也不能以相对的方式存在。[1]

因此,谢林对"纽带"的坚持至关重要,因为它揭示了德里达立场的关键性失败。哈贝马斯认为:每当"一"被视为绝对的否定性、抽离和缺席、对所有命题表述(Rede)的抵抗时,理性的根据就会显示出它是非理性的深渊(Abgrund)(Habermas 1988, p. 160)。这对德里达的"延异"来

---

[1] 正如弗兰克所指出的,德里达意识到了这个问题,"当他在回答萨特批评时承认:'可重复性需要一个最小的剩余(restance)(就像一尽管有限的、最小的唯心主义),以使同一性在改变中可重复和可识别,通过改变,甚至在他者的视角下。因为重复的结构——另一个决定性的特征——同时意味着同一和差异"。但是德里达无法通过他的理论来解释符号的意义(以及由它所中介的自我意识)的这种最小的"剩余"——它仍然"只是一个假设,其必要性只有在人们放弃他的立场时才能被承认"(Frank 1992a pp. 231 - 2)。

说,似乎是恰当的,但哈贝马斯没有考虑到,谢林在持有一种关于命题性和理性的理论的同时,将理性的根据视为"不可预思之在"（das unvordenkliche Sein）。如果想给出谢林此举的替代方案,我们必须让这个根据本身具备合理性,但这将不可避免地倒向了黑格尔——谢林将证明这个立场是站不住脚的。鉴于哈贝马斯思想中明显的黑格尔倾向,我们可以认为谢林的批判也适用于哈贝马斯。它指明了哈贝马斯方法上的失败,即未能妥善处理那些无法通过命题表达的事物。在后续的结论中,我将简要讨论这个问题。

把语言当作符号,并通过它的差异性结构将其引向无限,而忽略了意义是在谓述的层面上构成的——因而也就是在同一性的层次上构成的这个事实。两者导致了一个结果,即"延异"对作为"在场"的意义令人眩晕的破坏（参见 Ricoeur 1986 p. 130；Frank 1992a pp. 220－7）。"A is B",是命题（谓述）的基本结构。正如弗兰克所说:世界不是谓词的总体,毋宁说是在这些谓述中得以确立的东西,即事态（affairs）的总体（Frank 1992a p. 220）。而事态的构成必然需要一个同一性的根基。毫无疑问,人们可以证明符号差异无法被排除:因为这是所有动态关系结构固有的——在这个结构中,一个要素的运动总会导致与它关联的另一要素运动。然而,"符号的差异无法被排除"这一事实造成的所谓毁灭性影响,依赖于忽略意义构成中使意义成为可能的同一性结构,这种同一性结构是命题层面上而非符号层面上的。

但这并不意味着我们因此拥有一个在形而上学上得到了保证的语义学:使得命题成立的同一性,其要点在于它本身不能被分析,因为它是分析的中介。[1] 构成命题根据的同一性不能被谓述,而必须被预设:

---

[1] 戴维森在这方面实际上更接近海德格尔,他认为对真理概念的理解是一种"原型",因为它不能通过说关于真理的真理来定义。

否则,我们甚至不能用"延异"这样的术语来质疑意义的同一性。正如海德格尔所看到的,我们寻求的真理——包括由延异传达的意义的真理——如果在某种程度上还没有被理解,那么将来也不可能——在命题和事态间的反思性(或表象性)关系上得到理解,更不用说在符号链中了。如果没有已然理解语言事件与所表达的含义之关系的主体,意义就根本不存在,那么关于意义——作为存在之概念被颠覆的问题也被取消了。如果意义是在交流过程中形成的,因此总是可以修改的(因为我们总是可能误解别人的话),那么意义就容易受到德里达所关注的那种无休止的转化的影响。但是一旦停止这种思考,即很多现代哲学家认为的:语言代表一个前存在的真理,上述那些观念就不是具有毁灭性的洞见,也不意味着我们需要接受延异的观念和随之而来的解构主义的包袱。谢林的同一哲学为我们指明了这种非表象性的概念,这种概念的方式通常比德里达的"延异"更具有说服力。

5. 谢林、罗蒂和戴维森

谢林认为他找到了让体系保持一元,且不至于沦为一种静态还原论的方法;同样,通过"延异",德里达既想获得一元论的优势——尤其是在摧毁二元论上,却坚称自己的思想不是一种形而上学。对于德里达截然不同的评价——即将他视为一位先验哲学家、物理主义者,或者那些我们没法归类的东西,正是源于这种模棱两可的立场。这些关于同一性问题的影响显然不只限于后结构主义。在讨论"延异"(作为德里达模糊表述的中心)是不是如鲁道夫·加谢所说,只是"可能性的条件"时,理查德·罗蒂指出,这场争论根本还是那个古老的问题:一元论如何得到陈述?这把我们引向了谢林在《先验唯论体系》中考察自我指涉问题的另一个版本。罗蒂认为大多数的西方哲学家"不断地想说,'使一种表达变得可理解的条件是……'"。尽管命题本身并不满足它自身所列出的种种条件(Rorty 1991b p. 91);这个主张扮演了延异在德里达那里一样的角色。罗蒂认为,要使这个命题满足它自己的条件,就需要一种封闭的形而上学词汇。正如后康德思想家所认识到的那样,这意味着某种形式的同一性表达,即 a = a。

正如德里达关注的,试图揭示"一"的任何尝试,其实都是对于"一"的分裂,就像我们在诺瓦利斯那里看到的一样:"同一性的本质只能在一个表面命题(Scheinsatz)中建立。我们要离开同一性才能表示它。"我们离开了同一的状态,就再也不能将之作为同一者来表述。这就是浪漫主义的重要洞见,也是谢林在《先验唯心论体系》中提出只有艺术可以呈现绝对者的思想缘起。谢林在《维尔茨堡体系》中对这个问题偶尔也含糊其词,但我们将会看到,黑格尔最终将会使同一者作为同一者得到表述,罗蒂说:

> 哲学必须针对某种形式的陈述,例如"没有语言表达是可理解的,除非……"。此外,这个陈述必须是封闭的,意味着这个陈述可以适用于自身而不会产生悖论。一个哲学词汇表不仅必须是完整的……而且必须以与它对其他事物的描述一样"清晰可读"的方式描述自身。
>
> *(Rorty 1991b p.92)*

他认为,最好的情况是,德里达已经不想成为一个哲学家,他所说的哲学家是指(即使是伪装的)例如以"延异"的名义,谈论绝对者,并将之作为谓述得以可能的条件。

罗蒂认为,停止做这样意义上的哲学家是一种值得追求的转变。他将此举与开放多元化词汇(vocabularies)(而非只寻找一个真正的词汇)

需求联系在一起。罗蒂的立场基于在现代得到充分发展的、对于文学和艺术的理解模式；这一模式发源于浪漫主义，包括谢林的《先验唯心论体系》。罗蒂想要远离寻找任何形式的根据，转向不同词汇的自由游戏。罗蒂提出了维特根斯坦式的主张，反对加谢的"哲学"坚持"存在和思维的存在论或形式同一性前提"，即

> 在命题表述中寻找一个"根据"，这想法本身就是一个错误。而论证，即把一个句子和另一个句子对立起来比较，以决定我们应该相信何者，并不需要一个"根据"，就像是用一块石头把另一块石头削下一块来做一个矛头一样。
>
> （同上书，*p.125*）

根据罗蒂的观点，似乎我们应该忘记"绝对者"，忘记"根据"，以及任何形而上学的命题。然而，我们是否不被准许思考——非神学的，并且从罗蒂的隐喻出发——是谁或什么东西拿着正在被凿的石头，是谁在凿石头，或者他们站在什么东西上面？换句话说，是否有一种方式将命题表达与世界所展露的非语言概念联系起来（例如之前所说的反思性自我意识中），而不会以一种表象或充分性理论结束，或者无效地将"论证"和"解蔽"混为一谈？罗蒂是否真的认为概念只是"标记或噪声的常规使用"（同上书，p. 126）？除了不可接受的观点，即它们是对象的心灵再现，是否还有其他思考它们的方式？使人对罗蒂的立场持怀疑态度的重要事实是，罗蒂本人实际上仍然保留了一个根据，因为即使有些不一致，他还是提倡一种物理主义，在其中就涉及一种值得怀疑的存在论承诺，这种承诺与他所批评的其他人的那种承诺相似。

而谢林的想法是，我们需要思考我们所立足的自然，而不仅仅把它

当作知识的对象：必须有机地设想自然，把我们自己视作它的一部分。在自然的"实在"物质分化外，一种"观念"的分化形式出现了：不过，这两者的区别只是相对的，只是我们的视角，但在本质上是同一的。这听起来就像是罗蒂会以反形而上学的观点蔑视的那种东西。不过，谢林提出的这些问题为罗蒂标准的反对意见提供了一种可能性，即在谈论根据的任何尝试中，给我们提供了另一个版本的表象——或"同一性"——的思考，一个试图调和体系和内容、思维和自然、知识和其根据之间关系的版本。罗蒂对认识论根据主义的怀疑是恰当的，这种根据主义建立在一种不可能的任务之上，即试图超越这些区分从而达至对两边关系的知识。不过，谢林根本不坚持这种区分，其原因我们已经看到。正如他在《先验唯心论》中所说：

> 因此，我们的概念何以会同对象一致这个问题，就其以两者原初的差异为前提而言，先验地来看绝没有什么意义。对象和它的概念，或者反过来说，概念和对象在意识的彼岸是同一个东西，两者的分离正是和产生着的意识同时产生出来的。所以说一种从意识出发的哲学是绝不能解释那种等同性的，而且离开原始的同一性，这种一般也不可解释，原初同一性的本原必然在意识的彼岸。

> (1/3 p.506)

在其中，我们没有看到一种表象模型[1]，某种程度上，谢林最终的立场远比罗蒂本人更接近于罗蒂所推崇的偶像——戴维森。这一事实让我们不由思考，谢林的观点是否能引领出新的方向。随着生态灾难的

---

[1] 谢林有时确实在其他地方用表象的方式思考（比如在《先验唯心论体系》的开头部分），但他思想中仍然重要的方面并不依赖于充分性或表象的概念。

日益加剧，人们对西方哲学自笛卡尔以来支配自然的主导概念越来越怀疑，在谢林的视角下，这种怀疑相比于罗蒂更具意义。因为，从罗蒂的角度来看，任何试图谈论自然本身的尝试都注定失败。这就是为什么谢林的同一性理论比罗蒂的立场更有力——特别是在应对当代对于自然破坏的忧患上。

现在我们可以很明显地看到，当谢林解释同一性时，这不是一个相同性（sameness）的问题，不是反思性的自身同一化问题，也不是一个充分的表征问题。谢林的同一性是"同一与差异的同一性"的一个版本，在这个版本中，思维和存在、主体和自然，既是差异又是同一。此外，它们之间并不会像罗蒂所说的那样出现悖论。谢林的观点是，作为一个存在论的问题，同一性不应该与逻辑上的不矛盾律混为一谈：正如我们所看到的，它不是一种同义反复的关系。同一性意味着知识的生产、综合，而不是分析性的重复。例如弗兰克对弗雷格那个著名例子的分析：经过漫长的历史，我们知道了金星既是晨星又是晚星。"同一"意味其能够包含差异的可能性，如果不是这样，就根本不需要认识事物，因为它们总是已经相同了——我们将处于"所有牛都是黑色"的夜晚，"知道"一切，却也一无所知。然而，也必须有一种认识，即那些差异着的东西已然是同一的：否则它就不能被认识，或被显示为差异。这个问题在"心灵"与"物质"的关系中成为核心。到目前为止，很明显，心灵和物质是不可还原的一种差异；但它们的差异是相对于它们都"存在"事实而言的，因此我们可以将两者视为同一。但关键问题是：它们是如何同一的。

弗兰克和罗蒂都引用了唐纳德·戴维森的"反常一元论"理论作为他们观点的证据。弗兰克是为了证明可以继续使用谢林的形而上学模式，而罗蒂是为了成为一个"非还原论的物理主义者"。戴维森承认他致力于：

一个重要而实质性的论题是：如果心理事件既引起又被物理事件所引起（这是显然的），而且事件之间的因果关系必然暗含着连接这些事件的定律（而这些定律又是物理的），那就不得不得出结论：心理事件只不过就是（在同一意义上）物理事件而已。如果这就是物理主义，那么我们就是物理主义者。

(*Davidson 1980，p.248*)

罗蒂把戴维森说成是"物理主义者"的同路人，这是有一定道理的。不过，上文中最后一个"如果"表明，戴维森实际上还是比较谨慎的。他谨慎的原因和谢林非常接近。像谢林一样，戴维森并不坚持物理主义的决定论，因为他不认为有任何心理物理规律的可能性："反常的一元论与物理主义相似，它声称所有的事件都是物理的，但拒绝通常被认为是物理主义的基本论点，即心理现象可以被赋予纯粹的物理解释。"（同上书，p. 214）物理领域必须从因果律的角度来考虑，如果心理事件导致物理事件，那么它们就必须是物理事件，但"没有一个纯粹的物理谓词，无论多么复杂，作为一个法则问题，都具有与心理谓词相同的外延"（同上书，p. 215）。尽管我们可以肯定，没有大脑中的物理事件就不可能有心理事件，但这些事件不能用来预测未来的心理事件会是什么。如此一来，物理领域的因果关系就不能用来解释基于信念的意向性行为，因此，"心理概念相对于物理概念，具有一种一元存在论与对行动进行因果分析的自主性"（同上书，p. 240）。戴维森认为他的立场是康德式的，这在许多方面与谢林接近。

谢林提出了与戴维森相同的观点，他说：

在实在物与观念物、存在与思维之间根本不可能有什么因果关联，或者说，思维永远不可能是存在中的某种规定的原因，或者反过来说，存在永远不可能是思维中的某种规定的原因。［作者注：戴维森会说"物理"和"精神"只是不同的"描述"］。

(1/6 pp.500-1)

尽管罗蒂声称自己不是还原主义者，他却经常将同一性理论的两个侧面还原为物理主义。[1] 相比于罗蒂，谢林则坚持认为同一性必须被作为这两个侧面的连接来理解，不能只用其中一个方面加以描述。因此，我们被引导向了一种罗蒂正想要摆脱的实体概念——罗蒂认为，实体概念必然引发不同属性与同一实体如何联系的问题。然而，在戴维森的后期作品中，他自己也采取了谢林的做法，他说："我认为没有充分的理由称同一性理论为'物理主义'：如果某些心理事件是物理事件，这并不使它们比心理事件更物理。同一性是一种对称关系。"（引自 Frank 1991 p. 123）罗蒂在这个问题上则含糊其词，当他说信念和欲望时：

可以肯定的是，它们是另一种描述下的生理状态（尽管为了保持非还原主义所特有的存在论中立性，我们必须补充说，某些"神经"描述是"物理"描述下的心理状态）。

(Rorty 1991a p.121)

不过，论及此处，我们就必须谈谈什么是罗蒂所假定的同一性，而这恰恰就是罗蒂反驳的必要之处。

---

[1] 在我看来，"非还原的物理主义"这一术语本身就是一个错误的名称：如果物理主义不是还原性的，它就根本不可能是物理主义。

以下是谢林的核心段落，这段内容呼应了谢林自然哲学的某些部分。它表明物理主义概念无法充分描述上述状态，并让罗蒂的论证——应该摆脱的一元主义，得到支持：

即便通过自由而仿佛在观念世界中自行发展出来的一切，依照可能性来看也已经包含在物质中了；正因此，物质不可能是[作者注：在物理主义中]僵死的、纯粹实在的本质[作者注：为了这本质，物质被人接受]；物质作为实在实体同时也是观念实体，并囊括了观念实体所囊括的东西。这个有广延且思维着的实体，正如斯宾诺莎表述的那样，不是两个不同的实体，有广延的实体也是思维着的实体本身，正如思维着的实体也是有广延的实体。因此能从物质与大自然的深渊中自行发展出来的东西，乃是像能从灵魂中自行发展出来的东西一样不可规定的一个无限者。原因在于，灵魂的一切演化都必然有物质的某种演化与之并行。……我们的灵魂的行动[作者注：作为行动，并非我们的行动，而是实体的某种行动]也是必要的。

(1/6 p.549 - 50)

值得注意的是，这不是物质的行动。虽然罗蒂经常假定"事件"归根到底是物理的，但戴维森和谢林都认为，这仅是一种片面的还原，实际上是一种无法维持的形而上学的物理主义。

现代物理主义倾向于假定一种同一性理论，不仅仅为了得到一条走出"心智主体—世界客体"表征性思维的路径。当然，物理主义本身就是斯宾诺莎主义的当代形式。正如我们所看到的，谢林非常注意避免斯宾诺莎的有限样态世界中涉及的还原。谢林同一哲学之所以意义重大，正是因为它提出了一条路径来解决物理主义在表述精神和物理概念时出

81

现的问题。我们看到，用谢林的话说，仅仅假设"心灵—主体"在本质上是"世界—客体"是不行的。这就无法解释为什么世界客体能够成为心灵主体——正如在费希特那里所显示的问题。如果所有的东西都是物质，那就不可能有物质的概念，因为我们根本就没法对物质进行构想。物理主义——包括还原形式或非还原形式的——都假设精神事件归根结底是物理事件，但实际上省略了很多内容，以至于很难再去理解心理世界的含义。如果物质必须知道自己是物质，它就需要一个标准来区分物质和无所不包的"一"，而罗蒂认为这是形而上学的必然结果。为了能够断言心理事件是"真正的"物理事件，需要一个进一步的理由，它不能被还原为上述任何一个——这是必要的，以防止最后得出"一切就是一切"这种主张。谢林的同一性理论的重点就在表明这一根据的必要性。他由此展现了：一个融贯的斯宾诺莎主义立场是不可能的，这个论点也适用于斯宾诺莎主义在当代物理主义中的重现。

　　事实是，物理主义必然陷入了我们曾反复遭遇的"反映"问题：坚持认为心灵是物理性的，就需要确立它们的同一性，而同一性不可能只是两者中的一个，而是必须先于它们的差异。如果确乎如此，那么由此产生的立场就不可能再是物理主义了。谢林并不想贬低自然界的物质方面，但他拒绝成为物质的还原论者。他解决物理主义问题的方法是同一性这个概念，在这个概念中，精神和物理的差异必须建立在一个必要的先在同一性之上。如果没有这种同一性，就会出现克服先验差异的不可能问题（事实上，甚至知道它是一种差异，这本身也需要同一性）。但这并不意味着，在假定了这种同一性之后，我们就可以采用物理主义的解释模式，因为"实体"在这两个方面之间并不存在因果关系。

　　在这种观点中，实体本身必须始终既是观念又是实在：这不能以因果关系来解释,因为理解事物因果关系的可能性本身不能被还原为因果关系;物理大脑的因果领域和建立因果联系的主体心灵事件彼此依存。因此,在谢林的意义上,两者相同却不能互相还原。对谢林来说,"观念"和"实在"相互对立:两者在它们各自的领域中是绝对的,因为它们不能因果地影响对方,"就对立面也存在而言才能存在"(I/6 p. 407)。因此,自然界本身即是绝对的主体,在这个意义上,在它内部发展的思维也是它本身。思维主体(在我们所看到的意义上)与它在认识判断中对象化的自然是同一的。不能说它是"真正的""实在"或"观念"。相反,用谢林的话说,它正是两者的动态联系。

6. 绝对的反思

由于绝对者被黑格尔理解为"自身的他者",我们不禁要问,谢林与黑格尔在"自然是心灵的另一侧面"这个观点上,到底有多少相似性——黑格尔是德里达反驳同一哲学的主要目标,也是罗蒂反形而上学一元论的论证所暗指的。这并不是一个简单的问题,正如曼弗雷德·弗兰克所指出的那样,在《维尔茨堡体系》中,谢林的立场存在着内在的张力,既有我们在对《先验唯心论体系》和《维尔茨堡体系》的分析中所见的一种浪漫主义立场,也有黑格尔在其体系中发展出的绝对唯心论的内涵。这种张力在于,"观念"和"实在"的同一性是否能够被理性所阐释,而不是已经依赖于雅各比和荷尔德林所谓的那种根据,即一种"存在"的不可言说的根据。关于同一哲学,弗兰克说道:

> 一方面,纯粹的同一性被移到了观念之外的空间(观念,即认识,只是实在旁的一个相对物);在此,我们可以看到荷尔德林的建构,根据荷

尔德林的建构,绝对的存在者不能从反思中推导出来,这个观点也闪现在谢林的同一性哲学中。另一方面,它声称能够进行证明⋯⋯有

一个点,对绝对知识和绝对者本身是一体的[I/4 pp.361 ff.]。

(Frank 1989b p.200)

同一哲学的第二个面向是谢林和黑格尔产生交会的地方。一旦人们意识到所有具体知识的否定性,通向绝对知识的道路似乎就敞开了。其结果是"同一的双重性","实在的大全被设定,是由于上帝在无限的意义上肯定其自身;而观念的大全被设定,则是由于即便他的这种肯定活动也是被肯定的。"(I/6 p. 204)。思维,对其的正确理解,是绝对者的一个明确的反思(reflex)。而最重要的是,思维本身能够意识到这一点:

> 一切知识除了都是一种现实的知识之外,也还必须有这种知识的概念与其结合在一起;谁若是知道了什么,也便知道他有所知,而关于他的知识的这种知识,以及关于这种有关他的知识的知识的知识(das Wissen um dieses Wissen seins Wissens),便合而为一了,一切无穷倒退都被消除了,因为与知识结合在一起的知识概念(它是意识的本原)便是在其自身且为其自身的无限者本身。

(I/4 p.290)

谢林将此称为"同一性的同一性":"主观东西与客观东西的等同性被设定为与自身相等同的,认识其自身,而且是其自身的主体与客体。"(I/6 p. 173)因为意识在理智直观中直接认识自己,并且凭借自己所认识的东西"肯定"自己,以一种和其他所有东西一样的方式"存在",所以

它可以被上升为全部存在的自我肯定这一概念，因为自我肯定的结构是由上述的认识的双重结构构成的。认识论和存在论在绝对者的整体结构中相互映照，从而"扬弃"了它们的差异。当有限的认识揭示出自身是有限的、否定的、相对的，及其自身的非存在性（或者说对其他存在的依赖），它就必然导向那个为其奠基的绝对存在。在这个绝对存在中，有限的认识被超越和融合，形成了更高层次的综合，这也是哲学追求的目标。因此，可以说，在绝对存在的结构中，有限的认识的确定性得到了肯定和实现，而哲学的使命就是揭示这种绝对存在的结构并探寻它的意义。而真正的问题是该如何在哲学中呈现绝对存在，这是谢林和黑格尔在1801 年后持续多年的争论。

　　现代哲学的未来图景就奠定在这个争论造成的影响，目前，我们需要在同一哲学阶段简述谢林和黑格尔之间的差异，以便在后续的章节中我们能更加清晰地认识到这个差异的重要性。回顾我们在本章开头的基本观点：谢林经常把存在看作"超反思的"（transreflexive）——就像我们在荷尔德林那里看到的一样，谢林在对同一性的论证中发展了这个观点，而黑格尔则把它看作一个"自我返回"的整体。两者都把有限的否定性视为通向无限的东西，但它们之间有一个重大的区别，这个差别及其影响只有在二十多年后才会真正变得明确。黑格尔对谢林的反对意见是，他从一个预设的而不是阐明的根据开始。亨利希使黑格尔的立场变得明确，他认为，在谢林的启发下，黑格尔意识到：

> 有限性不能成为与绝对者在根本上不同的东西。为此，谢林赋予它相对独立的属性，因为只有这样，它本身才符合绝对者的特征。这种独立地位将被直接扬弃（aufzuheben）。由于这也只能从内部进行，黑格尔的结论是，绝对者作为其自身的否定而存在于有限性中。

然而,这个思想只有在这些前提下才能得以成立:有限者就是绝对者,绝对者因此也是有限者。绝对者是有限的,因为有限者不是其他,有限者只是绝对者与自身的否定关系而已[作者注:我强调了这点]。"

(Henrich 1982 pp.159-60)

当亨利希在谈到黑格尔的绝对者概念时,黑格尔那里"反思性"的意义就变得很清楚了:绝对者将他者作为自身来关联于它自己(同上,p.166),在这种关系中,它与他者的关系即是一种自身认识(因此有"作为"的意思)。显然,这是我们已经在谢林那里看到的"同一与差异的同一性"的表述。那么,两者的巨大分歧在哪里呢?

理解这个问题的重点在于,如果绝对者真的能够把自己看作他者,那么在反思关系之前,它已经必须知道那个他者就是它自己。正如只有在已经熟知自己的情况下,我才能通过镜子认识到自己,而非看到一个似是而非的对象。这意味着必须有一个先决条件,一个先于任何反思而存在的根据,否则,就像在德里达的讨论中显示的那样,差异甚至无法被认识为差异。对于黑格尔来说,只有当相对的否定成了整个进程的基本结构,即绝对者时,才能最终达到绝对者的认识。所有有限的差异都是绝对者,因为它们总是相对的:它们在彼此之间都是否定的,并最终成为(肯定的)绝对者,同时作为自身的他者(作为否定的)。扬弃的过程就是绝对者,它将所有有限的否定联系起来,朝向自己运动。谢林在同一哲学中只是暗示出这个倾向,当然,黑格尔那时也还没有以这种形式发表他的观点,更别说在逻辑学和整个体系中去呈现这个方案的完全体了。但揭示这个问题的潜能已经蠢蠢欲动。

那么,问题的关键就是,有限者只是其"自身的否定关系"何以可能?

弗兰克认为：

> 否定一个非存在（拒绝它的任何存在）并不意味着：为它提供存在。
> 如果我们有限的世界中有一个存在者（*Seiendes*），那么它就是绝对
> 者的存在。换句话说：如果有限的存在者完全的、在所有方面都被
> 剥夺了存在，那是因为它在其有限性中参与了绝对者的存在。这种
> 最低限度的存在，如果没有它，有限性甚至不能作为有限性而在此，
> 可以说，它是从绝对者那里借来的东西。
>
> （*Frank 1985 p.127*）

在对费希特的"我"和"非我"关系讨论中，谢林已经提出了这个观
点，这引向了在实践理性中对于绝对者的"追求"。然而，这也使得绝对
者成为一个假设：我和非我是彼此相对的否定，因此我们陷入了一个循
环，"某个虚无之物通过与另一个虚无之物的关系而获得实在性。"（I/4
p. 358）只有当这个结构本身被看作"虚无之物"（即作为一种相互依靠的
关系，其中两个术语都不能是绝对的）时，我们才能理解对肯定的绝对统
一性的需要，它是"我"与"非我"反思性关系的真正根据，也是将具体知
识联结起来的关系。谢林作了一个重要的区分：即有限认识的"认识—
反思"根据；维持一个有限确定性向另一个有限确定性否定性运动的"实
在—非反思"根据。而后者的运动本身不能被否定维持：

> 单纯的反思……将普遍东西与特殊东西仅仅认作两种相对而言的
> 否定，将普遍东西认作对特殊东西的相对否定（就此而言特殊东西
> 并无实在性），反过来将特殊东西认作对普遍东西的某种相对否定。
> 因此，基于这种立场，普遍性概念就显得完全是空洞的；比如说，从

实体概念中永远看不出任何现实的实体,为了设定实体本身,必须附加上某种完全独立于概念的东西。

(1/6 p.185)

思维的抽象确定性本身无法创造出自身的实在性:它们之间的自否定关系必须以一种思维本身无法实现的方式存在。

对于黑格尔的《逻辑学》而言,问题被呈现为:作为开端的"存在"是否真的是"无"? 而在谢林的晚期思想中,问题是:存在这个概念是真正存在的吗? 对于谢林来说,有限存在的根据不可能被认为是它自身的存在,因为它在其中被否定了,但它也必须是实在的,也就是说,在任何意义上都能真正存在。不过,它能否像是在黑格尔那里那样,成为另一种非存在,即它的实存只有在整个进程结束时才会出现? 谢林和黑格尔都面临绝对者是如何过渡到有限世界这个问题,因为他们都认为有限性、相对性会导致对绝对者的依赖,尽管其原因各有不同。从黑格尔的角度来看,人们可以阐发一种避免这种过渡的立场:思维总是作为从一个有限确定性引向另一个有限确定性的东西,已然与作为自身的他者的绝对者建立了一种反思性的关系,但它只有在最后才完全自在自为。因此,有限者实际上就是无限者,两者没有任何转变。谢林对有限—无限的这种关系感到不安,这也就是他对于黑格尔之后的关键思想家如此重要的原因。海德格尔认为,在谢林哲学的下一个阶段发展起来的本质张力是"自由[作者注:无限]与体系之间的关系",即"自由[作者注:无限]作为不需要根据的开端和体系作为一个封闭的论证整体(Begründungszusammenhang)之间的张力"(Heidegger 1971 p. 75)。这种张力甚至在《论人类自由的本质及相关对象》之前就已经开始显现了。

87

7. 转换问题

在 1804 年的两部论著——《维尔茨堡体系》和《哲学与宗教》中提出的彼此相悖的观点,显示了谢林晚期哲学的问题。在从自然哲学过渡到"观念"世界这个问题上,谢林在《体系》中说,整个哲学都是自然哲学。因此,他说:"在我们现在要进行过渡的这个当口,诸位切莫以为有什么断裂,毋宁要把这里当成是彻底连贯的。"(I/6 p. 494)除了坚持这种哲学是自然哲学以外(在黑格尔看来,这是一种精神哲学),这个立场在很大程度上是符合黑格尔的:在这个层面上,"观念"和"实在"互为他者,且它们不需要进一步的根据来解释它们之间的关系,因此也没有必要进行过渡。

这种对称性的概念,也就是海德格尔和德里达所认为的形而上学的关键概念,对谢林来说,甚至早在 1804 年就开始消解了。[1]《哲学和宗教》把这个问题定位在一个"早期"的阶段,并从此引入了一个我们现在将反复涉及的论题。

绝对者和现实事物之间不存在一个延续不断的过渡,因此我们只能这样来设想感性世界的起源,即感性世界是通过一种撕裂(Sprung)而完全丧失了绝对性。假若哲学能够以一种肯定的方式从绝对者那里推导出现实事物的产生,那么必然要把现实事物的肯定根据置于绝对者之内……哲学和现象事物之间也仅仅是一种纯粹否定的关系,哲学并不证明这些事物的存在,反倒是证明它们的非存

---

[1] 正如我们所看到的,《体系》本身在上文进行详细考察的许多方面破坏着这一概念。

在……有限事物并不是实在的。因此有限事物的根据不可能是这样的，仿佛绝对者从自身出发，让它们或它们的基体分有实在性。也就是说，事情只能是这样，即有限事物的根据在于远离（Entfernung）绝对者，从绝对者那里堕落（Abfall）。

(1/6 p.38)

在《体系》中，有限、暂存的世界的匮乏和不完善被归结为我们尚未认识到产生有限者的终极、无限的"一"：

事物自身的存在中的有限性乃是从上帝那里发生的某种堕落，但这种堕落直接成了和解。这种和解在上帝内部并非时间性的，它是无时间的。

(1/6 p.566)

一个重要的问题也从中产生：如果从绝对者中"堕落"是一个事实，那么就不可能存在一种终极的方法来重建有限者与绝对者之间的关系，因为——就像《体系》试图展现的一样，这种关系事实上已然建立了，尽管它现在看起来并不存在。但是，即使认同哲学存在这样一种"堕落"，那必然也意味着存在一个途径，使得哲学存在一个先在的统一，然而，这种途径已不再可能被明确地阐明了。《先验唯心论体系》提出了一种借助于艺术中可用的象征手段来解决这个问题的方法：谢林晚期哲学将反复遇到的这个问题，即在哲学反思中无法获得通往绝对者的途径。

在《哲学与宗教》中，谢林对自己观点的表述是极端的，这在他1809年的《论人类自由的本质及相关对象》之后的作品中也十分常见。他现在进行暗示——从而已然展露出他晚期哲学的核心：

任何一个有限事物的起源都不可能直接回溯到无限者,因为有限事物的起源只能通过一系列的原因和后果而被理解,但这个因果序列本身是无穷无尽的,因此它的规律不具有任何肯定的意义,而是仅仅具有一个完全否定的意义,即没有任何有限事物能够直接产生自绝对者并且直接回溯到绝对者。在这个意义上,这个规律已经表明,有限事物的存在的根据在于绝对地脱离无限者。

(1/6 p.41)

谢林此处的靶子正是费希特的"自我"——正如我们在《哲学导论》对其的刻画中看到的一样。现在,"自我"实际上就作为堕落——即有限世界从绝对者中脱离的本原。谢林接下来就预言了"肯定哲学"和"否定哲学"间的区分,专注于阐明有限世界结构的哲学只能产生一种否定哲学,"但我们毕竟已经获得了如下一些成果,即通过一条泾渭分明的界限把虚无王国与实在性王国分开,把所有否定的东西与那个唯一的肯定的东西分开"(1/6 p. 43)。在这里,没有绝对者和有限世界的辩证关系——就像有限世界作为自然界是"精神"的他者这种观点所表达的那样。相反,在绝对者和有限世界之间却存在一个断裂,将两者分开的同时也提出了为什么它们会分离这个问题。虽然这种断裂似乎只是一个神学问题,但否定哲学和肯定哲学的差异将在随后的哲学中产生实质性的回响,我们可以明显看到这一区分与存在论差异的关系。

谢林凭借展开一种新的自由概念来理解世界被揭示这一事实。显然,这不再是费希特熟悉的概念,因为他恰恰被视为导致绝对性丧失的元凶,因为他将自由视为主体的本质。即使从《哲学与宗教》中也可以很明晰地看出,谢林并没有发展自己的立场,甚至没有认真地阐释这些立

89

场,即理解有限者与无限者之间的划分所需的自由概念无法从先验哲学中得出。先验哲学——其主要功能是对知识的可能性条件进行阐明——的实存根据,并不能包含在对它自身的阐释中。在某种意义上,这种阐释会由自然哲学道出。而先验哲学和自然哲学的主要区别在于自然的根据是如何被构想的。

《哲学和宗教》是谢林这一时期的一部独立论著,不过他正标志着谢林坚持的那种同一哲学的终结,这种同一哲学相信自然和经验世界建立在一个绝对者的根据之上,而这个绝对者将把所有分裂弥合,导向和谐。与这种观念相伴的问题由来已久,正如我们在《哲学导论》那里提过的一样。同一哲学宣称自己可以在人类自由与超越人类有限意志的绝对者间建立可理解的关系。同一性的双重化意味着,存在一种超越康德主义中必然性与自由对立的思考的可能——在一种比康德所允许的更多的方式下。

> 这个矛盾只能那样来化解,即在身体中(在必然的东西中)和在灵魂中(在自由的东西中)行动着的乃是同一个东西,而且这唯一的东西只可能是绝对实体,因为只有绝对实体才是实在东西与观念东西的绝对同一性本身——通过那种方式,即一切行动中只有绝对实体在行动(此时绝对实体既非自由的,亦非必然的)。
>
> (I/6 p.550)

尽管用的是斯宾诺莎的术语,但这与我们上面对戴维森式同一性理论的解读是一致的。虽然这个观点在拒斥二元论的层面上可能令人信服,但它并没有解决《哲学与宗教》中提出的问题。谢林认为,只有达到对必然性的最高洞察,人才能真正获得自由,而不是通过追求取决于有限性的偶然性欲望和目标。由于经验世界的事实仅仅是否定性的，谢林被引向我们熟悉的柏拉图式形而上学结论，这种结论——也是《体系》中最精彩的部分，已经开始在传递性存在的概念中遭到破坏了。谢林甚至在《体系》中也涉及了哲学与宗教的主题，他提出可以将"有限性的根据"看作"堕落"，而"罪"就是把事物的"否定"方面看作它们的现实。然而，哲学的意义在于，它应该在"大全内部的重生"（同上书，p. 552）中克服 90
有限的观点，而《体系》正是以"大全"为前提的。不过，"大全"怎么会涉及"罪"呢？

　　正如人们经常注意到的那样，这种说法导向了恶——正如它在托马斯主义中一样，仅作为一种缺乏。然而，为什么会有恶，或说为什么会有缺乏？而由此引出的另一个问题——为什么绝对者揭示它本身会导致一种缺乏？这使得《哲学和宗教》将绝对者与有限世界完全分离。此外，如果自由仅仅是对必然性的洞察，那么个人生活的自发性就仅仅成为一种表象，最终将在"大全"上被克服。以这种方式来看，同一哲学就会马上退回谢林力图避免的那种斯宾诺莎主义，它包含了——我们已经在上文许多论证中考察过——谢林一直在致力摧毁的静态形而上学的所有元素。在所有这些问题之上，一些关键问题将会构成未来哲学的根据，其影响至今伴随着我们：为什么存在会被揭示，这种揭示的本质是什么？ 91

第五章

自由、存在论与语言

1. 根据与自由

　　从罗蒂的立场来看，谢林现在的做法大抵是更糟糕的：他坚持试图去理解，多样性究竟如何以及为什么会从实体统一性中产生，而不是仅仅试图去阐明人们如何将差异性与同一性放一起进行思考。尽管现在谢林所面对的问题在许多哲学家那里的名声并不好，但这些问题似乎并不会销声匿迹。用一个类比论证可以说明这一点：当代理论物理学对于差异化了的时空宇宙生成过程——该宇宙生成于一个既不关涉时间也不关涉空间的无差异状态——的关注，越来越多地揭示出物理学因果模型的局限性；而在量子力学兴起之前，以及在对现有因果概念进行质疑之前，这种因果模型一直都发挥着很好的作用。这样一来，倘若人们承认斯宾诺莎主义与现代科学之间有一种关联，那么至少可以通过类比得出，谢林对斯宾诺莎主义持续的反驳（唯有斯宾诺莎主义关涉到了某种根本性的要点之时，这种强调才是有意义的），与现代思想的至关重要的转变之间也具有一种关联。不过，这个关联显然无法将上述的哲学论证合法化，但至少，它或许能够为该哲学论证保留一个初步的诠释学空间。而谢林对现代哲学关键问题（其问题由海德格尔引出）无可置疑的影响，则可以进一步说明他所尝试做的事情的哲学合法性。当然，最有说服力的或许还是，谢林对哲学问题论域毫不妥协的参与，使他直指现代思想中那尚未解决的张力之核心；这些张力也仍然体现在宇宙学、美学和精神分析等不同领域，遑论神学。

谢林虽然摆脱了同一哲学中残留的斯宾诺莎主义因素，但这并不意味着他就像人们有时会假定的那样，放弃了同一哲学的理念。从以下事实中就可以看出这一点，对《世界时代》哲学的最佳理解方式，也许就是将其视为一种关于谓述的思辨性理论，一种告诉我们世界上为什么会有真理的理论。这一理论尝试去回答谢林在《哲学与宗教》中提出的问题，而在同一哲学中，这个问题却被绕过了。正如我们在上一章中看到的，同一哲学无法回答为什么绝对者的自身显现会带来缺乏（privation）的问题。在基督教的传统中，这个问题通常与人类为善或作恶的自由有关，而从现在开始，这种基督教传统在谢林的哲学中也发挥着越来越重要的作用。[1] 谢林在对斯宾诺莎主义的反对中已经表明，我们需要一个以"自由"为中心的理论。而谢林《自由论文》的特别之处在于，现在被视为与"自由"紧密相连的东西是"恶"的可实现（active）的可能性，而不是对必然性的哲学洞察。至于谢林对"恶"的理解，我们在稍后会更加清晰地展现出来。虽然谢林仍然认为他的哲学依赖于对"观念"与"实在"的同一性的证明，但其存在论的重点其实已经逐渐转向了"观念"与"实在"的分裂是如何发生的问题。这种分裂不再是同一哲学持续转变的结果。

在最近出版的海德格尔 1941 年关于《自由论文》的论著中——在其中谢林的该文本被视为"德国唯心主义的巅峰（Gipfel）"[2]——他表明，谢林在《自由论文》中对恶的关注是一种"隐性"的尝试，即试图"通过

---

[1] 然而，正如我在导言中所说的那样，人们需要非常谨慎地去解释这些看似传统神学的词汇，尤其是在谢林的后期哲学中。

[2] Heidegger: *Die Metaphysik des deutschen Idealismus*, GA 49, Frankfurt: Klostermann, 1991, S.1,141,154,163.

'恶',让黑格尔在《精神现象学》中发展的'否定性'超越在主客体区分中的'观念'的基于意识的本质"(Heidegger 1991 p. 137)。由于它是"以意识为基础的",所以在黑格尔那里的否定性仍然处于自身—在场(self-presence)的图式之中,它依赖于主体的运动。而事实上在《自由论文》中,恶就是精神(因为恶与自由有着不可分割的关系),这也意味着"精神无法成为最高者(反对黑格尔;根据的不可扬弃性(die Unaufhebbarkeit des Grundes)"(同上书,p. 135)。谢林的"恶"的理念依赖于这样一个想法:思想的动力是基于自然的。那在最初依赖于根据的"理性"活动,可以通过让自然从属于自身,从而来尝试克服这个作为理性之根据的自然(这种克服最终是徒劳的)。[1] 在与《自由论文》同时期的《斯图加特私人讲授录》中,谢林宣称:"恶是一种最纯粹的精神性东西(das reinste Geistige),因为是它导致一场针对全部存在的最猛烈的战争,甚至企图颠覆创世的根据。"(I/7 p. 468)海德格尔认为,谢林在《自由论文》及之后的其他作品中[2]都仍然存在一种对主体的简单的形而上学的理解(这反映在世界的可理解性之中),但海德格尔似乎没有想到的是,如果谢林在《自由论文》中所述的主体与客体的关系不是反映性的——因为在辩证法中,根据最终无法被扬弃到反映性的同一性之中——那么海氏的看法就难以为继了,即便谢林自己也可能会尽力维持这种看法。海德格尔宣称,谢林理解主体性的方式使"主体性"成为尼采"权力意志"概念的前身,这种权力意志要以相同者之名克服他者。当然,不管海德格尔的观点是否正确,谢林的思想仍可以被视作一种对主体性统治的这一可

93

---

[1] 彼得·杜斯曾在谈话中跟我提出,这里预示了《启蒙辩证法》的基本结构。

[2] 据我所知,在目前的可获得的文本中,海德格尔与其许多后结构主义的继承者一样,从未认真地讨论过晚期谢林的肯定哲学;事实上,他对谢林的整个研究似乎都是以《自由论文》为基础的,虽然《自由论文》对谢林的发展来说是重要的,却绝不是其思想的一个条理清晰且完备的版本。

能情况的警示,主体性作为"恶",始终试图抹去它与它所依赖的根据之间的关系。而在现代科学技术与存在的关系中体现出来的主体性的支配,恰恰被海德格尔用来说明近代形而上学在"存在之遗忘"的道路上已经走了多远。这样一来,用海德格尔的话说,谢林的"恶"实际上就可以等同于形而上学本身。

在我看来,很明显的一点是,海德格尔在早期(1936年)对《自由论文》进行了较为欣赏的解读之后,就转而将谢林视为西方形而上学总体构想的另一个代表了,在这一点上他宣称谢林只是从主体性的视角来看待"存在"。在1936年,海德格尔准备通过严肃的诠释学努力去理解谢林的拟人论(anthropomorphisms),但到了1941年,这些拟人论就仅仅是一种拟人论了,因而在后来的分析中海德格尔还是认为,谢林归根结底只是西方形而上学的主体化进程的另一个部分而已。其实海德格尔并没有看到,在谢林的文本中已经开始了对笛卡尔式形而上学反思性图式的超越,而海德格尔以及之后的德里达有时似乎会认为,直到海德格尔之前所有哲学都处于这种反思性的窠臼之中。[1] 海德格尔坚持认为,"无论如何,他们基本上有着相同的对同一事物的热情"(Heidegger 1991 p. 185),即对于自身—在场的"热情",这种热情同时存在于黑格尔和谢林。而在下一章中,我们可以非常清晰地看到谢林的主体概念绝不依赖于自身—在场。因此,谢林的存在概念也不可能处在一个与主体相

---

[1] 在这里我们无法充分讨论,海德格尔在这个时期的转向(向更统一的存在之历史的转向),究竟在多大程度上源于哈贝马斯(1987)所提出的政治和心理因素。而随着人们越来越渴望摆脱掉所有要求他对自己行为和话语负责的主体概念——语言现在正进行着道说(就像海德格尔晚期所有哲学中那样)——以下的评论在1941年的历史背景中表明,哈贝马斯的说法或许是有道理的:在对唯一值得本质地思考的东西——即"存在"(Sein)及其"意义"(Sinn)——的关注中,对"此一在"(Da-sein)本质的思考……只能为经验这一本质做好准备,以便当"存在"与人的关系发生转变之时让历史性(geschichtlich)的人做好准备(Heidegger 1991 p. 63)。海德格尔所说的人与"存在之关系的转变",大概还包括纳粹主义的兴起。

对立的客体领域中,谢林认为这种分离是不可能的,正如他在同一哲学中已经很清晰地表明的那样;而这种主客对立的图式恰恰是海德格尔判定形而上学构想的标准。据我们所知,海德格尔并没有考虑到谢林对黑格尔的批判,这一事实也让我们更有理由对海德格尔关于谢林的评述保持怀疑。

94 　　《自由论文》的核心问题仍然是对思维与存在关系进行非还原主义的阐述。斯宾诺莎的体系跟以往一样,被视为一种"片面的实在论"(在"唯物主义"的意义上),并且需要通过一个"观念"(ideal)的方面来完成该体系中"自由的统治"。自由仍然联系于自发意志(spontaneous will)的概念,在康德那里,这种自发意志就是自身的原因,但现在它被赋予一个更广泛的存在论基础。在自由中:

> 我们也曾经指出,自由包含着那个最终的潜能分化(*potenzirende*)行为,唯其如此,整个自然界才会升华为感觉,升华为智性(*Intelligenz*),最终升华为意志。——在那个最终和最高的场合,唯一的存在就是意欲(*wollen*),此外无他。意欲是原初存在(*Urseyn*),而且原初存在的一切谓词,比如"非根据""永恒""不依赖于时间""自身肯定"等,也仅仅适用于意欲。[1]

(1/7 p.350)

---

[1] 就叔本华和海德格尔关于谢林的构想来说,谢林那里作为"原初存在"(primal being)的"意欲"(willing)概念显然至关重要,但这一概念在谢林晚期的哲学中并不总是得到了一贯延用的,在晚期哲学中关于存在的问题要更复杂。正如迪特·托迈(Dieter Thomä)所说的那样(Thomä 1990 pp. 166-75),海德格尔将"原初存在"的概念解释为意欲也是有问题的,因为这会掩盖这样一个事实:对于人类主体而言,"意欲"与人类主体的关系可能并不清晰。托迈关于谢林与海德格尔(以及黑格尔)之间关系的论述,值得极力推荐。

"唯心主义"——谢林在这里主要指的是费希特——已经达至了这种自发的自由概念,但谢林指出这只是对"我"而言的自由。而问题在于,我们要证明的是自然界中其他部分的自由,以便解释那与"实在(real)"并发出现的、与"实在"相同一的东西的生成,就像我们上一章所阐述的那样。那么这实际上也就是另一种版本的自然哲学。不过现在,论证的重点是要完成一个基于自发意志的自由概念,它拥有"一种向善和从恶的能力(Vermögen)"[1](同上书,p. 352)。这也就引出了以下问题:"上帝"是如何在他的世界中拥有恶的?《自由论文》与"世界时代"都试图沿着同一哲学的关键思想来回答这个问题,而不是试图回到那种二元论,因为二元论将使从上帝到世界的过渡变得无法理解。从非神学性的方面来看,谢林尝试去说明的是,世界绝非仅仅是以自然因果性就能理解的。

正如我们所见,关于同一性的一个关键事实就是,谓词与主词之间的关系绝不仅仅是一种同义反复的关系。对谢林来说,这是一个存在论的问题,而不是一个局限于命题的问题:判断是一种对于从绝对者的出现中分裂出来的东西的真实综合。谢林再一次解释了他的同一性思想:

> 当一个人说"物体是物体"的时候,他在命题的主词里思考的东西肯定不同于他在谓词里思考的东西;也就是说,他在主词里思考的是统一体,而在谓词里思考的却是一些包含在"物体"概念里面的个别属性,因此主词相当于 *Antecedens*(先行者),而谓词相当于 *Consequens*(后继者)。

> (同上书,*p.342*)

---

[1] 就像海德格尔正确指出的那样,既不是为了善,也不是为了恶。

　　现在,同一性思想被用来去理解"上帝"。谢林坚持认为,"上帝之先或之外没有任何东西",这也就引出了上帝与自然的关系问题。如果上帝就是自然,那么斯宾诺莎主义的问题似乎不可避免:上帝变成了自然法则的总和。如果上帝不是自然,那么二元论似乎就无法避免,而且上帝与世界之间的鸿沟也变得无法逾越。谢林认为他可以避免这些后果。正如海德格尔在 1936 年的演讲中所说,对于《自由论文》时期的谢林而言,上帝与宇宙之间的同一性"不能被理解为简单的同一回事(Einerleiheit),而应被理解为不同之物在一种源初的一体性根据上的共属一体"(Heidegger 1971 p. 103)。要补充的一点是,这里大部分的论点,并不依赖于任何独断意义上的上帝信仰。正如海德格尔所表明的那样,在这里,"上帝"是谢林处理存在之根据问题的方式,也是处理存在之被"解蔽"(disclosed)(用海德格尔的术语来说)这一事实的方式。在后来,谢林会把上帝说成"使观念优先于实在的原因"(Schelling 1990 p. 102):这种优先性可以理解为是对存在的一种解蔽。那使世界变得可理解的东西与世界中可理解的东西是"同一"的,但这并不意味前者可以被还原成后者:就像在对斯宾诺莎主义的批判中已经表明的那样,仅仅用大脑机能无法解释从大脑机能到意识的过程。

　　那么,"实在"就在上帝之中,但它"并不是绝对地看来的上帝,也就是说,并不是实存着的上帝,因为它仅仅是上帝的实存的根据,仅仅是上帝内部的自然界,一个虽然与上帝不可分割,但毕竟与上帝有所不同的本质(Wesen)"(I/7 p. 358)。上帝中的根据先行于上帝的实存,就如同"重力先行于光,是光的永恒黑暗的根据,它本身不是一个现实的东西(actu),而是在光(实存者)冉冉上升的时候逃遁到黑夜之内"(同上)。这个论证是辩证性的:因为上帝是基于根据而实存的,所以根据只能作为根据而存在:如果根据与上帝本身没有差异,那么上帝就不可能作为自身而存在。因此，上帝实际上是优先于根据的，即便根据在上帝之中作为上帝的根据，但上帝也需要根据以便能作为上帝再次凌驾于根据之上。在这个层面上，上帝的优先性是为了防止回到斯宾诺莎主义——斯宾诺莎主义并没有为一个可理解世界的出现提供任何依据。

谢林并不否认这里的"观念"有其质料性的基础，但他仍坚持认为我们要努力去理解，实在是如何包纳观念的。要避免一种在本质上僵死的存在论，其关键之处在于"生成"（Werden），这是"唯一适合于事物的本性的概念"（同上书，pp.358-9）。就"实在"而言，"在事物那里，这种无规则的东西是实在性的捉摸不定的基础，一种永不露面的残余物，一种即使通过最大的努力也不可能消解在理智中，而是永恒地保留在根据里面的东西"（同上书，p.360）。那么，事物就"以那个在上帝自身之内、却不是上帝自身的东西为根据，亦即以上帝的实存的根据为根据"（同上书，p.359）。而"恶"，则是这个根据的一个更高的方面：

96

> 至于恶，无非是实存的根据，也就是说，这个根据企图在受造物中成为一个现实的东西，因此实际上仅仅是那在自然界里发挥作用的根据的一个更高的潜能阶次。但是，正如根据永远只能是根据，不能亲自成为一个存在者（*ohne selbst zu sein*），同样，恶绝不可能得到实现，而只能充当根据，以便善通过自己的力量从它那里脱颖而出，一方面依靠自己的根据而独立于上帝、与上帝分离，另一方面作为一个独立的东西存在于上帝之内，而上帝则是通过这个东西来掌握自身、认识自身。

> （同上书，*p.378*）

因此，"自由"选择善与恶的能力，依赖于它永远无法与之完全脱离的那个根据,否则自由就会失去它借以启示自身并成为自身的东西。为了实现自身,自由必须至少暂时地克服根据的限制。根据本身就包含着一种内在的缺乏,这种缺乏迫使根据超越其自身,同时避免了一种通过自身—反映来揭示自身之本质[1]的向自身的循环复归。

在这里,我们可以像对待《先验唯心论体系》一样借助精神分析的思想来阐明谢林的这些想法,其结构类似于弗洛伊德所说的“本我所在的地方,自我也将在那里生成”(Wo Es war, soll Ich werden)。在《自由论文》中,“本我”(id)就相当于“根据”,“自我”(ego)就相当于超越了“本我”的“上帝”(对此,见 Marquard 1987)。虽然“我”或许是奠基在“本我”之上的,但这并不意味着我自身的现实性可以被还原到这个“本我”驱力基础:这个基础并不能解释“观念”——即自由的自我——如何能够涌现为一个主体,而不仅仅是那种客观的“实在”过程的总和——即便自我也是后者。更重要的是,无论以哪种方式,它都无法解释我何以能够意识到那个作为本我的本我。对弗洛伊德来说,这种意识本身必须依赖本我作为本我与自身相分裂时所迸发出来的能量,而这正如我在谈到《先验唯心论体系》时所提出的,它只能在隐喻的意义上去理解。这种分裂也再现了荷尔德林所揭示的费希特的“我”的问题,因为费希特的“我”要求一种对于关系的解释——而这种关系只是由其中一方而产生的关系:就如同主体与客体一般,本我与自我都要求着有一个整体,一个让它们在其中作为某个方面的整体。因此,在我们所看到的意义上,在这样一个有疑难的变式中,本我与自我也是“同一的”。弗洛伊德使用了一种接近于谢林的“自然哲学”的模式,因为,所谓自我(ego)与超我(super-ego),其实是本我为了自身持存而将其力量施加于自身的结果。

---

[1] 这种关于反思之失败的思想将成为谢林晚期哲学的核心。

然而,这指出了一个关于谢林的关键区别。弗洛伊德继承了霍布斯将自我意识与自身持存同一起来的传统(见 Henrich 1982 pp. 83 - 108),因此也赞同那个伴随着黑格尔哲学消亡而产生的唯物主义的主体概念。而叔本华就是最早为这一黑格尔哲学的消亡作出贡献的人之一,他将(他所熟悉的)谢林的论证简化为对一种对"意志"(Will)之原初现实性的断言——意志作为表象的全部根据(见 A. Bowie 1990 pp. 206 - 14)。在谢林所提供的资源中,尤其重要的一点就在于,谢林在让我们在接受诸多唯物主义论点的同时,不会将"观念"仅仅还原为一种副现象,或者把"自我"仅仅还原为一个自我持存的机械装置[1]。将谢林与精神分析之间的平行关系作为一种理解观念与实在的方式是极富启发性的;然而,这种理解方式能否允许人们将其从自我意识的个人主体层面,转移到那种谢林所擘画的、影响着整个自然界的层面呢?

这个问题可以通过考察谢林的"重力"概念来进行探讨。在这里,谢林对于精神进程与自然进程的同一性的坚持再一次地成为关键要素。在自然进程中,事物是由彼此对立的力量所塑造的。这种对立并不是绝对的,因为事物之间并非绝对地不同……(只有在一切即一的程度上,对立才能成为一种绝对意义上的对立)。这一事实就是谢林所说"重力"的意思的一个方面[他明确地将其概念与牛顿的重力概念区分开来(I/7 pp. 229 - 30)]:

> 因此,重力中的事物的一体化不可能以那种抽象意义上的事物自身为根据,毋宁说事实正相反,是事物以统一体(即重力的本质)为根据。

> *(I/7 p.228)*

[1]　显然,关于"自我"(ego)本性的问题,比我在这里所说的要复杂得多,但其基本要点确实有助于澄清谢林的论证。

那么，"重力"就是纽带，是现象世界中诸元素之间的联结者或者根据。正如我们所看到的，自然界中任何特殊方面的有限结构，都是"与事物的特殊生命相对立而出现的总体性"（I/6 p. 220），或者像谢林在 1806 年《自然哲学箴言录》中所说的：重力的本质，是事物的非独立存在的本原（I/7 p. 236）。事物的有限性就是事物依赖这个根据的一个后果，而这个根据最终会在揭示事物的转瞬即逝（transience）的过程中将事物统一起来。

那么，任何个别的存在者都"既不是一种绝对意义上的存在，也不是一种绝对意义上的非存在，而是一种游离于存在和非存在之间的一种东西"（同上书，p. 231）。正如沃尔夫拉姆·霍格雷贝（Wolfram Hogrebe）所说（Hogrebe 1991），在"沉郁"（Schwermut）形式中，"缺乏"之于人的本性就相当于重力之于自然界。重力阻止一切事物实现自身—在场，即使重力也是那种给事物自身赋予转瞬即逝的规定性的运动的必要条件；正如我们在"自然哲学"中看到的那样，如果没有重力，宇宙自身将会一下子就消散；而有了重力，一切最终都必然"走向根据"。谢林宣称，对根据的不断克服给生命带来了乐趣，但也"正因如此，沉郁的面纱笼罩着整个自然界，所有生命都透露出一种深沉的、无从化解的忧愁"（同上书，p. 399）。从上帝的视角来看，否定性可以以肯定性的方式来理解，即被视为对于任何将殊异者绝对化的尝试（其最高形式就是"恶"）的克服，从而让生命与精神得以持续发展。然而，从殊异个体的有限视角来看，这导致了"沉郁"。这里的挑战在于，如何解释为什么根本上会存在一个显明的、可理解的殊异性世界。现在，谢林试图避免在同一哲学中残存的那种斯宾诺莎元素（我曾表明德里达那里也存在这种元素），这就意味着从实在到观念的过渡被简单地假定为一个链条中的部分。这要求对真理之可能性有一种存在论上的把握。事实上，正如我们所见，真理取决于被解释的符号之间的介词性联结，而仅仅用差异理论无法阐明这种联结。但是，这如何与世界的可理解性联系起来呢？首要的问题是要去理解这些联结究竟为什么要建立起来：在《世界时代》中，这个问题同时关乎存在论与语言。

2. 世界的形成

在《世界时代》中，谢林通过谓述的发生理论来考察向现象世界的过渡，该理论试图阐明这一过渡并指出其中的主要问题："根据"以及从根据之中涌现（emergence）的问题。该理论所试图说明的无非在于，我们究竟如何言说事物之是其所是：为什么存在不是保持于一种无以表达的状态，为什么存在不仅仅是由无尽的无意义差异链条构成的？《世界时代》为我们提供了一个机会去追问——就像罗蒂所做的那样——假设真理仅仅是一个为了建立信念而交易语句的问题，或者就此而言仅仅是一个适应性进化的问题，这对真理概念来说是否真的足够[1]。

我们可以再看一个最熟悉的、对形而上学真理概念进行批判的例子，以说明这个议题的含义。众所周知，尼采经常玩这样的游戏：把真理还原为其他东西——比如"权力意志"。在这样的看法中，真理以控制或快乐的名义，从差异之中产生出了同一性。那么，真理就是《论道德的谱系》中"赐名的权利"，也是在《权力意志》中的那种"错误，如果没有它，任何一种生命体也无法生存"；而类似的思想在罗蒂和其他实用主义的某些方面中也有所体现。然而，尽管是以反讽的相对化的方式，尼采的

[1] 由于其基本问题保持不变，我将不会对目前出版的 1811—1815 年《世界时代》的不同版本（所有的版本都没有完成）作出区分。

策略要求提出这样一个命题:即"真理是 X"。事实上,命题的可能性先于具体的谓词——例如在有关真理的命题中可能出现的"权力"这种谓词。而仅凭借权力自身,我们无法将真理理解为权力,因为正如我们所见并且稍后还会看到的那样,判断总是需要一种在词项之间的分离来建立它们的同一性。"权力就是权力"的说法,就是一种毫无意义的同义反复[1]。《世界时代》希望发现真正有意义的同一性到底如何产生。无论这些理论说什么同一性是依赖于权力、力量、欲望、适应进化,还是其他什么东西,那种可能性总是先于任何理论。这些理论总是依赖于它想去证明的那个先在条件——即判断或谓述的可能性条件,而这种条件本身无法被还原为进一步的先验条件[2]。正如沃尔夫拉姆·霍格雷贝(Hogrebe 1989)所说,谢林想问的问题是——既然存在的事实先行于任何意义的可能性,那么根本上怎么还会有意义存在呢?

但是,对于那在说出任何东西之前就已然存在的东西,我们还能够说些什么呢? 谢林经常使用线头的隐喻:线的开端还不是线,它还没有广延;但点也不是根本上的空无,因为没有点的话,线也不能成为线。这里的问题就在于这种开端:它可以被结构性地定位,但只能通过它已经不再是什么来理解[3]。我们已经看到了它的一个条件:差异性,反映性(reflexivity)。如果只有"一"而没有多样的表达,那么人们是无法对其进行言说的。真正的问题是,从这里走向某个作为某物而实存的东

---

[1] 我们在上一章中也看到了同样的问题——即在德里达对尼采的阐述中。顺便一说,海德格尔对这个问题的看法与谢林不同,他认为尼采的立场是终极形而上学的立场。我将在"结论"中再次考察这个问题。

[2] 这一概念也符合恩斯特·图根哈特对海德格尔的澄清,图根哈特认为海德格尔意义上的"存在"(Sein)其实是指"真性"(being true),而这是不能用来言说客体的。

[3] 我们已经在《先验唯心论体系》中看到了这个问题的一个版本。谢林在讲座中对《先验唯心论体系》的描述提供了一个特别有启发性的版本(I/10 pp. 93–8)。([译注]参见谢林:《近代哲学史》,先刚译,第 109—115 页。)

西——它不同于那个"一"但又离不开那个"一"。正如我们所看到的那样,"斯宾诺莎主义"的"差异"给我们留下了这样一个问题:说 a 是什么,就是说它不是 b、不是 c……直到无穷无尽,这在某种意义上意味着,a 其实上就是"不"。而那种 a 能够去存在的方式,则必须通过在上一章中探讨过的同一性理论来说明。

在命题中,如果世界的可理解性不能相关于其他表达形式而一同被理解,那么我们将回到某种使意义的涌现变得无法理解的二元论,因为它无法说明物质如何能够引申出意义。物理主义者(还原主义或非还原主义的)对意义的解释,同样也依赖于"斯宾诺莎主义"的二元假设——a 不是 b 等,他们将大脑视为一种"超级计算机",并宣称思想和意义之间是物质的关系。然而,这将遭到同一哲学的反对:它无法解释物质为什么是以产生语言的方式来配置的,语言的意义也无法仅仅通过物质的差异性或者(在一个更复杂的论证中)系统的功能状态得到解释[1]。正如我们所见,谢林认为"物质"始终已经是"实在—观念"的了;而我们人类只是一个高度发展了的例证。以这种观点来看,意义必须总是已经部分地潜在存在于(谢林意义上的)"物质"中了。在《自由论文》的语境中,"根据"——也就是"世界时代"中通常与"存在者"(Seyendes)[2]相对的那种"存在"(Seyn)意义上的根据(现象世界就从这一根据之中涌现出来)——有一种它需要不断尝试去克服的内在缺乏。这种缺乏敞开了它努力超越自身的可能性,最终它将克服这种缺乏而达至统一。[3] 这种结构在《世界时代》中将成为对真理与意义进行动态阐述的基础。

一种理解"世界时代"中意义出现的方法,就是思考音乐与语言的关

---

[1] 例如,可以参见普特南对功能主义的否定(1988 年)。

[2] 令人困惑的是,谢林有时候会互换地使用这些词。

[3] 而正如我已经针对海德格尔所明确指出的那样,这并不意味着这种缺乏就被克服了——尽管所有的非同一性思想家都认为是这样。

系。谢林自己就用音乐阐释了《世界时代》中的一个关键方面。音乐"尚且"不是语言，但两者显然已经拥有许多相同的属性了。对交响乐进行一种物理主义的描述完全可能，就像对一个句子进行物理主义的描述那样。不过，要把交响乐视为音乐，或者把句子视为一句话，就必须超越对物理现象的描述而走向意向性与意义。没有那些物理的表达，意义就不可能存在，但如果我们停留在物理术语的表达层面上，意义就会变得不可理解——我们没有办法从"频率"讲到"意义"。意义依赖于整体中的不同元素被联结为有意义的内容。正如物理主义所表明的那样，音乐和语言"真的"是它们的物理表达与接收者感官反应的总和吗？但就像最近许多关于真理的论述一样，谢林认为音乐和语言无疑是整体性的：如果没有整体，特定的元素就是"虚假的"——就像一个音符或一个没有上下文的符号作为物理现象的时候是确定的，但作为音乐或语言的时候却无意义。正如康德已经看到的那样，问题在于殊异者与整体（它让意义得以可能）之间的联结如何形成。这里不可能有一种因果上的说明，因为这种说明已然依赖于它所要说明的东西了。

如果我们不能接受对下面这段话的某种解释，那么《世界时代》的论证甚至无法进行一步，这段话让我们感受到了《世界时代》在整体上的那种瓦格纳式基调：

> 必须承认，人具有一个超于世界之外和之上的本原；因为，假若在人的内部没有一个先于时间开端的本原，为什么在所有的被造物里面，唯有人能够追溯那条漫长的发展道路，从现在直到过去最深的黑夜，唯有人能够上升至时间的开端？人的灵魂来自事物的源泉，等同于这个源泉，具有关于创世的共同知识（Mitwissensc-haft）。人的灵魂内包含着万物的最高的明晰性，它不是在认知着什么，毋宁

说它本身就是知识(Wissenschaft)。[共同知识(Mitwi-ssenschaft):谢林没有像他通常那样使用意识(Bewusstsein)这个词]。

(WA I p.4)

这听起来像是形而上学的狂妄自大,但这个论点就隐含在"自然哲学"和《先验唯心论体系》的发展模式中:如果精神进程与物理进程的同一性可以用我们已然看到的方式来理解,那么至少这段话可能是有意义的。霍格雷贝指出,《世界时代》植根于一种判断理论(正如同一哲学所表明的那样),它要求进入判断中的东西(它因此也是分离的:没有分离就不需要加入)必须已然是相同者,否则判断就是没有根据的。现在,我们必须通过叙述我们如何不同于我们的过去来理解这种对同一性的阐释,这是理解《世界时代》的关键。

《世界时代》的开头是这样的:

过去的被知道(gewusst),现在的被认识(erkannt),未来的被憧憬(geahndet)。知道的东西被叙述(erzählt),认识的东西被呈现,憧憬的东西被预言。

(WA I p.3)

未完成的《世界时代》中的第一部分,实际上就是我们得到的所有版本:过去,必须被叙述的。作为过去,它不同于现在:我们需要回忆来理解过去。然而,我们如何能够理解我们不再是的过去? 关键的一点是,我们仍然是过去者,但需要哲学来实现上述的这种"如何"理解。这不是一种非理性主义者对原始的、前意识状态的"直观"。就像《先验唯心论体系》一样,该理论必须阐明这种过渡,从一个无知识的世界过渡到我们

102

自身的过程——我们从中可以思考自身从何而来。这里隐含的目标仍然是斯宾诺莎主义(以及同一哲学的静态方面),而其论证显然又回溯了雅各比的问题,我们在第一章中也看到了这个问题:

> 如果世界像某些所谓的圣贤所想的那样,是一连串的向前和向后延伸到无限远的因果链条,那么,就不会有在真正意义上的过去和未来了。而这种不连贯的思想理应与它单独所属的机械体系一同消失。
>
> (WA I p.11)

谢林充分意识到,直到我们到达目的地的基岩之前,我们还没有任何理由停止对可理解性的涌现进行说明的严肃尝试,而这也是他尝试去做的事情:

> 但是,如果所有知识和科学的基础……都是对过去的演绎,那么我们该在哪里停止呢? 因为即使到达了最后一个可见的前提,精神也会发现另一个前提,这个前提也不是以它自身为根据的,而是把它导向一个什么都没有的时间,在那个时间中,那不可穿透的本质(Wesen)把一切都吞噬在它里面,一切都从它的深处发展出来。
>
> (同上书,I pp.12 - 13)

这些是非常精彩的修辞,但哲学上的论证呢? 正如我们将看到的,这里关键的问题是对"无"的理解。

谢林对存在者之可理解性(the intelligibility of being)的阐述有两个来源,这已经由弗兰克、霍格雷贝和怀特指出过了。第一个是康德在第一批判中的"先验理想"（transcendental ideal）[1]的概念,第二个是对同一哲学来说很重要的、在费希特《知识论》中的一个关键段落。而这两者都关涉谓述的根据。现在我将先考察康德,再考察费希特。康德认为,任何可规定的概念,都必须能够被两个相对立的谓词之中的一个或另一个描述。在排中律和矛盾律中,这一点可以很明显地体现出来。"可规定性"是独立于内容的:一个概念必须先天地可被规定为 X 或非 X,它才能真正成为一个概念。然而,矛盾律无法为内容立法。如果一个事物要得到规定,它就需要"完全处在规定的原则之下"。这意味着在所有可能的谓词中,只要它们有矛盾,其中一个就必然能适用于该事物,从而使其成为某物。要想让一个事物作为自身而完全得到规定,就必须将其所不是的所有可能谓词都列出来。该事物必须这样来看:

> 它依据的不仅仅是矛盾律;因为它除了在两个相互冲突的谓词的关系之外,还在与全部可能性亦即一般事物的所有谓词之总和的关系中考察每一个事物;而由于它预设这样的可能性是先天的条件,所以它表现每一个事物,都如同该事物从自己在那个全部可能性中所占的份额引申出其自己的可能性一样。[2]

> (*Kant 1968 pp.B 599 - 600 A 571 - 2*)

这种总的可能性（即"先验理想"）是"所有可能谓词的质料",它暗示了所有事物存在的一种亲缘性。这样的结果就是,"为了完备地认识一

---

[1] [译注]此处依照作者后文中的引用及其文意（集中于《纯粹理性批判》的《纯粹理性的理想》部分）,将"transcendental ideal"在更具体的意义上译为"先验理想"。参见康德:《纯粹理性批判（第 2 版）》,李秋零译,北京:中国人民大学出版社,2004 年,第 376 页。

[2] [译注]参见康德:《纯粹理性批判（第 2 版）》,李秋零译,北京:中国人民大学出版社,2004 年,第 376 页。

个事物,人们就必须认识一切可能的东西……因此,普遍的规定是一个我们绝不能按照其总体性来具体地表现的概念"(同上书,p. B 600 A 573)。

康德在否定和肯定之间作出了严格的区分,我们看到,谢林也用这种方式反对了费希特(I/4 p. 358),而在后来他也用这种方式反对黑格尔。逻辑上的否定只能发生在一个判断之中,而在判断中一个概念总是关联于另一个概念。因此,"否定"对一个概念的内容而言毫无意义:"非某物"的概念仅仅只是对"某物"的缺乏:"除非以相反的肯定作为基础,没有人能够确定地设想一种否定。"(同上书,p. B 603 A 575)因此真正说来:"一切真正的否定都无非是限制,如果不以无限制者(大全)作为基础,它们就不能被称为限制。"(同上书,p. B 604 A 576)。这个根据,是有关事物的一切思想的内容的根据:

> 一切否定(它们毕竟是一切东西与最实在的存在者能够被区别开来的所凭借的唯一谓词)都是对一个更大的实在性、最终对最高的实在性的纯然限制,所以它们都以这种实在性为前提条件,而且在内容上纯然从这种实在性引申出自己。[1]
>
> (同上书,p.B 606 A 578)

规定性是知性对象的属性。先验理想是事物得以被规定的可能性之条件,所以它本身不可能被规定,因为规定性依赖于谓述,而谓述就是限制。那么,什么是先验理想?简单说来,它是"在绝对意义上的任何东西"(absolutely anything),因此它也"不是任何殊异之物"(nothing in

---

[1] 像往常一样,康德禁止从这种实在性走向上帝。

particular）。最重要的是，先验理想不能被看作否定性的，因为否定性是可规定之物的属性。对谢林来说，这立即引出了我们已经见过的那个问题：如果没有任何殊异之物存在，那么我们怎么会有一个被分为殊异性的经验世界？正如我们所看到的那样，谢林从一开始就为康德哲学增加了存在论的和发生学的一面。这也是他在《世界时代》中所做的事情。

那个在康德的解释中作为谓述的必要理论性条件的东西，谢林后来在 1847 年和 1850 年的讲座［1］（它们很显然是《世界时代》的衍生思想）中将其本身称为世界（在其中事物得以被谓述）的一个实在条件。谢林并非不明白康德对把"先验理想"变成某种规定之物的批评，只是谢林以存在论的而不是以先验的方式来理解这些批评。正如霍格雷贝所表明的那样（Hogrebe 1989 pp. 66 - 71），谢林将先验理想从一种终极的先验可能性转变为谓述性世界——它具有被表达和被认识的本性——的源初存在论的可能性，这个谓述性世界当然可以引出康德的理论，但它必须首先存在才能做到这一点。谢林在他的晚期作品中反复强调"存在是第一位的，思想是第二位或者紧随其后的"［2］（II/1 p. 587）。现在，关键的问题是去考虑不同的"存在的样态"，它们关联于康德的理论的可能性（同上书，p. 288）。

第一存在必须将一切都吞没在它之中：即使这话有些夸张，但一切必须也能够从它之中走出——因为事情已然如此。当然，问题在于，一切是如何以及为什么已经从第一个存在中走出了，这将我们带到谢林晚

---

［1］［译注］1847 年讲座收录于《神话哲学之哲学导论或纯粹唯理论哲学述要》（*Philosophische Einleitung in die Philosophie der Mythologie oder Darstellung der reinrationalen Philosophie*），载于《神话哲学之哲学导论：纯粹唯理论哲学述要》，先刚译，北京：北京大学出版社，2023 年。1850 年收录于《论永恒真理的源泉》（*Ueber die Quelle der ewigen Wahrheiten*），载于《启示哲学导论》，王丁译，北京：北京大学出版社，2019 年。

［2］［译注］参见谢林：《启示哲学导论》，王丁译，北京：北京大学出版社，2019 年，第 254 页。

期作品的核心问题上。在《世界时代》中,过去是现在的存在论根据,但过去本身却依赖于一个根本上无时间的根据。因此,我们的一个任务就是去解释时间的出现。《世界时代》中的每个阶段都具有先行于这一阶段的必然性:

> 人类了解到,他如今和平的住所是建立在原始的火炉之上的,他注意到,即使是在原初存在的本身中,在现在时间成为可能之前,也必须有某些东西被设定为过去,这个过去仍然隐藏在根据之中,同样的原则在它不发挥效用时承载和支撑着我们,而在它发挥效用时则将消耗和摧毁我们。

(WA I p.13)

105　我们要理解其起源的那个世界,必然包含着在这个世界中仍在起作用的、相同的冲突性力量,尽管这些力量在这个世界中的形式不一定相同:这是同一哲学的必然结果。在这个时间性世界之上的,是“最高者……它超越于一切时间,并且希望在每一次发展中启示自身”(WA I p. 14)。最高者是“纯粹的自由”“无所求的意志”(will that wills/wants nothing),这些概念似乎无意义,因为它试图在世界有意义之前去谈论世界。不过,正如我们所见,没有“意义”的隐喻也是我们构想隐喻的一种方式:它并不依赖于先行的规则或语境的规定性,而且我们都无法知道它的“意义”,直到它不再是一个“隐喻”。

谢林诉诸一种直觉,即关于一个存在者可能是什么样子的直觉,这种存在不受制于内在的缺乏,而这种缺乏会形塑一切其他存在的形式并使它们进入规定性,并且它们会因此依赖于那尚且不是自身的东西。“纯粹的自由”必须无所欲求,否则就会受制于它所欲求的东西。谢林使用了一个孩子的形象来比喻,孩子在自身中感到纯粹的快乐,他"享受着他的存在",不是作为这个或那个的存在,而就是作为纯然的存在者。这里的"纯然存在者"(just being)只能通过隐喻来理解。另一个例子是,在子宫里处于快乐的前意识状态的样子:显然,它跟任何我们可以认识的东西都不相似,因为我们的知识就基于与这种状态的分离。(他关注那先行于分离的、使真理得以可能的东西,在这个意义上,拉康的"想象"——即插入"象征界"之中的东西——与这里所说的东西发挥着相似的作用,尽管在拉康的整个理论中它的结构性作用是不同的。)实际上问题在于,我们能否将那些在神话、宗教、艺术和精神分析史中依赖于被直观的存在者的方面一笔勾销,同时不会让这些东西——相比于我们在逻辑上证明对其认识或言说的不可能性的时候——被压抑得更厉害。当谢林坚持认为,尽管"纯粹的自由"必然是不可规定的,但它也不能被等同于绝对的虚无时,他提出了一种关键的观点:

> 否定的含义一般非常不同,这取决于它关联于内部还是外部。因为在前一种意义上的最高的否定,必然与后一种意义上的最高的肯定是一体的。如果某物在自身中拥有一切,它就因此而不能同时在自身外部也拥有一切。
>
> (WA I p.15)

那么,关键的结构性要素就是,"无所欲求的意志"由于绝对地处在自身中而可以保持其否定性,因为它不包含任何意义上的可能性或发展,也因此不会在自身中包含任何缺乏——这便是最高的肯定性。在《世界时代》中,我们需要通过冲突来运动到规定性,这种冲突在我们所知道的所有存在形式中都存在:不过,也正是我们想要超越冲突的这种意识,构成

106

我们进入这种先行状态的通道。

现在谢林要解决的重要问题是："这种至福（Seligkeit）是靠什么来离开它的纯粹性而进入存在的呢？"（同上书，p. 16）这个《哲学与宗教》中的问题不断地在他的晚期作品中回响着。如果纯粹现实性真的是纯粹的，那它就没有任何理由去超越自身，否则就意味着它似乎还有一种可以再去实现的潜力，让它通过实现自身而完全成为自身。这表明了两种可能性：要么就没有"最高者"，因为这种想法引发了一种不可能性，谢林认为它将使世界的生命和可理解性变得无法解释；要么，这种运动发生的可能性，就不是出于某种为其运动奠基的理由。

谢林现在很清楚，从无限者到有限者的过渡，是无法作为一种逻辑上的必然性来解释的：这一点在之后阐述与黑格尔的关系时将变得至关重要。为了维持反斯宾诺莎主义的立场，必须以某种方式产生一种两面性，这意味着一种根本上的新的情况，但绝不意味着它与最初情况有绝对差异：相同者必须既是无限的又是有限的。谢林认为，生成某种不是无差别的"一"的某物的过程可以解释为一种"自由"的行动，它不会有在先的因果解释。然而，要生成某物需要一种必然性：一种某物存在的必然性。这也就解释了我们为什么说绝对者不可能成为某物，因为它会因此而终止成为绝对者。谢林走向这样一个观点，即上帝作出了创造世界的自由决定，但上帝并不必须作出这个决定：对我们而言，唯有现象世界存在的这一事实才是这一决定的证据[1]。

我们只有像《自由论文》所说的那样承认我们身上有一种无根据的自由时，才能理解这种自由的概念。这种自由不是指康德所谓的实践理性——它把自然的更高方面假定为我们更高的目的——而是指自由地

---

[1] 后来《启示哲学》的重点就是去证明，现象世界是上帝的作品，而这只能在现象世界存在的事实之后才能完成，在此之前它完全的偶然的。

承担我们人类作为存在者的一切:这种存在者始终被与自然(根据)相同的力量驱动着,并拥有着选择善与恶的能力。谢林指出,没有人:

> 能选择自己的性格;但这并不妨碍人把由这种性格产生的行动归为自己的一种自由行动。那么在这里,每个人都承认一种自由,这种自由本身就是必然性,而不是后来意义上的自由——这种自由只在有对立的情况下才会发生[即,一种在某两者间的选择]。因此,共同的伦理判断都承认在每个人——也就是在万事万物中——之中都有一个区域,在这个区域中根本没有根据/理由(Grund),有的只是绝对的自由……永恒的"无根据"(Ungrund)就存在于每一个人之中,人们如果意识到这一点就会感受到畏惧。[1]

（*WA I p*.93）

如果存在着一种创造,那么上帝就必须接受其根据,否则他就仍然只是纯粹的自由,但是,上帝不像我们人类一样不得不接受根据。

从这个时期开始,谢林反复使用"爱"的例子来解释上帝与自然的关系。与黑格尔的辩证法模式相反,爱是一种自由的相互依赖关系,它使我通过在他者之中的反映来成为我自己,在这个模式中,这种"爱"的关系并不是反映性的。下面这段来自 1810 年《斯图加特私人讲授录》的段落表明了原因:

> 上帝自身是通过一种自愿的(*freiwillige*)爱而与自然界联系在一起,他不需要自然界,但又不愿意脱离自然界而存在。因为爱不是出现

---

[1] 这里与萨特《存在与虚无》的接近是极为引人注目的。两者都具有一种无根据的自由概念(见 Sartre 1943 pp. 56 - 81.)。

在两个本质相互需要的地方，而是出现在每一个本质本来能够独自存在的地方……但是并不认为独自存在是一种斩获，也不愿意脱离对方而存在，因为这种做法是不道德的。这也是上帝和自然界的真实关系——而且不是一个单方面的关系。

(I/7 p.453)

对于自主的人来说，恰恰因为他们是自主的，所以没有理由去爱某个人，并且爱也只有在不作为一种依赖的结果时才会被视为一种完全实现了的爱。如我们所见，这种依赖让一个人的存在成为依赖性的，使人失去作为自身而存在的能力：因此，我们需要的是一种保持着主体的肯定同一性的关系，而不是建立一种否定的、与他者的关系。关键是要说明，两个人之间的"爱"不能被看作一种对称关系：它不能被还原为一种在他者中的自身反映，因此，它也不是一种辩证性的关系。

当然，这既是一个关于爱的观点，也是对一个形而上学核心问题的隐喻。黑格尔用爱的隐喻来阐释"概念"（Begriff）及其与现实的关系，其中的结构正如米夏埃尔·托伊尼森（Michael Theunissen）所说："一个人并不将他者经验为一种限制，而是经验为他们自我实现的可能性条件。"（Theunissen 1980 p. 46）因此，世界的可理解性成为一种内在必然性的结果——这种必然性总是已经建立在其关系性的结构中。谢林越来越怀疑，这种模式只是假设了一种"观念"和"实在"的关系，而实际上并没有解决这样一个事实，即在这种关系中存在着一种无法还原的事实性。这一怀疑，将成为他对黑格尔体系中从逻辑到自然过渡的批判核心。

尽管其中一些想法很吸引人，但谢林处理有限世界事实的尝试——作为对基本形而上学问题的回答——没有一个令人满意。谢林显然知道这一点：直到去世他都不断地在回到这些问题。不过，让我们考虑一下谢林是如何发展这一论点的。尽管谢林做出了至关重要的新举措，但在此之后还有一元论的老问题。正如霍格雷贝所说的那样，不管是在什么意义上，只要我们谈论"一"，我们就已然将它割裂开了：就像海德格尔的"存在"一样，它永远不能作为其自身而被说出，因为命题就要求一种二元性[1]：

> 一个绝对不可规定的并因而是分散地统一的"某物"或"他物"的源初虚构，立即就蜕变为一种两面性：变成一个我们称其为代词性存在(*pronominal being*)的某物或他者，谢林在其他地方[在《启示哲学》中]称其为"如何的存在"(*quodditative being*)；而对于某物或他物的所是，我们称其为"谓述性存在"，谢林在其他地方相应地称其为"什么的存在"(*quidditative being*)。
>
> (*Hogrebe 1989 pp.83 – 4*)

在《世界时代》运作的模式中，那些乍看之下似乎完全相斥的对立本原必须共存于一起。这种模式在谢林"爱"的概念中就说明过了。"代词性存在"是规定性的必然要求，也是事物具有一种个别的"如何性"(quoddity)的必然要求，但如果它是一种绝对的、排他性的力量，这就意味着我们被困在那个"一"之中——它在"大爆炸"之前将一切都吞噬于自身中。即使是在自然界涌现的层面上，也说明我们一定不能停留于此。这里还必须有"谓述性的存在"，它"流溢、扩散、给予自身"，这也就是《世界时代》所说的"爱"（与刚才概述的意义略有不同）；这是相对于"存在"、"自我性"(egoity)、"自身性"(selfhood)的(I/8 pp. 210 – 11)，后

---

[1] 在这个意义上，德里达认为它"总是已经延异"了。

者就像"重力"一样,是代词性存在的收缩力。没有自我性来作为锚定,
"爱"就会像"自然哲学"的无限力量一样,如果没有什么阻止它的话,它
就会自己一下子消散掉——甚至都不知道已经发生什么。谢林坚持认
为,这些力之间虽然不是相互联系的,但它们归根结底仍然是相同的,否
则二元论的所有问题就都会出现。这种同一性似乎不可能,但我们已经
在同一哲学的某些方面中,看到了一种将该问题合理化的可能性。正是
费希特阐明了这种可能性的结构。

　　正如我们所见,费希特在《知识学》中面临以下问题:无限者是"我",
但是有限的世界——即"非我"——必须得到解释。两者都不能没有对
方,但他们并不是相同的。这似乎又意味着它们是相同的,因为"非我"
需要有"我"才能成为"非我","非我"不能没有"我"。这个结构在同一哲
学中应该已经耳熟能详。进而费希特得出以下重要结论,在这个结论
中,他自己含蓄地暗示了一个问题,即荷尔德林尝试将总体性界定为
"我"时所揭示了的问题:

　　　　任何与某物相对立的事物,都与它所对立的事物在一种= X 的特点
　　　　上是相同的;并且,一切相同之物都与它所相同之物在= X 的某个
　　　　方面上是相对立的。这种= X 的特点就是根据,在第一种情况下是
　　　　关联的根据,在第二种情况下是差异的根据;因为对相对立之物进
　　　　行等同化(gleichsetzen)或者比较(vergleichen),就被称作关联;反对
　　　　被等同化的东西就是在进行差异化。

　　　　　　　　　　　　　　　　　　　　　　　　　　　　(Fichte 1971 p.111)

　　那么,这如何适用于《世界时代》呢? 我们已经看到有两种本质性力
量在起作用:一种收缩的、代词性的存在形式,以及一种扩张的、谓述性

的存在形式。任何事物的可理解性都取决于它在判断中与其他事物的关系。在符号链中，A 不是 B，不是 C……。正如费希特以及我们前面关于结构主义和德里达所表明的那样，如果不同的事物之间是完全不同的，那么也就不可能会有意义存在。甚至连 A 不是 B 的这个区分，实际上也是一个命题，一个必须以同一性为根据的判断，因为 A 是那不是 B、C……的东西。

在一段概括了同一哲学之本质的段落中，谢林称其为 A 和 B 的这两种力量，被看作同一的：

> 任何一个判断，比如"A 是 B"，其真正的意义只能是：那是 A 的东西，那也是 B 的东西，或者说，那是 A 的东西和那是 B 的东西，是同一回事。也就是说，任何单纯的概念都已经立足于一种双重性：在"A 是 B"这个判断里，A 不是 A，而是某个东西 X，这个 X 是 A；同样，B 不是 B，而是某个东西 X，这个 X 是 B；并非作为 A 的 A 和作为 B 的 B 是同一回事，毋宁说，那是 A 的 X，和那是 B 的 X，是同一回事，即同一个 X。因此这个判断其实包含着三个命题：第一，"A 是 X"；第二，"B 是 X"；由此得出，第三，"A 和 B 是同一个东西"，即是说二者是同一个 X。……然而这并不妨碍下面这种情况，即同一个东西，它一方面是 A，另一方面，作为另一个东西，它能够不是 A。[1]

110

> (1/8 pp.213 - 14)

某物要作为某物而存在的话，从一方面讲，它必须在那种肯定性意义（在其中一切都存在）上存在，这意味着它被这种包罗万象的肯定性吞

---

[1] ［译注］参见谢林：《世界时代》，先刚译，北京：北京大学出版社，2018 年，第 309—310 页。

没了；另一方面，它也必须在那种无法从肯定性存在中得出的意义上存在，因为它为了据有"什么性"（quiddity）而否定了作为"如何性"（quoddity）的肯定性。那一开始必然的、肯定性的基础，虽然后来不再是它所曾是的样子，但它并不会因此而停止存在。一旦谓述性存在被启动，另一种存在[1]就会成为一种否定性的力量——因为它努力让一切都保持为一体，以对抗另一种力量的离心差异化的趋向。这种颠倒自身也可以被颠倒过来，稍后我们将会阐明这一点。

这两种力量是这样的：

> 首先，他是一个否定性力量（B），这个力量把肯定性本质（A）驱赶回内部，使之成为一个不发挥作用的（unwirkend）或隐蔽的东西，其次，他是一个扩张的、分享自身的本质，这个本质是否定性力量的纯粹对立面，它在自身内压制着后者，不让它对外发挥作用。[2]

> (I/8 p.215)

不过，这些力量之间的冲突，并不会消除掉它们对同一性的要求，因为每一种想要成为自身的力量也都需要另一种与之相对立的力量。在这个层面上，这个论点呼应于黑格尔和谢林（见 Frank 1991 pp. 94 - 5）的"同一与差异的同一性"概念，谢林称其为"一个不可分割的原初本质（Urwesen）"（I/8 p. 217）。这个原初本质就是"第一本性"，即"与自身相矛盾/自相矛盾（von sich selbst im Widerspruch）"（同上书，p. 219）。矛盾，

---

[1] [译注]这里的"另一种存在"指的就是"代词性存在"。
[2] 为了避免任何可能的混淆，值得一说的是，谢林在后来将会以相当不同的方式讨论这些力量：B 将变得像柏拉图的无定（apeiron）一样，成为一种狂野的扩张性力量，而 A 在其各种伪装之下，将使这种力量通过承担某种形式而进入可理解性。B 在某种意义上仍然是相同者，因为它没有任何规定的边界，而边界只能在它与一个他者的关系中产生。

是生命与发展的源泉。现在,我们再次回到从统一过渡到矛盾的问题。

为什么不直接假定矛盾始终已然存在了呢?我们刚刚在费希特的论述中,其实已经看到这个问题的答案:在逻辑与存在论上讲,矛盾必定有一个作为其先在条件的同一性根据。而麻烦的是,这个假定给我们留下了那超越唯一者的过渡问题。一旦这个过渡完成了,那么谢林在差异中的同一性理论在这里(以及其他地方)就大有文章可作了,不过仅就过渡本身而言,其实没有什么可关注的东西。而这种过渡的失败,便是谢林将德国唯心论引向终结——即理性体系为自身奠基之希望的终结——的根本原因。在黑格尔的尝试中,他总是想通过将无限者和有限者视为它们"自身之他者"来避免这种无限者与有限者的过渡,而在下一章中我们将会探讨,黑格尔的这种尝试是否真的摆脱了谢林的问题。

《世界时代》中的这种"过渡"或许最好应被理解为一种"奇点":宇宙学可以处理奇点之后的结果,但根据其定义来说,它无法处理作为奇点的那种事实性。显然,这对作为封闭的形而上学体系的《世界时代》来说具有致命的后果:尽管《世界时代》可以宣称世界出现之后会发生什么,但即便它反复尝试,最终也无法解释这种出现本身。因此,我们不应该将《世界时代》仅仅视为一种根本上没有任何合理性的思辨:毕竟当代的宇宙学也处在相似的境况之中(见,例如,Penrose 1989)。《世界时代》的优势在于,它至少提供了霍格雷贝所说的"启发式"方法,用于思考那些存在于任何可能的科学解释之前的问题:关于解释之可能性的起源,关于在存在论差异中判断的根据。正如谢林所表明的那样,曾处于矛盾中的东西必须努力实现统一,否则矛盾根本就不会以任何方式显现出来,甚至都因此无法被称为矛盾。因此,判断,也就是非同义反复的同一化(non-tautological identi-fication)依赖于一个存在论的事实——即矛盾,而矛盾需要在从物理过程到认知过程的所有层面上都加以克服。

考虑到世界的显现这一事实，为什么存在者存在而不是无物存在的问题不可避免地成为我们要尝试去回答的问题，而该问题本身就已经包含了存在与无的矛盾。存在与无的矛盾并不意味着去思考绝对的虚无：就像萨特在《存在与虚无》中所说的那样，那引发了存在问题的"无"，恰恰"处于存在的核心"，这一点应该已经很清楚了。对谢林来说，矛盾的肯定性与否定性两个方面本身不可能是绝对的：正如我们所看到的那样，代词性存在的肯定性会变成相对于谓述性存在的否定性力量。它们都由"纽带"（band）所承载着，也即由它们的同一性过程所承载着。在《世界时代》的这个阶段中，力的关系引起了一种"轮换的设定活动"（I/8 p. 220），不同环节之间不断地相互替代。当代词性存在变成否定性的东西之后，它并没有停止存在，谓述性存在也是如此：如果它们真的停止存在，那么这整个过程也会随之停止。否定性从属于肯定性：虽然代词性存在是不可知的，但可知的存在却不能没有它而存在："它［代词性存在］之所以是'非存在者'，并不是因为它完全缺失了光明和本质，而是因为它积极主动地，亦即通过一个发挥着作用的力量，把本质封闭起来。"（同上书，p. 223）现在，谢林试图在"潜能阶次"的理论中表明，为什么这个同一性过程超越了《世界时代》中的这个阶段，他将在余生中以各种形式来延续这个"潜能阶次"理论，并以之作为反对斯宾诺莎主义的一个关键武器。

到目前为止，他为我们阐述了关于同一存在者的两种力量：一种是收缩的，另一种是扩张的。在同一哲学中，这种力的关系的模型是磁体，因为对磁体而言，即便是在其两极处，也必须同时存在两种对立的力。不过现在，在这种对立的力量之间存在一种更动态性的关系。第一个潜能阶次的阶段中，收缩力占据着主导地位。谢林勇敢而有趣地尝试去说明这一发展究竟为什么会开始，他坚持认为对 B 的封闭，就意味着 A 处在被封闭者内部。他表明，"一个本质不可能否定自己，除非它同时使自己成为一个内在的东西,即成为它自己的欲求和欲望的对象。……'设定自己为非存在者'和'欲求自己'是同一回事"(同上书,p. 223 - 4),因为将自身设定为非存在者的东西,也必定以某种方式存在着。我们需要一个开端来揭示这一点:在开端这里,我们所处的阶段不存在任何"谓述"意义上的东西,但也不是一种绝对意义上的不存在(它反映了谢林对康德的先验理想的存在论理解)。开端是一种缺乏,因为它辩证地要求开端的他者在根本上成为一个开端。如果没有开端,存在就不会显现。如果要使存在得以显现,存在就必须首先隐藏起来——但它也必须仍然是存在的。在第二个潜能阶次中,A 获得了相对于 B 的优势地位,这便引出了显现的、谓述性的存在者(Seyendes,作为代词性的 Seyn 的对立面)。谢林在描述显现的存在者的特征方面,又迈出了重要的一步:

> 诚然,它是存在者——这件事情毋庸置疑;但是,它重新作为存在者而存在着,证明自己是一个发挥作用的东西,把自己作为存在者启示出来——这件事情的根据却是在于那个否定性潜能阶次。[1]
>
> (同上书,*p.227*)

113

否定的潜能阶次为扩张的潜能阶次提供一个它显现自身的根据。鉴于这种相互依存的必然性,这两种存在形式必须建基于一种高于其对立的第三种潜能阶次。

第三种潜能阶次的最终实现——该过程即精神作为 B 和 A 的辩证过程——将成为整个过程的终点。然而,我们才刚刚抵达了开端:我们甚至还没有处在时间的开端阶段。谢林在他关于"轮转运动"的论述中

---

[1] [译注]谢林:《世界时代》,先刚译,第 326 页。

指出，要到达第三种潜能阶次究竟是怎样的困难：B 与 A 可以无限地相互替代，而这阻断了那种根本上进展性的创造，因为每次用 B 替换 A 时，这种进展都会再次被吞噬掉。这个阶段在谢林晚期的神话构想中至关重要：当这个同样也发生于意识之历史中的轮转过程被克服时，神话也就结束了[1]。对谢林来说，"轮转环节"涉及一种"永不止息的渴望——想要存在着，却不能够存在着——那么它只能保持为一个持续的欲求状态，保持为一个永不止息的寻求，即一个永恒的、绝不能平息下来的寻求"（同上书，pp. 231－2）。这种拟人化的修辞可能会再次让人产生怀疑，但我们必须记住，谢林所关心的是将我们自身理解为一个过程——支撑着我们的存在的过程——的结果，而"关于创世的共同知识"（Mitwissenschaft der Schöpfung）则给予了我们通向这一过程的途径。这使谢林产生了一些通常被视为 19 世纪末时期的典型的思想。

下面的隐喻暗示了一种对于后来的"现代主义"来说几乎决定性的结构：

只有当人心里面的那些深渊暴露出来，只有当那些本应永远埋葬在黑夜和晦暗里面的恐怖思想冒出头来，我们才会知道，什么东西隐藏在人的可能性里面，以及人的本性就其自身而言究竟是什么样子。

（同上书，*p 268*）

这种评论可以直接适用于康拉德（Conrad）的《黑暗之心》，书中库尔

---

[1] 这种轮转概念也指向了永恒轮回的观念，这种观念随着 20 世纪末期科学唯物主义日益增长的统治地位而发展起来。强硬的唯物主义并没有给意识的发展任何特权；如果自然界的机械法则只指向永恒轮回，那么在意识方面的任何发展都可以从属于自然法则，自由也仅仅是虚幻的，就如同处在一个由神话力量所统治的世界中一样。当然，谢林否定了这样的构想。

兹所关注的,恰恰就是要找出"人身上有什么样的可能性"。在很大程度上,康拉德的作品要归功于叔本华,进而因此也要归功于谢林的《自由论文》(叔本华显然读过此书)[1]。谢林还援引狄奥尼索斯的形象,作为我们要成为现在所是的样子所必须克服的那种形象。因此,他以一种更粗略和简化的方式,为后来尼采《悲剧的诞生》及其非理性主义附庸的世界奠定了基础。自浪漫主义哲学以来,音乐——作为一种还不是语言但与语言分享着共同属性的东西——就是一种反复出现的、让我们通向前命题性存在的隐喻(见 A. Bowie 1990):"因为声音和音符似乎只是在精神性和肉体性之间的斗争中产生的,所以音乐(Tonkunst)独自就能成为那种源初自然及其运动的形象。"(WA I p. 43)音乐是"重力"与"光"之间关联的结果,其中"重力"与"光"分别对应着收缩性存在与扩张性存在。同样的关系也将成为谢林语言观的基础。

鉴于此类隐喻,我们可以预料到《世界时代》的模型也如同《自由论文》一样预示了精神分析的某些方面。它们的共同要素是它们对于对抗力量的理解,这些对抗引出了对于世界的意识,但意识无法直接触及这些对抗力量,因为意识本身就是这种对抗的结果。无论是在宇宙层面还是心理层面,我们之所以要求助隐喻来唤起这种原初状态,都是因为那所唤起之物具有非经验的本性。在《世界时代》中,谢林将个人主体中关于疯狂的持续潜能与这种宇宙状态联系起来。唯有通过克服"轮转运动"的支配、通过"介词性的存在"(prepositional being)的发展,才能形成一个经验性的世界。在此之前我们无法说出什么,因为这个形成过程依赖于命题性(propositionality),而命题性只有在"介词性的存在"出现之

---

[1] 即使在晚期,叔本华也总是在关心谢林说了些什么。比如,1841 年叔本华就派其助手朱利叶斯·弗劳恩施泰特(Julius Frauenstädt)去听谢林的第一次柏林讲座([译注]参见谢林:《柏林首讲》,载于《启示哲学导论》,王丁译,北京:北京大学出版社,2019 年)。

后才是可能的。同时，就像海德格尔所说的那样，我们与世界上一切事物的最初关系——即世界的这种"敞开状态"（Erschlo-ssenheit）——本身就是前命题的。这里关键的哲学问题是，我们该如何面对这一事实。

　　谢林与他后来的一些模仿者不同，他并不关心怎么赞颂"轮转"状态、赫拉克利特的"流变"，或者不管人们怎么称呼它：冲突的结果，就是痛苦与焦虑（WA I p. 41）。他关心的是我们要承认这样一种必要性，即真理与精神（Geist）世界必须要建立在与之相对立的东西之上。如果不这样做，我们就会堕入一种毫无根据的唯心论，并且会让真理（与活生生的世界）的出现变得毫无意义（他将表明，在黑格尔那里确实是如此）："也就是说，除了通过征服、统治和管理疯狂，知性还能以别的什么方式证明自己呢？"（I/8 p. 338）而与此相反的问题就像出现在大多数的唯物主义形式中的那样，假定"根据"（无论是哪个版本的）就穷尽了存在论的问题。斯宾诺莎的唯物主义世界，被认为只知道第一潜能阶次的力，即那处在"实存的同一性"阶段的力（WA I p. 45）。不过，这个阶段必须能够通向后来的意识与感觉世界，而这种过渡的可能性要通过持续的"力量的分离和重新统一"来进行发展（同上书，p. 39），并且"这种漩涡运动似乎总是作为创造性力量的开端和第一次出现"（I/8 p. 250）。但是，这个世界如何得以"表达"？（WA I p. 39）

3. 话语的形成

　　谢林将这个运动描述为一种朝向"话语"（word）的运动：

　　实存者（*das Existirende*）在其内在存在的日益充实中所寻求的，无非就是话语，实存者通过话语得以表达、解放和展开，而且无论在任何地方,只有被创造或被发现的话语才能解决这种内部的争端。

(WA I p.57)

"话语"是调解收缩力与扩张力之间冲突的结果:

> 似乎普遍的现象是,每一种无法在自身的充实性中容纳自身或聚拢
> 自身的生物,都会在自身之外聚拢起自身;例如,在口中形成话语的
> 崇高奇迹,就属于这种情况,它是一种内在充盈(当它无法保持自我
> 时)的真正创造。

(同上书,pp.56 - 7)

这既发生在物质宇宙的层面,也发生在有意识的存在者层面。这或许听起来又像是神学的或拟人化的。但事实上,正如我们在"自然哲学"中看到的,对自然界中的结构以及语言出现(而不是传播)的阐释,不可能以还原论的方式来完成。康德认为机械论科学哪怕连一片草叶也无法解释,更不用说语言的起源了。大多数分析哲学都会假定,哲学并没有(也不可能)对语言起源的问题说出什么有趣的东西,并且就分析哲学的方式而言确实是这样。正是精神分析和某些诠释学的领域保持了这些问题的活力,他们更关注世界的解蔽,而不是将真理作为对有效性宣称(validity claims)的制定来进行分析[1]。

显然,人们无法从一种语言内部出发,解释该语言是什么或如何形成。这种循环导致了反思性问题的重复:从浪漫主义到维特根斯坦的《逻辑哲学论》以及之后的地方,除了黑格尔体系之外,现代哲学的基本

116

---

[1] 在"结论"中,我将以当代视角再次回到这些问题。

结构越来越依赖于这样一种认识：总体性无法将自身作为总体性来描述。而往往被忽视的是，这一想法恰恰也是西方思想中更古老、更晦涩的传统中的一部分，谢林显然意识到了这一点。这里是格肖姆·肖勒姆（Gershom Scholem）关于卡巴拉（Kabbalah）的十个非历史性命题中的第九个命题：

> 总体性只能以神秘的方式传达。神的名字可以被寻呼，但无法被说出。因为只有语言中的残缺之处才能让语言是可说的。"真"的语言是无法被说出的，就像绝对具体之物是无法被理解的一样。
>
> （*Scholem 1970 p.271*）

在这一点被视为与当代哲学完全无关之前，我们要注意希拉里·普特南的文章《为什么不是一个现成的世界》，在其中他提出了与康德"先验理想"（transcendental ideal）相同的观点，并提出了一些与肖勒姆实际上相差无几的观点（要注意最后的"也许"）：

> 分析哲学家们总是想把"先验"视作无稽之谈并放弃它，但它确实以一种怪异的方式重新出现。[一方面，几乎每个哲学家所作出的陈述，都与他自己对于什么是可被证明的或已知的明确说明相矛盾；这甚至也出现在形式逻辑中，当一个人试图对"所有语言"作出陈述时，这会被禁止自身指涉的禁令所禁止。另一方面，几乎每个人都认为不存在独立于心灵的实在性，只有"说法"，或者仅仅是"交谈"（*discourse*），或诸如此类的东西，这些说法非常矛盾。]因为人们不能谈论超验之物，甚至不能在没有悖论的情况下否认超验之物的存在，所以也许，人们对它的态度应当是对宗教的关注，而不是对一种

理性哲学的关注。

（*Putnam 1983 p.226*）

如果我们意识到，这里所处理的问题几乎对现代哲学所有领域来说都是建构性的，那么起初在《世界时代》语境下怪异的"话语"概念似乎也就不那么奇怪了。

康德的先验理想是谢林用以思考"超越"（transcendent）的方式的一
个明显来源。谢林还通过弗朗茨·巴德尔（Franz Baader）以及对哈曼和波墨的阅读（见 Brown 1977），接触了卡巴拉传统[1]。谢林的语言概念似乎确实要归功于他对卡巴拉神秘传统的认识，因为它与该传统共享着一个基本的理念。肖勒姆认为，在卡巴拉传统中，"创造发生的运动……可以解释为语言的运动"（Scholem 1970 p. 33），而且"世界的本质就是语言"（同上书，p. 10）[2]。

这里的基本思想也与伽达默尔的相似，即"能被理解的存在就是语言"（Gadamer 1975 p. 450）。谢林在 1802 至 1803 年的《艺术哲学》中（在同一哲学时期）已经谈到了语言是观念在实在中的表达：语言作为不可分割的质料能指和观念所指，就像它所构成的世界一部分那样：

虽然当前的知识仍然是在语言中以象征的方式呈现，但神性知识在世界里已经绝非以象征的方式呈现，以至于整个实在世界（它本身又是实在东西和观念东西的统一体）又是一个原初的言说活动。实

---

[1] 哈贝马斯（1973 年）指出，收缩力的概念起源于 13 世纪卡斯蒂利亚的卡巴拉文本《光辉之书》（*Zohar*），以及以撒·卢里亚（Isaac Luria）的思想，其实波墨也借鉴了卢里亚的收缩（zimzum）思想——即上帝的收缩为创世与启示打开了空间。

[2] 在我看来，这是一种理解德里达的"广义文本"（general context）可能意味着什么的方式。

在世界不再是上帝的活生生的话语或言说活动,毋宁说仅仅是一种已经言说出的——凝结的——话语。

(I/5 p.484)

谢林在《斯图加特私人讲授录》中谈到 A 与 B 的"纽带"时说道:

这个纽带有一个极具表现力的名称,即"话语"(Wort),(a)因为一切可区分性第一次在它之内并且伴随着它而出现,(b)因为在它之内,自主存在(Selbstseyn)和非自主存在(Nichtselbstseyn)、元音和辅音第一次以有机的方式联合在一起(A 为元音,B 为辅音,后者作为一种本身缄默的存在,只有通过观念东西或 A 才上升为一种可以被理解的东西)。

(I/7 pp.442 - 3)

尽管"世界时代"加剧了观念与实在的冲突(就像狄奥尼索斯与音乐之间的关联所表现的那样),也让上帝——作为可理解性的本原——与根据的关系更复杂,但它在本质上与《艺术哲学》中的思想一致。不过,我们能理解其中的奥妙吗?

这个理论显然不是一个作为对应或表象的语言理论。语言,作为对立于"口语"和"凝结"话语的"活的话语",是使现象世界得以可能的"创制"(poiesis)。语言并不创造世界的实存(普特南的"独立于话语的现实"当然也必须包括它所独立的话语),对谢林来说,这种实存就是为谓述理论奠基的那个 X。然而,语言——其构成方式与世界其他部分的构成方式被视作一样的——是事物作为事物而显现出来的可能性条件。这里的重点是"活的话语",它对应于扩张力;质料的能指性则对应于收缩力,它通过有限数量的、固定且可迭代的能指,来阐明世界中无限多元的可能性,进而使意义得以规定。这个真实而有限的世界本质上就是"凝结的",而观念必须不断地与之抗争,使世界中发展着的真理得到显现。如果这里没有与之相对抗的实在,那么语言就缺少了它赖以实存的中介,那么也就不可能有意义存在;同时,实在也没有理由被显现出来,而且正如我们反复看到的那样,它总是抛出了这样一个问题:实在如何就成为它所显现出来的那个样子的。

在形而上学的历史中,不仅仅是这个特定的时代在关注这个问题。比如,拉康在关于语言的著作的关键方面就反复出现了一种相关的构想。对此,拉康关于这里的理论在很大程度上要归功于海德格尔,而海德格尔对此显然要归功于谢林。这就是拉康关于语言与实在界的看法,它也呼应了诺瓦利斯的想法,即我们要离开同一性来再现它:"没有语言可以说出关于真(true)的真,因为真相就建立在它所讲的东西中的,它没有其他手段可以说出关于真的真。"(Lacan 1971 p. 233)对拉康来说,不可能有一种再现着整全真理的元语言,因为元语言本身就是由它所要"再现"(represent)的东西组成的。谢林在《艺术哲学》中也提出,语言作为"观念东西(知识、思维、感受、意愿等等)在实在东西里面的直接表现",就是一种"艺术作品"(I/5 p. 358)——正如我们在《先验唯心论体系》中所看到的意义上,艺术揭示了意识(观念)与无意识(实在)生产的同一性(见 A. Bowie 1990 pp. 108 - 9)。曼弗雷德·弗兰克这样描述谢林在《艺术哲学》中关于语言的看法:

> 即使人们以传统方式将世界定义为客体的总体,也必须要看到,按照康德的说法,客体是被收缩了的陈述(判断),在其中,某物不是直接被再现的,而是作为某物而被表达的。对谢林来说,情况就更清

楚了。在他看来,无论是天上还是人间,一切事物都存在于思想活动与实在活动的综合中。正如谢林所说,这种综合(具有判断的结构)在自然领域中是处在实在的作用(幂次)之下的,而在精神世界中,则被设定处在占优势的观念的作用之下。在自然世界和观念世界中,唯一作为根据而实存的,是观念与实在的绝对同一性,唯有两者的分离才能产生有限世界的相对性和转瞬即逝的表象(*erscheinungshafte Nichtigkeit*)。

(*Frank 1989b pp.182 - 3*)

正如我们所见,《世界时代》与同一哲学的不同就在于,核心问题已经变成了将"绝对同一性"分离为实在与观念的问题。

因此,观念实际上并没有将实在作为实在反映或再现出来。在不引入第三项的情况下,我们无法说显现在判断中的观念就是实在的反映,而这第三项必须是绝对的"视角"。然而,它本身不能是一个视角——即一个相对于另一个设定而被定义的设定,因为是这样的话,我们就会卷入一种无限的倒退中。在这里,能让反映与它所反映之物相同一的那个东西,必须已然与其自身相同一:这个先在(prior)的条件不能用命题的形式来阐述。[1] 语言作为质料能指与观念所指,本身就依赖观念与实在的先在同一性:能指无法再现或反映所指,但如果它要成为一个能指而不仅仅是一个对象,能指就必须包含观念。在判断中,那作为某物而显现的东西之所以能够成为其所是,是通过谢林在全部自然中看到的那种前命题性的综合,而不是通过在一个(独立于固定对象的)语言世界的真实表象(representation)。《世界时代》的核心观点是,如果没有活的语

---

[1] 关键是,人们实现这一点的方式是通过一个对反思性立场(它使同一化成为可能)的阐明的失败。

言——它本身就是"观念—实在"——那么实在就根本不会显现出来，尽管它仍然存在。活的语言作为可言说的领域，敞开了命题的可能性，也敞开了表面上牢固的对象世界。不过，这种与表面上牢固的表象世界捆绑在一起的命题，却排除了其他言说的可能性。在《世界时代》中，谢林认为，由此产生的"收缩"涉及一种缺乏，即可言说之物被言说还原为有限的规定性，而言说却无法穷尽这些可言说之物。这就引发了克服这种缺乏——它对一切有规定的存在来说都是构成性的——的尝试，而我们已经在《自由论文》相关于"重力"的部分看到这一点。这一立场不仅是神学—形而上学的思辨，因为它在哲学核心领域中的影响仍然在被探索着。

在当下，对于精神分析、诠释学哲学以及那些严肃对待隐喻的分析哲学来说，这里呈现出来的动态结构仍然是一个重要议题。例如，利科关于隐喻是如何让我们以闻所未闻的方式重新描述世界的观点，也依赖于一种相似的看法。就像谢林一样，利科将"隐喻的'位置'"——他所说的隐喻显然是指与活的话语相同的意思——"视为系词，……隐喻性的'是'同时意味着'不是'和'像'"（Ricoeur 1986 p. 10）。在活的层面上，即对立于"凝结的"话语的层面上，代词性存在和谓述性存在之间的张力重复了自身。那么，《世界时代》中的关键事实就在于，那"轮转"的、无以表达的混沌世界，可以变成一个动态的、可表达世界，而其中的最高方面就是语言：

> 假若没有任何东西位于那个盲目的必然性之外，生命就会保持着这个黑暗的、混沌的状态，处于一个永恒的（因而从未开始，也从未结束的）运动之中。然而通过永恒自由的注视，自然界的那个最高者获得了自由，与此同时，所有别的力量和那个最高者一起获得了立

足点（Bestand）和本质……

（1/8 p.252）

就像我们之前讨论过的"爱"的概念一样，"自由"的概念被理解这样一种东西：通过它，代词性存在、谓述性存在和命题性存在，各自都能在整体中作为部分而获得属于自己的位置。

谢林他们现在的这种做法是让他者在整体中拥有自己的位置，就像那些结合形成爆炸材料的元素，也同样可以形成活的生物体。因此，不同样态的存在成为那种它们在混沌轮转状态中所无法成为的东西。主词和谓词通过联结在命题之中，从而变得比它们在各自孤立或者相互冲突的情况下更丰富一些。霍格雷贝建议，可以用电影放映机的隐喻来理解谢林思想的要点。放映机可以停留在一个不动的图像（代词性存在）上，也可以光速地运行电影，以至于除了闪光之外什么都看不到（谓述性存在），或者也可以建立一种动态，从而允许不同的维度都能以可理解的方式展示出来；其做法就是，它用产生闪光的力量来移动静态图像，从而防止闪光本身一下子消散掉（命题性存在）。在这个层面上，该理论是反思性的：这些环节成为"自身的他者"。然而，即使没有必然的理由让这些环节以一种被明晰阐明的方式联结在一起，这种联结还是发生了：谢林特意用"渴望"（longing）的隐喻作为这一阐明过程的基础，以暗示这不是一种因果或逻辑的过程。根据中"存在的缺乏"——这使得自然超越自身而进入被阐明的自身启示中——最终是无法被理解的。被阐明的知性本身就依赖于从混沌的、未分化的同一性到差异性的运动，因此它所能确定下来的就仅仅只是缺乏存在的这一事实，而无法从一个超越于这一事实的立场上来全面地去理解。

所以，我们就无法因果地去解释一个被阐明了的世界的出现、"话语"的出现。我们留下了这样一种看法，即某些缺乏什么的东西必须成为"可说的"（aussprechbar），因为它们必须被解蔽，而不是停留于不可阐明状态中。当然，这是谢林从一开始就质问康德的那种问题。解蔽（disclosure）的问题不能用因果必然性的方式来解释，否则整个体系都会退回斯宾诺莎主义——其同一性概念是空洞的、同义反复的，"因为它缺乏对立"（I/7 p. 443）。谢林关于同一性的思想与他克服存在论差异的尝试密切相关，但他因此也需要将存在论差异作为其基础：否则谢林也只是在进行一种同义反复。

从"轮转"超越到"阐明"（articulation）的过程，引发出了第三种潜能阶次："它既是自然界和魂灵世界之间的永恒纽带，也是世界和上帝之间的永恒纽带（Band）。"（I/8 p. 252）然而，如果上帝不为了保持其神性地位而完全与世界相分离，那么怎么可能有——现在被阐明的——作为上帝创造物的有限世界？谢林强调道，上帝是"超存在者"（das Überseyende）。因此，上帝唯有"相关于一个他者才能显现出来……而这个他者唯有相关于［代词性］存在（Seyn），才能立足于上帝面前"（同上）。这个他者似乎因此获得了非存在的地位，因为它依赖于它的他者——上帝——而成为自身，"它并非自在地就是'非存在者'"（I/8 p. 257），而是仅仅相对于最高者而言才是"非存在者"。如果要有可理解性，上帝就必须显现他自身——"一个永恒的'意识存在'（Bewusstseyn）是不可设想的，或者说这个东西等同于无意识。"（I/8 p. 262）一旦他要显现他自身（稍后我们将说出原因），他就必须接纳这种他者的存在。

如果这显得又过于神学化了，那么可以将这一论点与语言联系起来，有助于我们提出一种使它更通俗化的方法。我们应该记住，尽管谢林坚持实在的不可消解性，但他主要关注的还是可理解性的出现，即一个我们可以对其进行言说的世界的出现，而不是像在当代物理主义中盛行的将观念还原为实在。如果语言足以让我们阐明一个被解释的事态的世界，那就必须对能指中单纯的质料性进行否定，也即对语言的"根据"进行否定。如果能指仍然只是质料，那它根本还不是一个符号；但是如果没有能指的质料性，那么也不会有"观念的"意义。符号的质料性不能成为意义的保证，因为意义取决于符号质料的观念化：在理论上，相同的意义可以由电磁电荷、复写纸碳迹、移动无线电波等承载。但意义还依赖于超越静态的能指而到达命题的综合运动以及能够进行新的综合的意识。

在《斯图加特私人讲授录》中，谢林将意识的生成类比于上帝"从同一性到差异性的过渡"。尽管意识进程的发展阶段不能被还原为语言的习得，但这两者仍然密不可分。虽然谢林没有直接建立这种关联，但它隐含在了"话语"的概念中。他宣称，意识的生成并不是对同一性的取消（Aufhebung），而是一种"本质的二重化"：

> 当我们具有意识——当光明和黑暗在我们内部发生分离，我们并没有因此超离于我们自身之外，这两个本原仍然保留在我们自身之内，而我们是它们的统一体。我们的本质并没有遭受半点损失，毋宁说，我们现在只不过是在一个双重的形态中把持着自身，以及有时在统一体中，有时在分裂中把持着自身。上帝也是如此。

（$1/7$ p.425）

孩子进入象征界的差异化世界后，会意识到作为自身的自身，但这并不会使其不再是同一个孩子，即便——用拉康的话说——它的同一性可能会因进入象征界而被"玷污"。这种结构涉及一种在个体主体意识和语言之间的必然张力，而拉康认为，如果我们要阐明真理，这种张力就

不可避免。谢林强调意识(预示着意向性的概念)必须从它的他者中产生出来:

> 如果没有某种既被排斥又被吸引着的东西的话,那就不会有意识。那个意识到自身的东西,把它意识到的东西当作异己者排斥出去,但与此同时,它也必须把它所意识到的东西作为意识——从而作为它自身——吸引过来,只不过是处于另一个形态下。

(I/8 p.262)

意识涌现的根据必然是无意识,但是意识一旦涌现出来,根据就会因为它与活意识的存在论上的差异而成为过去。同时,如果没有过去的话,意识也不可能成为它自身:意识因为无法包纳根据而区别于根据,但意识自身的同一性又依赖于意识与根据的同一性。由于这种"同一性"结构区别并且依赖于根据,所以意识进程在现实世界中有其对应者。

因而在谢林那里,我们"关于创世的共同知识"的基础就是:我们无意识的过去与我们现在意识的自然本性之间的同一性、根据与显现的自然之间的同一性,以及关于这些同一性的绝对同一性。在这两种情况下,其基本过程都是试图通过一种面向未来的进展,来克服在根据中的存在之缺乏,因为在未来,同一性可以作为一个整体而不是作为一个在时间中的后继者得到实现。因此,相比于谢林的同一性和谓述性理论,在《世界时代》中,时间是通过存在论差异来理解的。如果一个时间没有其他两个时间维度上的相对的非存在,那么时间的每个维度之间也都无法被区分出来,那么也就不会有时间,就像在轮转运动阶段中那样。如果想要有时间存在,就必须存在一个有机的整体:

时间中每一个［片刻的］瞬间都以整体的时间作为前提。如果整体时间不能作为理念而先行于单个瞬间，那么它就无法将整个时间设定为未来，也就是说，它无法设定自身，因为没有这种有规定的未来，它自己就无法成为这种有规定的时间。但它只是把整个时间预设为一个理念；因为如果理念在它之中被设定为实在的，那么它也就不会是它所是的那个单个的、有规定的时间了。

(WA I p.81)

如果时间中的任何特定环节都要被视为过去、现在或未来——换言之，如果根本上有时间存在的话——那么关于时间的"观念"构想就必须将时间表达为一个动态的三重总体。

整个作为理念的时间既是"精神"的结果，也是第三潜能阶次的结果；在这种潜能阶次中，前两种潜能阶次通过它们在未来中的地位——在那里它们将不再是对立的——达到了它们的真理。因此，走向差异的运动就是走向一个将要克服差异的未来；差异是进行表达的条件，因而也是时间性世界的条件。正如我们所看到的，这种从同一性到差异性的运动产生了一种作为意识条件的过去，但这种运动也把意识从与根据的直接接触中分离了出来。在实在中，收缩力成了过去，扩张力则被第三种潜能阶次中介到指向未来的时间之流中（参见霍格雷贝的投影仪隐喻）。作为实在的、有限的存在者，我们将时间经验为缺乏——因为我们的存在是暂时性的，所以它对我们来说永远都不完满——尽管我们可以将时间的观念结构阐释为一个总体。时间的不同维度只能通过这个观念结构被理解为不同的。对时间的意识依赖于在不同环节之间被维持着的同一性，否则我们只会有一个轮转着的时间，其中的每个环节都简单地吞噬了另一个环节。为了让不同的差异性环节成为我对时间的经验,我的意识必须维持一种先行于这些差异性环节的同一性;不过,意识在自身中也必须已然潜在地包含这种差异结构。

尽管谢林对时间的哲学理解有如此洞见,尽管他调动了许多深刻的思想资源来理解过去,但是谢林对所有三个时间维度的内容给出哲学性的表达的尝试却始终未能完成。唯心论从存在的起源出发理解历史,进而阐明唯心论的目标,即主体与客体的体系性统一,这种阐明方式的基础在于哲学体系和历史偶然性之间关系的问题,但是,该问题的解决并没有得到保证(对此见,例如,Habermas 1973)。在结束本章之前,让我们先简要地看一下一个核心问题,再继续讨论谢林后来与这些想法的斗争[1]。

《世界时代》的核心是同一性理论,其中的重点在于根据和超根据者既不能相互还原,也不能没有对方。该理论被用来解释存在论差异,并再次涉及语言问题。神性的"原因恰恰在于,它作为单一体,既是'非',也是'是',并且是二者的统一者"(I/8 p. 299)。如果神性通过将代词性存在纳入自身而否定了代词性存在,那么神性就不能将自身显现为自由;如果它离开了代词性存在而使自身独立,那么神性就会否认其作为"同样永恒的'非'和同样永恒的'是'"的本质(同上书,p. 300)。不过,它必须"作为自由地启示自身和不启示自身的东西而启示自身,作为永恒自由本身来启示自身"(同上),它必须通过将"非"作为后继的"是"的根据、把"质料"的不可表达性作为语言的根据来启示自身。上帝通过接纳"非"(即根据)而表明上帝在根据之上,但如果上帝以此来表明其优先性,那么他也需要这一根据。如果上帝不得不创造宇宙,那么他将不可避免地要接受某种被规定之物,即根据,并且上帝因此也不得不成为根

---

[1] 弗兰克在1990年的作品中探讨了这种结构在描述自我意识结构时存在的问题。

据。因此,对于根据的这种接纳必须是自由于必然性的。然而,这表明了一个根基性的问题。

尽管谢林后来证明了笛卡尔和黑格尔的存在论论证的不足,但在最后的分析中,谢林还是始终为他的论证假定了一个先在的神学基础,他也用了大量的后期工作来发展这个神学基础。这最终会使他的整个计划无法实施。麻烦在于,如果我们不预设一种对存在论差异的神学理解,那么这里提出的自由思想,就很容易与这样一种思想相混淆——即现象宇宙的出现是不可解释的或仅仅是偶然的。如果在我们的世界中实际上没有任何东西可以使这种自由思想变得可理解,那么唯心论的设想——即最高层次的可理解性对我们来说是宇宙自身的可理解性——就无法成立了。唯心论的最高原则是"我"的无原因的自发性,并且正如我们所看到的那样,谢林的体系就依赖于如何表明该原则也是自然中其他部分的内在原则。在谢林的论证中最有力的部分就是试图重新定义自由的理念,使自由能够包纳自然界的"实在"方面,同时明确我们是无法通过这个实在方面来解释自然界作为某物而显现的过程的。在"自然哲学"中,这一论证就已经具有了最初的形式,从谢林对同一性理论的进一步发展来看,在《世界时代》中,这一论证由于关联于语言(话语)的出现而更具说服力。

危险之处在于,谢林坚持认为上帝的"自由"超出了充足理由律——就像为了避免斯宾诺莎主义所必须做的那样——这种自由被以唯心主义的方式设想为一种自发性:"因为对于绝对自由做出的一个行为,不可能提出任何进一步的根据;它是这样的,因为它就是这样的,也就是说,它是一个绝对的、就此而言必然的行为。"(I/7 p. 429)谢林意识到,如果他必须为现象世界提供一个理由,他就会重新面对教义神学在证明上帝实存的尝试中的所有问题,而康德已经如此有效地摧毁了这些问题。与此同时，充足理由律无法在没有悖论的情况下为自身奠基（谢林将这一点关联于上帝的自由），这种不自洽将引向神学—存在论的终结之路——该道路从叔本华延伸到尼采、海德格尔以及更多人。谢林处于康德主义和原存在主义的立场之间，不过这还不是他在现代哲学史上如此重要的原因。这种立场正是将他与黑格尔区别开来的原因。

尽管该体系作为一个整体失败了，但《世界时代》所阐述的关于谓述可能性的发生学问题为"西方形而上学"的争辩给出了远未穷尽的资源。《世界时代》理论的优势在于，它对同一性理论和语言的理解并不需要将"真理"还原为"权力"，而这种还原在尼采之后却变得非常流行。人们很难将《世界时代》的世界视为一个缺乏力量、差异与冲突的世界，但《世界时代》并没有放弃一种理性构想的可能性，同时这种理性构想是要与冲突达成和解的，而不是倒退地以这种冲突为荣。谢林并没有放弃世界时代的思想：例如，他在 1827 年仍然以此为他的体系命名，而神话哲学和启示哲学在本质上都是他去完成这样一个体系的尝试。他对自己所面临的危险的认识——他将在他的晚期哲学中尝试去克服这种危险——在以下段落中或许能够得到最好的说明（摘自 1821 年埃尔朗根讲授录，这会在下一章再次提到），这将我们引向谢林的晚期哲学。而因为有限者与无限者之间的同一性无法在有限者中得到实现，所以这种同一性在其晚期哲学中仅仅会成为一种潜能阶次。黑格尔却宣称他可以在哲学中实现这种同一性，这正是谢林所要反对的：

> 为什么那个是自然的东西——自然，和那个是神的东西——神，两者在这里为何自在地是同一个东西呢？这两个问题不是别的，正是相当于问：为什么"左"是"左"而"右"是"右"？所以这种问题根本就没有道理。这么问问题，根本就是要流氓。神并不出于一些特殊的

理由或者根据是神，相反，神之所以是神，恰恰是基于某种"实定法（jure positivo）"。人类对于"实定法"有多久的信仰，上面这个观点的历史就有多久，在最古老的希腊悲剧里，也可以找到这一观点的回响；因为一切有限者的悲哀就在于，自在地看，有限者之所是也是无限者之所是，两者是相同者，但有限者注定无法成为无限者，反而注定只能成为有限者。"成为无限者"注定仅仅存在于潜能中。

（Schelling 1969 p.90）

第六章

谢林还是黑格尔？

导　言

　　晚期谢林在哲学史中的重要性取决于他对黑格尔批判理由。然而，　　

为什么谢林对黑格尔的批判仍然重要？黑格尔主义历史性的消亡是强

大的历史与科学力量的结果，而不是忿恨的谢林从 19 世纪 20 年代开始

到他 1854 年去世期间，对他的老朋友直接或间接持续攻击的结果。即

使没有谢林，黑格尔主义也注定要失败：一种哲学能否在公共领域占主

导地位，并不仅仅是哲学家的事情。然而，以近些年的情况来看，黑格尔

哲学的生命——相比于它在 19 世纪下半叶可能的情况来说——要持久

得多，就算从分析哲学来看也是如此。在德语和英语世界以及其他地

区，黑格尔主义的各种变体也都在蓬勃发展。相比于人们在黑格尔主义

最初衰败时往往假定的那样，黑格尔思想中的关键部分似乎要更经得起

推敲。黑格尔思想中的许多方面，比如他对避免陷入静态范畴的方法的

发展、对僵硬的主客二分的拒绝、对伦理问题的语境化处理、通过主体与

他者的交互而对主体同一性的发展进程的阐述等，都恰恰成了后来哲学

争辩中的重要论题，并构成当代许多精神分析理论以及社会理论思想的

基石。正如我在一开始所说的，黑格尔已成为近来许多克服"西方形而

上学"尝试[1]的主要目标。我并不希望以任何方式低估黑格尔在这些领域中的重要意义。然而,如果谢林对黑格尔的反驳具有真正的哲学实质,那么这些反驳也必须与那些仍将黑格尔视为一种鲜活的哲学选择——而不是视为一种死去的在场形而上学的代表——的领域关联在一起。因此,对那些在谢林晚期哲学中乍看之下相当费解的观点的细致探索,将会揭示出在当代理论中被忽视的问题[2]。在后结构主义中,那些与谢林类似的思想模式发挥了重要作用,这一事实已然证明,谢林的思想也仍然存在于当代关于理性本性的争辩中。

随着舒尔茨(Walter Schulz)在 20 世纪 50 年代开辟了对晚期谢林的新的研究进路(Schulz 1975)对谢林批判的现代阐述真正地开始了[3]——这一阐述面临着的任务在于,如何同时给予黑格尔和谢林一个公正的解释。事实上,在这里确实存在两个争论点:一个是谢林是否恰当地理解了黑格尔,另一个是,无论黑格尔还是谢林,他们究竟是不是正确的。黑格尔的追随者们倾向于将第一个问题视为关键问题乃意料之中,因为如果谢林误解了黑格尔,那么他的批评将没有根据。显然,谢林有时会曲解黑格尔。但与此同时,他的一些批判是如此关乎根本以至于它绝不仅仅是黑格尔哲学发展中的技术性问题;因为由谢林所引出的一些反对黑格尔的类似的问题,都已然成为后来许多哲学的命脉。我要表明的是,谢林揭示了一个在黑格尔哲学中至关重要并且影响了所有后

---

[1] 尤其是在加谢的诠释下,这一点在德里达的作品中体现得最为明显(1986 年)。我将在后面的部分章节讨论这些。

[2] 我特意按时间顺序追踪了谢林的主要论证方式:谢林处理基本问题的不同方式本身就很有启发性,它涉及现代哲学基本结构,而且这些在英语世界中还没有被详细描述过。即便它有可能将读者带入一个稍显疲惫的旅程,但考虑到其中许多文本还不太可能出现译本,这似乎已经是最佳方案了。

[3] 虽然出于篇幅原因我没有讨论舒尔茨的著作,但仍然要强调他在德国哲学界中的主要地位,他对德国从关注谢林早期哲学到关注其晚期哲学的视角转向具有关键作用。

继哲学的问题。而在阿兰·怀特（Alan White）和克劳斯·布林克曼（Klaus Brinkmann）为黑格尔作出的反对谢林的详细辩护中，却没有涉及这个问题，而且谢林的情况——尤其对于黑格尔的后结构主义批评者们来说——在英语世界中也尚未被充分呈现出来；因此，我将在这里拓展人们对谢林的关注。

这里的基本问题在于，德国唯心论的目标，也即理性对自身的奠基，究竟是不是一种哲学上的自恋。理性在这种自恋中欣赏着它在存在中的反映，却无法对这种反映关系进行有效的说明。这个问题后来也再次出现在海德格尔对"存在的主体化"进程的关注中，这一进程从笛卡尔开始，一直持续到海德格尔自己尝试寻找一种不以主体性为最终根据的做哲学的方式。理性的自身奠基问题是谢林晚期哲学中的核心。谢林对黑格尔批判的有效性依赖于一些核心假设的有效性，这些假设涉及抽象哲学概念（如自由、理性或存在）与其概念所把握的东西之间的关系。而如何表达这种关系，正是谢林与黑格尔之间存在争议的地方。尽管谢林"肯定哲学"的核心方面是由神学关切所决定的，但是其最佳论证无须神学也是成立的，这也就是为什么我的论述将只详细讨论其晚期哲学的某些方面。

我在上一章中用了大量时间来研究《世界时代》，因为谢林晚期哲学的很多内容已经呈现其中。在《世界时代》中，谢林逐渐从这样一种观点——认为人们可以为现象世界的存在给出一个理由——转向了另一种构想，即如何以新的"自由"概念来解释世界之正在被解蔽的事实。这条论证路径成为他走向"肯定哲学"的一个部分，直到他去世之前他都一直关注着这个问题，这也是他在晚期作品中对《世界时代》主要进行哲学补充的地方。正如我们所看到的，"否定哲学"与"肯定哲学"的区分在《哲学与宗教》中就已经有所体现了。谢林已然提出，一种揭示有限世界的结构的哲学,只能揭示出每个有规定的事物的相对的非存在,并且这种哲学无法在根本上解释为什么存在的是这种非存在者,而不是肯定的绝对者。像同一哲学的某些方面一样,一种试图克服这种分裂的方法就是去表明,相对的非存在者本身就是绝对者的他者;因而在同一与差异的同一性中,两者是"同一的"。因此,绝对者是一个过程,在这个过程中所有的有限者都通过自身取消(self-cancellation)揭示出自身的有限性,但有限者也必然会因此使无限者成为它内在的"自身之他者"(Other of itself)。黑格尔在《逻辑学》中以方法论的形式充分阐述了这种构想,并将之具体呈现在他的体系之中。这项事业要想成功,就要阐明这一认识:看似有限的东西实际上是无限的,因为我们在哲学上可以认识到其有限性,进而可以在思想中超越有限性。到了 19 世纪 20 年代初的时候,谢林已经充分意识到,黑格尔已经发展并阐述了这样一种构想,声称可以解决有限者与无限者之间关系所涉及的重大形而上学问题,同时,并不要求有一种在先的肯定性基础,而这种肯定性基础带来了所有那些我们一再遇到的、向否定性过渡的问题。当然,谢林自己从一开始就坚持要从绝对者开始,从而确保这种过渡问题不会消失。如果,谢林的这种开端并不必要的话,那么黑格尔将是正确的;哲学就可以宣称,它通过在自身关系(self-bounded)的哲学体系中揭示思维与存在之间的同一性本质,而克服了思维与存在的分裂。

在思想中把握这种同一性的能力,要求思想将其所不是的东西——存在——反映为真正的自身,甚至反映为那看起来不是自身的东西。这个问题在费希特试图在维持"自我"之首要地位的同时去刻画"非我"时就已经很明显了,并且是德国唯心论的核心症结所在。如果"实体"要成为"主体",那么否定性,即特殊主体的有限性,就必须转而否定其自身并因此朝向无限者。思辨哲学的运思超越了所有有规定的范畴,进入哲学的洞见，并认识到为什么一切规定的思想都被否定时，无限者便应当显现出来了。这个最终的洞见，就是绝对知识。尽管谢林接受这个构想作为一种（关于思想如何逐步地阐明概念性知识）内在性方法论的阐述，但他仍然在肯定哲学中拒绝了这种构想。

1. 反映与颠倒

谢林拒绝这种构想的理由，在他 1820—21 年[1]埃尔朗根讲座中就已经十分明显了。在 1969 年，霍斯特·富尔曼斯（Horst Fuhrmans）根据一位听众的笔记以"全部哲学的本原"[2]为题整理并出版了这些演讲，而其中另一部分由谢林的儿子以"论哲学作为科学的自然本性"为题发表。在这些演讲中，谢林试图像黑格尔一样呈现出哲学如何对知识进行体系性的阐述。他承认我们在同一哲学中看到的那种体系的必要性，也就是体系通过呈现变化如何必须被纳入真理中，进而使体系能够同时包纳命题 A 是 B 和 A 是非 B。即便这种对立的命题存在差异，但只要它们还想在体系中找到其位置，就需要一种同一性的根据。而困难恰恰在于，如何说明这种根据。从根据中出现的任何东西都无法解释它们自身要求什么，因为从根据中而来东西是规定性的，并且因此也依赖于他者。而这里所要求的东西不能依赖于任何事物。谢林称其为"绝对主体"，顾名思义，它是所有谓词的条件。并且它自身因此也无法被任何谓

---

[1] 这些讲座虽然没有直接批评黑格尔，但是从 I/10 的第 161—164 页可以很清晰地看出，谢林早在埃尔朗根时期就已经公开批评过黑格尔了。

[2] 在谢林的版本中，《论哲学作为科学的自然本性》是在 I/9 的第 209—246 页。就像很多后来的作品一样，这些讲座的主干部分在第二次世界大战之后才得以付印。不过，我也曾在导言中提出，这些讲座正是以观众的笔记形式得以广泛传播的（[译注]中译本参见谢林：《论哲学作为科学的自然本性》，载于《全部哲学的本原——埃尔朗根讲授录》，王丁译，北京：北京大学出版社，2023 年）。

词谓述^[1]：

> 这个唯一的主体必须穿过和经历一切，必须不停留在任何东西上。
> 因为倘若它在哪里停驻不前了，那生命和展开过程就会受到阻滞。
> 穿过一切，经历一切，进而不是任何存在，也就是不是任何"仅此而
> 已"的存在，不是任何已然不能再成为一个他者的存在——这就是
> 我们对"主体"的要求。
>
> （*Schelling 1969 pp.16－17*）

131

这个根据似乎只能是上帝，但谢林为了避免泛神论在说明缺乏
(privation)问题上的失败，他坚持进一步区分，这可以追溯到他在早期
哲学中拒绝将绝对者视作一个"物"的做法，以及追溯到《自由论文》和
《世界时代》中："我们说，没有任何东西不是那个绝对的主体，也没有任
何东西是那个绝对的主体。因此，尽管绝对的主体并非不是神，但它也
仍然并不就是神，它也能够是那个不是神的东西。"（同上书，p. 18）因
而，这个体系从一开始就要求放弃任何肯定的概念规定。

然而，事实上我们生活在一个被阐明的世界中，尽管对人们来说这
个世界的阐明并没有任何终极的稳固性。谢林以一种对后来的哲学至
关重要的方式描述了"绝对主体"：

> 这个概念就是：为了能够被封闭在某一形态（*Gestalt*）里，它诚然必
> 须在一切形态之外存在，但并非这个"在一切形态之外"，这个不可

---

[1] 这个观点可能源于康德对"存在不是一个真正的谓词"的坚持，也就是说，"存在"在康德
那里并不是一个真正的对象。关于此问题，见海德格尔 1978 年，第 439—474 页。

把握的存在是它身上的肯定性要素,相反,它身上的肯定性要素在于它能主动把自己封闭在某一形态里,能主动让自己可被把握,因此,它有把自己封闭或不封闭在某一形态中的自由。

(同上书,*p.21*)

因此,正如他在《世界时代》中所说的,"自由"是一个关键的理念,它无法被任何有规定的谓词表达,却引出了一个有规定的现象世界。谢林谨慎地避免将"自由"表述为一种界定"绝对主体"的谓词:"因为这样一来,这种自由也就会显得像是它的属性,而这一属性还要以另一个与此主体不同且独立于它的主体为前提,相反,自由就是我们在此讨论的主体的本质,或者说,这个主体不是其他任何东西,正是永恒的自由。"(同上书,p. 21)[1]自由不是一种属性,而是世界被解蔽的必然的在先根据,海德格尔在《论真理的本质》中的断言也呼应了这一点:"人并不把自由'占有'为特性,情形恰恰相反:是自由,即绽出的、解蔽着的此之在占有人。"[2](Heidegger 1978 p. 187)谢林的问题在于,这种"自由"是如何具有了实存着的世界(包括我们自己)的规定形式的。谢林用那种"话语"在《世界时代》中出现的方式来刻画了一个"知识"的进程,我们可以从中看清他的意思。他明确表示了这不是一个属于人类知识的问题,其理由我们稍后就能看到。

接下来,谢林反复考虑这个"知识"过程的开端,作出了一个似乎完全黑格尔式的处理:

132

---

[1] 通过海德格尔的中介,萨特与谢林的接近之处在这里再次显现。

[2] [译注]海德格尔:《论真理的本质》,载于《路标》,孙周兴译,北京:商务印书馆,2000年,第219页。

所谓的"绝对开端"是不可能自知的；过渡到知就意味着不再是开端，并且必须因此不断前进，直至再次把自己觉察为开端。而对自身进行着知识、把自己知为开端的开端，就是得到了重建开端，这也是一切知识活动的终点。

（*Schelling 1969 p.25*）

终点处的开端再次回顾了知识的过程，在其中开端似乎已经不再是它自身了，它看到它所获得的知识，其实是开端自身在对象中运动的反映。在黑格尔的《逻辑学》中，类似的过程从（1）作为"无规定的直接性"的"存在"开始，然后（2）它被"反映"在主体中，存在就成为主体的对象，而主体也因此成为反映性的有规定的主体；在进一步的运动中，那处在主体与客体之间的中介在（3）"概念"中得到了把握，即主体认识到中介过程（在其中，主客体之间的对立最终被克服）就是主体自身同时作为主体与客体的发展的真理。谢林似乎也同意这样一种构想，也就是在其中被称作"智慧"的东西必须存在于"开端、中点和终点"（同上书，p. 27）。然而，这里有一个关键的区别。

在黑格尔的构想中，在终点处揭示了开端之真理的知识，就是那在开端处"直接的"东西的真理，而且重要的是，它认识到这就是真理[1]。当存在的概念完全被阐明时，存在的概念就是存在的真理，并且正如我们已经多次看到的那样，它揭示出黑格尔的开端是"否定性"的、依赖性的。我将在这一章后面详细分析的问题是：从（1）存在的最初直接性出发，向（2）反映的阶段发展的过程中，黑格尔有一个无法解决的困难，即在没有简单地预设这种同一性的情况下，被中介者如何能够知道自身是

---

[1] 就像加谢所坚持的，这也是为什么"绝对反思"概念对于理解黑格尔如此重要。

同一于那直接的东西的呢？事实上，被视作结果的存在之真理在一开始就已然存在了，这也就抛出一个问题：存在之真理如何能够完全作为自身而被认识（即如何能看到我自身，而不是看到某个在反映中的任意对象）。谢林现在明确地质疑了黑格尔结构的有效性：其实，在关于雅各比和荷尔德林的《判断与存在》中，以及在关于有限存在者的自身扬弃是否足以使其达到一种肯定的绝对者的问题中，我们都已经分析出了一些谢林如此质疑的理由。

在反映性的知识中，知识的主体与客体之间的差异，引发了取消这种差异的需求：通过认识对立于自身的客体，我既超越了客体对我的思想进行限制的直接性，也通过与他者（知识的对象）的接触超越了我自身的直接性。现在，谢林将这个反思过程与其基础区分开了，他并不认为基础可以用这种理解特定知识中主客体关系的方式来得到理解。他想表明，"自由"的动态发展的真实过程只是再现于思想，但那并不是该过程本身的内在真理。这意味着哲学无法在思想中把握"绝对主体"："但在人类中不再有这种智慧，在人类中并没有客观的产出活动，相反，人类中只有一种纯然观念性的摹像（Nachbild）；人并非以魔法推动万物的施动者；但在人类中也还存在着知识活动。"（同上书，p. 27）因此，谢林转向了一种对唯心论的根本性批判，哈贝马斯认为这也是现代哲学关键方面的特点：

> 唯心论从最一开始就欺骗自己说，一切形式（*formae rerum*）实际上总是已经包含于他们自身之中，并只是一再地驱逐了那些作为质料和绝对非存在的东西，即那些经验性单一事物中的质料性内容，也正是从这些东西中，理念通过其相对的抽象性而最初被引出。
>
> （*Habermas 1988 p.38*）

谢林不会接受哈贝马斯的"质料"概念,但其反对唯心论的基本举措却恰恰如哈贝马斯所说,主体意识到它的思想还依赖于那本身不是思维之结果的东西,因而,主体的首要地位就被摧毁了。

尽管人是"智慧"可能的容身之处,但"在那个客观运动里是行为与生命的东西,在人类中仅仅是知识活动"(Schelling 1969 p. 28)。这到底是什么意思?答案就在于"反映"概念。虽然知识被设想为一个动态的进程,这一进程在被认识者与认识者之间包含了一个反映性的结构,但是,"'绝对主体',我们还可以把它称为'纯粹知识',而作为纯粹知识,它也不可能是一个被知识到的对象"(同上书,p. 29)。绝对主体如果要分裂为主体与客体,那么它就不得不失去它作为自由的事关根基的本性——即"将自身封闭或不封闭在某一形态中"的自由;因为自由并不是一个规定性的谓词,自由同时包含了 A 与非 A[1]。人只能通过自由自身的对象化来认识自由:"我们在它所有的形态里都能看到它,但我们认识到的它并非作为永恒自由、作为主体的它,我们并没有在这些形态里认识到如其自在所是的它。"(同上书,p. 30)我们如何才能认识绝对者?这一问题的存在就意味着,我们只能以一种被中介了的方式去认识绝对者。我们无法认识到绝对者自身,我们只能在反映中、在思考世界上的规定性事物是什么的时候,才能认识到那对于我们而言的绝对者:"只有当人类的自我不把绝对主体当作一个对象,也就是说不要求去作为自我去对它进行知识,抛弃'我知'的执着之际,绝对主体才会在此。"(同上,p. 38)这里的说法非常像其早期哲学中认为的那样:绝对者只能在理智直观中是可通达的。这也引起了黑格尔的指责,因为主体与客体的统一从一开始就被给定了,所以绝对者会因此成为无规定的东西,而不是那

---

[1] 在论证中,这种明显不符合逻辑的自由概念的有效性将会显现出来。上面引用的海德格尔在《论真理的本质》中的评论表明了这一论证是如何进行的。

种从开端通向其终点处的真理过程中逐步揭示出来的东西。现在,谢林从"绽出迷狂"(Ekstasis, Extase)的角度来看绝对主体,在这种状态中,思维着的主体不再把现象的世界看作某种非我,因而也不再把它看作与自身的反映性关系,而是超越自身,并因此允许绝对主体作为其自身存在,而不是成为某种知识的客体。这听起来有点神秘;但事实上,这个论证是以逻辑的方式进行的。

　　谢林有意要说明的是,虽然意识将世界都归结为意识自身活动的结果,而事实上,世界的先在的活动才是意识的可能性条件(对此,见Frank 1975 pp. 123 - 30)。虽然任何关于存在的讨论,似乎只有通过使存在成为思维的一个规定才有可能,但这实际上是对真实情况的颠倒。世界似乎只有通过被纳入他者——即思想——之中才能变得确定,但是这种纳入要依赖于那自身不能被证明为是思想的东西的活动。谢林的论证如下:处于内在性状态的绝对主体(谢林在这里称之为 A)先于任何自身显现,也先于任何可以被思考为世界的东西,它对应于人在"绽出迷狂"中作为绝对不可知的外在性(B)的意识状态,也就是说关于它没有什么可以去认识的,绝对主体与意识都是"直接性"的。当绝对主体显现自身时,绝对主体现在就作为外在性的、被中介了的客体世界成为 B。如此,它就可以相应地被现在认识着它的意识内在化,这个意识曾经是B,但现在具有了 A 的地位。客观性,而不是康德所说的存在,依赖于思维着的主体的先在性。康德随后认为,这就意味着主体无法认识自在之物,因此,他在知识结构中引入了一个非反思性的第三项。

　　谢林的观点在某种程度上很简单。康德论证的错误之处在于,他实际上还是在第三项中引入了一个反思性的环节,即他暗示我们无法认识的东西事实上也仍然是事物。这包含了一种反思的概念,因为"自在"之物是不同于思想的东西。就像谢林在后来的讲座中所直言的那样:"实

135

则按照他(康德)自己的概念,'自在之物'真可以说是一种木质的铁,因为如果它是物(客体),那么它就不是自在的,而如果它是自在的,那么它就不是物。"(I/10 p. 84)谢林的观点表明,反思的结构在最根本的层面上是无法适用的。而必须要记住的是,对于我们来说,这种认识只能通过反思在思想中实现。因此,当加谢为黑格尔辩护说"任何想要通过某些直接性的概念来挑战绝对反思的尝试都终将失败……坚持直接性就是一种反思性的行为"(Gasché 1986 p. 74)的时候,他是错误的。如我们所见,加谢的错误在于,他忽略了谢林曾在同一哲学的某些方面中已经区分出知识的认知根据与实在根据。谢林立场的难以理解之处显而易见:他要求去思想不可思想的东西。但毕竟我们可以有意义地讨论那些我们认为不是思想的东西,比如说:事物(things)。客体要想成为一个有规定之物,就必须在命题中被主体规定下来,并进而卷入反思结构中。这是"反思"概念的一个关键方面,它使谢林得出一个重要的洞见:

> 从主体进入客体的过渡,则通过从客体进入主体的过渡来反映。所以在这里要用"反映"(Reflexion)这个词。这就好比对象在水中如何映照出倒影,绝对主体就如何处在与意识的颠倒关系中。绝对的主体之前只有绝对的无知这一种可能性。但当 A 转变为 B 的时候,B 也会因此在同样的关系中成为 A,也就是成为知识活动。
>
> (同上书,p.44)

如何理解这一段?

存在自身中就包含了思想自身的潜力:它可以为其自身而生成。一旦有了思想,存在似乎就能包纳整个世界,但这正是谢林要纠正的颠倒之处。看来,存在的真理就在于它自身被意识内化了:如果存在不以某种方式呈现于意识中，我们关于存在还能说些什么呢？[1] 但是，现在谢林走出了关键的第三步，在其中，绝对主体重新将自己断定为主体，断定为 A，成为进程的真正根据："A"引出了意识与反映性知识，但它并不是一种在概念上可表达的思想或事物。

> 只不过它现在是出于 B 而得到重建的 A。在这一关系中，始终与之相关联的知识活动也会改变自己的关系状态；当绝对主体得到重建之际，知识活动必定会枯萎成不进行知识的无知，也就是已然转变为 A 的 B，会再次成为 B，再次成为无知，但作为从知识中返回无知中的无知，它不再是彻彻底底的无知，而是进行着知识活动的无知；它并不像在开端中那样是外在意义上的无知，而是内在意义上的无知。
>
> （同上书，*p.45*）

正如曼弗雷德·弗兰克为那些对谢林的常见误读所做出的澄清（Frank 1975 p. 129），这不是一个涉及思想的超验基础的独断论断言：现实化（realisation）是反映尝试在自身之内为自身奠基的一个结果，而不是对存在之"太一"（the Oneness of being）的一种原初的神秘直观。就像弗兰克所说："在概念——概念出现于反映的自身扬弃（Selbstaufhebung）中——之外没有存在的概念。"（Frank 1984 p. 354）[2] 人们无法

---

[1] 因此，加谢坚持着反思。

[2] 图根哈特对海德格尔的"澄明"（Lichtung）概念（即谓词之可能性的非反思性条件）也有过同样的说法："对先验问题的超越，并不是说让思维回到了前一先验的天真态度中。只有通过对主体性的分析，才能达到那'澄明'的世界，而不是简单地转向某种直接被给予的东西。"（Tugendhat 1970 p. 276）据我所知，跟海德格尔一样，图根哈特也根本就没有认真讨论过晚期谢林。

肯定性地说出存在是什么，但这并不意味着存在从哲学中消失了：反映依赖于无法作为知识而出现的东西，这恰恰意味着存在必须先于知识。存在无法作为其自身而出现，这也恰恰是因为，是作为某物而出现的某物界定了反映和知识的结构。

谢林通过知识的运动来理解苏格拉底的"有学识的无知"，正如黑格尔所说，这种知识的运动是"不断变化"的。但谢林反对黑格尔的地方在于，他认为这种变化并不能从反思过程中得到解释。对谢林来说，在存在论层面上（而不是在逻辑上）思维与存在的同一性，凭于意识呈现这种同一性的尝试："诚然只有通过下面这点才是可能的：两者原初地就是一，永恒自由原初地就在我们的意识中，或者说就是我们的意识，甚至可以说，当永恒自由能够回到它自身时，除了我们的意识，它根本不可能有其他居所。"（同上书，p. 47）在思维与存在的分裂（为了质疑它们的同一性，这种分裂是必要的）之后，想要再呈现出它们的同一性已经是不可能的了：这个同一性必须是先行设定下来的。

137　　以反思把握意识本质的尝试带来一种颠倒，而人们正是通过纠正这种颠倒，认识到存在必须先行于反思（即便在意识主体看来情况必然是相反的），进而获得了对无法以反思方式被设想的事物的意识。在认识到特定的知识总是会被克服的过程中，我寻求这种克服过程的一个本原。这似乎是意识自身的反思性活动，它试图将外部客体内化于概念之中，进而以表象的方式，将客体世界确定下来。意识也试图将自身确立为这个进程的本原，因而意识将自己置身于一种与（作为必要的自身之他者的）客体的反映性关系之中。

然而，那种认为思想是根本性本原的想法是一种误解，如果知识是一直变化的，知识就无法最终作为自身而认识自己，因为它的同一性——请记住，谢林没有质疑同一性——依赖于一个不能包纳在自身之

中的他者:谢林称其为变易的本原、"永恒自由"、绝对的主体:

> 因此(a)知识活动处在一种持续不断的变化中,知识活动总是一个自身的他者,但在成为他者之际也仍是同一个知识活动[正如黑格尔清楚表明的那样,如果要成为彻底的知识,那么在被否认的东西与现在被断定的东西之间就必须有某些事物保持同一],但是(b)并非我的知识活动在主动转换自己的形态,相反,我的知识活动的形态是被塑造的;"属我"的知识活动的任何一种形态,仅仅是对永恒自由中知识活动的一种反光,一种反映(也就是一种颠倒,一种反射!),因此(c)自我是直接通过在自我之中发生的反光,也就是通过在我的知识活动中发生的变化而获得某一形态。
>
> (同上书,*pp.*47-8)

关于世界的真理并不是来自知识的具体显现,而是来自一个知识到下一个知识的必然运动过程。到目前为止,黑格尔仍然会对此表示赞同。但在谢林看来,一种对知识进程的逻辑重构,只是思维在自身中的反映:真实的进程无法在哲学中被描述,因为虽然知识的认识根据与实在根据之间无法分割开来,但它们互相也无法呈现为彼此的反映。

然后,谢林反驳了真理依赖于思维与存在之间结合或表象关系的观点。因为从认知角度来看,思维与存在结合关系是无法被阐明的[1]——同一哲学就是如此。反思知识的存在的这一事实,无法从知识自身中推导出来。就像弗兰克表明的那样,那使世界变得可理解的东西,即思想:

---

[1] 当然,这仍然不是说没有这种结合,只是说它可能无法被证明。

自身不能照亮自身的持存(Bestand)，不能照亮那作为思想法则强加于自身的偶然性；事实上，思想总是体验着它的必然性。因此，我们可以说，逻辑的先验(a priori)地位……本身并没有被逻辑性地奠基。

（Frank 1975 p.139）

正是这种洞见，对未来的哲学有预示性的意义。

有争议的地方是，那种在"同一哲学"和"世界时代"中遇到的、新的存在论差异。这个版本的存在论差异，是对海德格尔阐述的哲学史中的重要方面的另一个挑战。在讨论系词(Copula)在逻辑中的作用时，海德格尔宣称哲学已经以如下方式切断了与存在(Sein)问题的关联：

只要逻辑学还没有重新被收回存在论中，换言之，只要黑格尔——他反过来把存在论化到逻辑学里面去了——没有在概念上被包容（这意味着通过对提问方式的彻底化克服并且同时吸纳黑格尔），那么问题就不可能取得任何进展。克服黑格尔是西方哲学发展过程中一个必要的内在步骤；如果西方哲学还应该活下去，那么这一步就是必须走的。[1]

（Heidegger 1989 p.254）

我们将在之后更细致地讨论谢林是否真的克服了黑格尔。而目前，我们已经明确了谢林是如何清晰地区分"存在者论的(ontic)知识 B"以及

---

[1] 这些评论是从 1927 年开始的；在 20 世纪 50 年代末接触了谢林之后，海德格尔就以相同的术语来看待黑格尔，但他并没有提到谢林对黑格尔的批判（见 Heidegger 1978 pp. 421 - 38）。

"存在论的(ontological)A",进而以此确保逻辑是不会吞噬掉存在论的。

在同一个文本中,海德格尔宣称以往所有的哲学:

> 要么把一切具有存在者状态上的东西都溶入存在论(黑格尔),而不曾看到存在论自身得以可能的基础;要么就在根本上误解存在论,存在者式地把它给说明偏了,而不具有对存在论前提的领悟——这前提已经包含了一切存在者式的说明本身。[1]

> (同上书,p.466)

从这段出发可以明确的是,海德格尔忽视了谢林在晚期本质性的哲 139 学举措。这不仅是一个学术问题。尤其是最近的许多后结构主义理论,都或明或暗地依赖于海德格尔对哲学史的论断,并以此来规避西方形而上学这个庞然大物。通常这段哲学史论述的靶子是黑格尔,其原因跟黑格尔会成为谢林的靶子的原因一样:黑格尔试图在哲学中建立一个自我封闭的体系。当考虑到我们在《世界时代》中反复思考了的过渡(transition)问题时,谢林明确拒绝一个自身反思的辩证体系的可能性:

> 在这一点上,不再有任何东西可以从必然性出发得到说明,相反,进入存在的过渡是一桩自由的行动。在这里,一切演绎都终止了,因为所谓的演绎,仅仅是一种从彻底被给定的东西出发进行的推导,而被给定的东西则来自先行的、不确定的前提。在这里,我们离开了辩证法家的概念。在这个地方,决定性的并非概念,而仅仅是行动。

> (Schelling 1969 p.116)

---

[1] 这就是海德格尔从《存在与时间》开始,对新康德主义进行批判的基础,也是对那些想让哲学成为特定一本体的一自然科学之婢女的做法进行批判的基础。

谢林晚期作品中最有趣的部分在于他揭示了存在论差异的后果的那些论述。这些论述表明，我们需要为理解西方形而上学历史，提供一个有别于后现代主义拥护者的理解方式。然而，如果谢林已经作出了某些后现代与后形而上学视角所必需的哲学举措，我们又应当给予他怎样的地位呢？在这样的哲学史视野中，不可能有任何例外，尤其是在考虑到晚期海德格尔"存在之历史的构想"的时候，否则就意味着，这一叙事将失去它作为一种对"存在之遗忘"的阐述的意义。

让我们进一步探究谢林的思想，并以此出发来理解他在现代思想中的独特地位。绝对主体、"永恒自由"已经显现了自身，却无法作为自身而显现自身。尽管它变成了某种东西，那也必须仍然是它自身，就像我们在《世界时代》中的同一性理论中所看到的那样。"永恒自由"的任何有规定的显现，都会与它不受有限规定所限制的自由相矛盾：

> 永恒自由最终也会以为自己能为自身奠基，然而现在已然在它面前成为对象的，仅仅是它自身形象的假象（Schein），是一个被造作而得、被幻想的自身。作为它现在所知的那个东西的"自身"，其实并非实际上（in der Tat）现实存在的，而它真真正正所是的自身，又是它自己所不知道的，所以它就是这样首次打破了本质和存在之间的无差别。永恒自由既是"自在存在"的他者，也是"独立自为存在"的他者。

（同上书，p.138）

对于谢林来说，我们不能以其他任何方式来思考"永恒自由"，除了将其视为"永恒自由就是不可思者，是没人能够设想曾经哪怕在任何一个时候存在着的东西，相反，它永恒地就已然作为曾在的（gewesen）东西了"（同上，p. 92）。

谢林从词源学的角度阐发了"Sein"的过去式（gewesen），以及通常被译为本质的"Wesen"，而在德语中，"Wesen"也会以及物的方式表示"曾在"（萨特的"être été"）的含义。"本质"，将在黑格尔那里成为《逻辑学》的中间部分"反映逻辑"的核心范畴。在谢林那里，承载本质的是前反思性的存在：所以，本质、反思，现在就是对于充实存在[1]的缺乏。本质试图克服这种在概念上的缺乏，但这终究会因为本质依赖于先行于它的存在而失败。因而，它注定要不断奋争力求在未来克服这种缺乏。这将谢林引向了一个最近在欧洲哲学中再次被人熟知的结构，即主体中的内在缺乏结构，主体之本性便是由这种缺乏规定的。谢林说的前反思性存在与拉康的"实在"之间的相似性，可以为我们理解这一点提供新的思路[2]。下面是马尔康·鲍伊（Malcolm Bowie）对拉康"实在"概念的看法："实在界……是语言不可疗愈也难以处理的'外部'；能指链趋向于无限后退的目标；象征界和想象界的消失之处。"（M. Bowie 1988 p. 116）这个目标就是谢林所说的"否定哲学"的目标。

与其说这个目标在哲学中是可实现的——就像它在黑格尔哲学中那样，不如说，它实际上涉及一种我们在上面同样已经看到的那种颠倒：当主体从实在界中出现时，实在界实际上就总是已经失去了。在未来似乎有实现该目标的希望，但这只是思想的自我欺骗罢了。我们对谢林感兴趣的地方在于，他在肯定的形而上学中对最后一次伟大尝试——黑格尔的尝试——的质疑。从最近的理论中再次出现的谢林式论点中可以

---

[1] 谢林并不总是在同一个意义上使用这个词：为了避免误解，必须经常联系上下文进行理解。

[2] 当然，拉康的观点源于对海德格尔与黑格尔思想的融合；现在，这种构想应该开始让人更多回想起谢林了。

看出,谢林存在论差异的构想在持续发挥着其影响力,这也是为什么或许将谢林(而不是黑格尔)视为现代性的原型哲学家要更合适的原因。如果确实是这样的话,那么我们最好像我认为我们应当做的那样抛弃后现代的观点,至少是在哲学中是这样。

2. 否定哲学的限度

141   谢林晚期哲学的主题,是让基督教成为一种在哲学上可接受的宗教。然而,考虑到这里所涉及问题的复杂性,在一个对谢林作品的哲学阐述中主要关注这个问题是不公正的[1]。在我看来,其晚期哲学中无须神学术语来表述的部分恰恰是最值得重新评估的。不过,因为那些为黑格尔所做的最重要的(反对谢林的)辩护便是围绕这一点展开的,所以谢林的神学思想在这里是重要的。艾伦·怀特(Alan White)宣称:"如果黑格尔的第一哲学是形而上学的神学,那么他的体系在面对谢林的批判之时将毫无招架之力。"(White 1983b p. 74)怀特继续讲道:"对于黑格尔来说,第一哲学就是先验的存在论,从基础上规定事物与思想的科学;对谢林来说,第一哲学则必须是超越的神学,它是关乎最高存在者的科学。"(同上书,p. 99)相似地,克劳斯·布林克曼(Klaus Brinkmann)认为,"只有在人们能够接受谢林晚期哲学立场的情况下,谢林[对黑格尔]的反对思想才能被接受"(in Hartmann 1976 p. 208),他指的就是带有谢林全部神学洞见的晚期哲学。

这样看的话问题似乎很简单:除非我们接受神学,否则谢林对黑格尔的反对便无效。而问题要显然远比这复杂。这里所涉及的关键已被

---

[1] 尽管正如我将表明的那样,谢林的神学有一种根本缺陷,但谢林神学的影响至今一直相当重大,并且它也提供了超越这种主要缺陷的资源。

这样一个问题概述了:"先验的存在论"是否真的可能？其可能性的条件就是要证明思想的规定性实际上是存在的规定性,因而正如海德格尔所言,存在论将被溶入逻辑之中。我将尝试说明他们(克劳斯·哈特曼,以及站在其立场上的怀特和布林克曼)不加批判地依赖了黑格尔否定之否定的概念,进而简单地假定了思想的规定性就是存在的反映规定性。因此,由于我们在《全部哲学的本原》中已经考虑过的原因,怀特和布林克曼在很大程度上都错失了谢林晚期作品中的哲学要点。

布林克曼认为,谢林对黑格尔批判的基础在于"存在着一些相对于思想而言⋯⋯完全的他者,它们无法被概念化地表述出来"。他反对道:这个他者,这个在谢林那里被称作现实的现实性(Wirklichkeit des Wirklichen)的东西,就其自身本性而言乃是一个范畴,它意味着相对于思想的绝对的他者,通常被称作"存在"(in Hartmann 1976 p. 131)。如我们所见,加谢也说了很多相同的观点:"任何试图通过某些直接性概念来挑战绝对反思的尝试,都注定会失败⋯⋯对直接性的坚持本身就是一种反思性的行为。"(Gasché 1986 p. 74)因而,思想知道这个绝对的他者与自身的关系是什么。这种观点的问题在于,如何解释思想能够将自身与绝对他者的关系包纳在一个与思想相同一的范畴之中。一个范畴能被规定的唯一途径,就是通过它在思想中与其他范畴的差别——我们已经在康德的"先验理想"中遇到了这个问题——但这种差别必须是绝对的,即不能有其他这样的范畴。这样一种范畴要求我们阐明它包括以下三方面的结构:(a)这种特殊的思想(关于绝对他者或者"存在");(b)它实际上是思想绝对的他者;(c)它将两者作为相互否定但实际上是与自身同一的两个方面包含在内。事实上这样一种思想,需要以整个黑格尔体系的成功作为前提,因为,如果要使这样一种范畴合法化,思想与存在的终极差异就必须在绝对者中被克服,并且这种克服必须得到认识。布林克曼也承认这一点,他说道:"除了最终的范畴之外,没有哪个否定之否定的范畴是完整充分的。"(同上,第 198 页)加谢说:

> 然而,这些[在理性与他者之间的]矛盾,并不是解释绝对者自我反思的最终障碍,因为它们似乎只是作为自身认识过程中的环节。因此,在自我再次将这个他者认识为自身之前,他者——自我只能作为他者而认识自身——就成了自我之自身异化的结果。
>
> (*Gasché 1986 p.67*)

我们随后将看到,问题简单来说就是:如果某物在停止成为自身之前尚未认识自己,那么它如何能够认识自身? 黑格尔以"否定之否定"作为藏在这些论证背后的内在原则的尝试,将会使黑格尔整个建立自身关系(self-bounded)的形而上学体系的计划失败。

鉴于理性除了最终认识到其自身之外就不可能认识什么绝对的东西,谢林的肯定哲学尝试为哲学开出一条不同的道路。这种哲学的有趣之处在于,尽管存在上述的这种不可能性,但至少它仍然没有放弃对一种对理性构想的强调。正如布林克曼和怀特所说,评估整个肯定哲学的困难在于,谢林将其视为一种以创造问题为核心的神学。然而,其晚期哲学的核心观点有效性并不需要人们接受谢林的神学思想。对谢林来说,肯定哲学是"否定哲学"局限性的必然结果。正如在以"世界时代体系"为题发表的谢林 1827/28 年慕尼黑演讲的笔记中所呈现的那样,谢林认为他已经发现了"目前为止存在过的所有哲学的共同错误"(Schelling 1990 p. 57)。问题在于他所说的"上帝与世界之间纯然的逻辑关系"(同上),这需要在两者之间有一种反映性关系,在这种关系中,世界必然来自上帝的本性,并且因此上帝与世界成为"他们自身的他者"。谢林最初的靶子仍然是斯宾诺莎,但现在也连带攻击了黑格尔;尽管有些草率和不公平,不过一个关键的思想已经呈现出来了。黑格尔《逻辑学》以"一切中最抽象的东西,存在"作为开端,导致了这样的问题:

> 这种存在必须毫无理由地将自身转变为实存(Dasein)和外部世界,然后再转化到概念的内在世界。其后果就是,活生生的实体作为最抽象的概念的一个结果,仅仅停留在了思想之中。

（同上书,p.58)

那么,就像所有的"否定哲学"一样,黑格尔哲学可以被这样来理解,它们把存在的真理当作思想的必然结果,从而颠倒了思想与存在的关系。

我们在《全部哲学的本原》中就看到了黑格尔的这种颠倒,它使一些东西成为否定哲学。在任何自成一体的体系中,每个命题都必然来自前一个命题(斯宾诺莎的《伦理学》显然就是一个典型),从体系的定义上讲,体系自身不可能有错误,谢林也强调这一点,但这并不能实现哲学的目标。谢林用几何学的例子来阐明这一点,不过略有争议(我们必须假设他说的还是那个时代的几何学,也就是基本上还是欧几里得式的)。如果所有的命题都作为公理处在一个体系中,那么这个体系最终就是一个大型的重言式,就像任何三角形都一定有三条边的事实一样:

> 对于一个不能有对立的真理的认识,并不能被称作知识,比如说$a=a$,所有人都会说他们因此知道的东西与之前一样多,即什么也没认识到。所以,在认识一个真理的时候,必须有对立存在的可能性,a 等于 b 不能同时也等于 c;通过说 a 不等于 c 但是等于 b,我知

道了某些事情。

（同上书，*p.18*）

144　　在同一哲学中，我们看到了这一构想的基础，即为谓述进行奠基的 X 既可以作为 A 也可以作为非 A。正如谢林在 1830 年的《哲学导论》中所说，在一个"强调的"哲学命题中："主体必须是这样一个东西，它同时能够存在且能够不存在，a 能是 b，也就是意味着 a 也能不是 b。"（Schelling 1989 p. 57）像几何学这样以先天之物为对象的科学，是不允许存在与它的命题相反的可能性的，它们是"否定的"科学，而"哲学……把人们能够说出其是什么的东西，作为哲学的对象"（同上）。这似乎只是一种支持经验科学的论证，一种早期的实证主义。[1] 谢林确实将其正在做的事情称为"哲学的经验主义"，但他这样说的意思显然不是实证主义。

　　肯定哲学的肯定性在于，它要求对存在一个自身包纳的必然性的先在体系的这一事实作出解释，甚至也包括对几何学和逻辑学的解释。[2] 这里根本性的问题是，这些体系自身无法解释其自身的可能性：虽然几何学绘制出了空间的结构，但是它并没有说明空间的实存。谢林并没有否定几何学和逻辑学中的内在必然性，但他要求去理解这种必然性为什么是必然的。对此，唯一可能的答案就是它是必然的，而没有任何进一步的逻辑解释了。虽然黑格尔同意哲学命题不能是对同一性的陈述，因为他们必须在谓词中超越主词，但他认为对这种运动的阐

　　[1]　在《理性与革命》中，马尔库塞就以这种方式理解谢林的肯定哲学（Marcuse 1967）。马尔库塞在这个过程中也汇入了 20 世纪黑格尔式马克思主义的大趋势，他接受了自然哲学的重要性，也接受了"世界时代"哲学的重要性，但仍然倾向于与其晚期哲学保持一定距离。

　　[2]　在这里，谢林再次提出了通常与海德格尔相关的问题。对海德格尔来说，逻辑本身必须被理解，而不能作为无可置疑的理解之基础去发挥作用。

释作为一个整体可以在理性中得到奠基,因此,逻辑学最终可以在自身内部阐明其同一性。

谢林不能接受这种关于理性的构想,就像他在下面这段令人吃惊的文字中所暗示的那样,而对于任何将其对象视为最终是可知的理论来说,这段文字的意义仍然经常被忽视:

> 难道非理性不能像理性一样轻易地统治一切吗?就目前来说,世界确实是由理性来统治的。思想的法则是肯定性的[在"捆绑"的意义上],逻辑是一门肯定的科学,而且只有通过理性的肯定性才能理解。现在,把理性放在第一位似乎很容易。但如果纯粹的无限存在者[它与"永恒自由"发挥着相同的作用]无非就是[理性],那么我们已经在哲学上完成了任务。我们要做的就是假设,为了消磨时间,理性而设定了其自身和自身的对立面,以便能够获得从[它所设定的]本性中再次发现理性的乐趣。如果我们将自己从所有的偏见中解放出来,那么我们必定会说:这种假设的双方关系——即占据优势的理念一方——并非理所当然,而是偶然的和完全被设定出来的,是可以存在但本身也可以绝对不存在的关系,它预设了一个真正原因,在这种意义上,它是偶然的。

145

> (*Schelling 1989 p.101*)

我们所能知道的关于自然中特定原因的知识,并不能告诉我们 Ursache 的情况,对于谢林来说 Ur-sache 的意思就是"原因",同时根据词源它也指作为现象存在的自然界的"原初质料"。这个"原因"就是那个使得"观念优先于实在"(同上书,p. 102)的东西,这让我们对谢林所说的"上帝"的一个版本有所了解。谢林的论证在哲学上的有效性并不需要它在神学上是成功的。毫无疑问，谢林的目标是试图通过建立一个哲学宗教的基础来回应存在问题，但他自己也强调一些论证中的关键环节并不依赖于这个目的，比如在 1842 至 1843 年的《启示哲学导论或对肯定哲学的奠基》中：

> 在肯定哲学中，我并非像以往的形而上学或存在论证明尝试过的那样，从神的概念出发，相反，我恰恰必须放弃这个概念，放弃神这个概念，以便从纯然的实存者（在其中，恰恰除了纯然的实存之外，绝没有任何东西被设想）出发来看，是否可以从它出发以达乎神性。也就是说，其实我并不能证明神的实存（否则我就是从神之概念出发的），但我反倒被给予了先行于一切潜能阶次并因而无可置疑的实存者这一概念。

(II/3 p.158)

　　为了理解谢林为何以这样的方式论证，现在我们必须考虑他是如何以及为什么要从否定哲学转向肯定哲学的。

　　为了更好地理解这一点，我们首先得极简要地概述谢林晚期建立哲学体系的尝试模式。从 19 世纪 30 年代初开始，该体系整体的基本模式就保持稳定了，尽管其体系在各个部分的侧重上有所变化；因此，谢林在晚期版本中减少了对哲学的历史性评价[1]，而集中寻找将否定哲学与肯定哲学联结成一个完整体系的方法（关于这一点，见富尔曼斯 1832 至 1833 年《对肯定哲学的奠基》的导论[Schelling 1972]）。谢林在一开始的导论中，就揭示了"逻辑的"——否定性的——哲学的局限性，并呈现

---

[1] "近代哲学史"讲座文本的一个版本（Schelling 1994）。

146

了这种哲学在近代哲学史中的局限性；然后，谢林试图给出一种作为上帝之自由行动的关于创造的理论，从而避免落入斯宾诺莎主义以及其后继者（包括黑格尔）的陷阱；在这个导论之后，便是《神话哲学》和《启示哲学》。对于谢林的导论的整体模式而言，其早期版本（大约 1832 至 1833 年的导论）在富尔曼斯编辑的那一卷中呈现得最清晰；至于其整个体系的晚期版本，在曼弗雷德·弗兰克编辑的 1841 至 1842 年《启示哲学》（Schelling 1977）中包含了晚期整个体系的概要。这一导论的重点是建立历史哲学的必要性，进而在分析神话历史与基督教启示的时候加以尝试运用。在神话中：

> 表象（Vorstellungen）是一个必然进程的产物，或者说，是一个将自身置于没有任何自由原因影响的自然意识的产物；另一方面，启示是这样一种思想，它以意识之外的行动为前提，并且以所有原因中最自由的——上帝——自由与人类的关系作为启示的前提。

> （Schelling 1977 p.250）

神话在意识中重现了"自然哲学"基本进程的模式，以及《世界时代》早期阶段的模式；启示则平行于《先验唯心论体系》的突破（当自由意识发展之时），并且也平行于《世界时代》的晚期阶段。因此，谢林将他早期哲学的唯心论模式具体化了，试图在历史上可证实的思想显现中展示其运作。这一变化的原因就在于从否定到肯定哲学的转变。

我现在将集中说明这些文本的哲学导论，其中包含了谢林晚期哲学的真正实质。在这些导论中，谢林给出了与从否定哲学到肯定哲学的不同的版本，而这些版本相互之间并不总是可兼容的。他大部分的论述都集中在对上帝存在论证明的重新阐释和反驳上。人们不应当因为谢林引用了显然已经衰亡的神学,就像对待晚期谢林的许多作品那样忽略所抛出的问题。在 130 多年后,阿多诺(T. W. Adorno)在他"哲学术语"的讲座中也谈到了存在论证明,"在我看来,我越是对它进行思考,就越是觉得它是一个真正的哲学反思的关键问题"(Adorno 1973 pp.97 - 8)。事实上,存在论证明是一条通往涉及一般存在论问题的道路。为了更好地理解,我将围绕三个文本展开阐述:1832 至 1833 年的《对肯定哲学的奠基》(GPP = *Grundlegung der positiven Philosophie*),1842—43 年的《启示哲学导论》(II/3),以及 1841—42 年的《启示哲学》(PO = *Philosophie der Offenbarung*)。同时,我将从"近代哲学史讲座"[1](I/10)中再吸收部分观点,该讲座无论如何都是 1832—33 年讲座的一个组成部分,而且当有其他文本能使问题的阐发更加清晰时,我也同样会借用。

3. 肯定哲学

叔本华曾经以他特有的不怀好意的方式指出,黑格尔的哲学,是一个加长版的上帝存在论证明。相应地,人们也可以说谢林的哲学是一个加长版的对哲学中存在论证明的审查。其理由来自我们已经考虑过的一些论点:如果哲学要避免谢林在《全部哲学的本原》中所揭示的"颠倒"的陷阱,那么思维与存在之间的关系就会被改变,从而影响所有体系哲学的尝试方式,当然,尤其是黑格尔的哲学。其实,对于上帝存在论证明的讨论,很容易变成对存在论差异的讨论,而这正是谢林经常做的事情[2]。

---

[1] 此处指 1833/34 年谢林在慕尼黑大学讲授的"近代哲学史"。

[2] 迪特·亨利希宣称:"在存在论证明中,存在论差异无疑是被否定(扬弃)的。但也正是因此,存在论差异才成为存在论出现问题的条件。希腊哲学就从未提出过某物是什么的这种问题。"(Henrich 1967a p. 264)

当他开始写作《对肯定哲学的奠基》的时候,他极其强调他所要探寻的东西:

在某种程度上,逻辑与辩证法自身就能被确立为科学,在某种程度上,他们以哲学为前提,他们自身唯有在哲学中才有可能成为科学,因为必须达到那一切存在的原型(*Urtypus alles Seins*)。

(*Schelling 1972 p.67*)

然而为什么"一切存在的原型"如此关键?其论证表面上看起来是神学的方式,但如果我们把谢林的上帝概念当作那个使理念优先于实在的东西,那么我们进而就可以从思维之于存在的关系的角度来考虑这里的问题。谢林认为,这种关系可以用两种方法来看待,它们分别对应着否定哲学与肯定哲学。在"回归的"、否定的哲学形式中,本质性的要素是在终点处才达到的。在一个动态的哲学体系中,最终的结果似乎显然最重要。这也是为什么上帝往往被视为哲学的终极思想的原因。康德 148 认为,在哲学中对于这样一种肯定性的终极结果的希望,涉及一种无效的"超验"(transcendence),因为哲学若是想要完成自身,就必须要求对可理解之物有肯定性的认识。因而,为了"哲学地"思考,康德那里的上帝就变成了一种公设。谢林基本上同意康德对于超验的怀疑,即认为超验是逻辑必然性的结果,并且因此也必须呈现于思想中。然而,他绝不同意这样就解决了思想与超验之间关系的问题。

他的首要论点也被费尔巴哈和早期马克思采纳,即任何将终点包纳在自身的哲学都遗失了真实的历史发展。这一路径的替代选项便是"进展的"、肯定的哲学形式。开端在这里将变得至关重要,因为思想自身并不能创造开端,开端必然以某种方式先行于哲学反思。真正的问题在于如何哲学地获得开端。目的是找到一个可辩护的概念，用以说明思想无法维持自身无所不能的幻想。谢林论证的结构引出了肯定哲学的基本结构。

这些论证源于《全部哲学的本原》的观点：思想超越直接性的能力无法通过思想自身来解释，因为就像谢林反驳费希特时所说的，思想并非其自身的最终根据。对这一事实的简单回应似乎可能是：在有限的思想中却包含着无限者的理念，这已经为证明上帝的实存提供了基础，因为上帝概念本身不可能是有限思维的结果。然而，谢林希望哲学能够有另一种不同的实存概念，他再次通过与数学的对比来说明这一点："但哲学高于数学的地方就在于主体的概念，它可以成为某物，也可以不成为某物。"(Schelling 1972 pp. 97 - 8)哲学成为这样的科学，它关于"能够不存在的东西，对此人们只能说它是存在的——简言之，哲学必须是肯定性的科学"(同上书，p. 98)。谢林否认世界是以某种逻辑必然性的方式出现的：

> 我们所说的世界——无论是作为一个整体还是它的部分——都是完全偶然的，它不可能是由于理性之必然性而产生的关于某物的印象……它包含着大量的非理性。

（同上书，*p.99*）

149　　因此，理性所能给我们的任何必然性，都无法在思想的必然性运作中获得根据，因为这种必然性恰恰是肯定哲学中所争论的问题。不过，谢林也并不认为这会使否定哲学所获得的东西失效，只是认为这种哲学最终无法解释自身。就像谢林认为黑格尔所做的那样，当否定哲学试图说明自己也可以是肯定性时，谢林认为这是错误的。谢林从一种自巴门尼德以来就是西方哲学构成部分的对"外部事物"现实性的怀疑出发。我们在同一哲学中已经熟悉了他的基本观点,即如果"外部事物"是不真实的,那么它们要被怀疑的话,也必须仍然以某种方式存在;然而,这意味着"存在者(Seiende)在某种意义上也是某种非存在者"(同上书,p. 106)。哲学的任务——就如同对柏拉图来说的那样——在于达至真正和彻底的存在。这显然将谢林置于"西方形而上学"的核心位置,而他的追求这一目标的方式却并非如此。简单地说,哲学无法先天地知道真实的存在是什么。如果哲学宣称有这样的知识,那么它所做的一切就只是假定了某种实存——在思想中的先天(a priori)概念的实存——是绝对的实存。在谢林对这一主张(该主张定义了"在场形而上学")的反对中,他既反驳了我思(cogito),也反驳上帝的存在论证明。进而,他也将以此反击黑格尔。

否定哲学中的最高存在者必须要以必然性为特性,否则思想根本无法在不放弃对逻辑性和体系性追求的情况下就达至这一概念。至于为什么会如此,亨利希给出了关联于存在论证明的原因:

第二种存在论证明[笛卡尔的与安瑟伦的恰恰相反]假定,我们将上帝思考为对立于一切有限者的、作为必然性的存在者。必然性的存在者,就是在其存在与效力中只依赖于自身者。如果他由一个他者创造,那么他将处于他者的控制力量之中;如果他是偶然存在的,那么他将没有力量来控制自身的实存。就此,这位上帝也被称作"自因的"。他通过自身的力量而实存,而且可以在无须关联于任何事物的情况下被认识。但若是某物自身存在的根据是其自身,那么它就只能与关于它实存的思想而一同被思想。第二种存在论证明正是基于这一点。摩西·门德尔松(Moses Mendelssohn)巧妙地将其简短地表述为："我们无法在不破坏观念本身的情况下，将实存与必然存在者的观念相分离。我必须思考概念与事物，否则只能放弃概念本身。"(*Morgenstuden, p.319*)

(*Henrich 1967a p.4*)

然而谢林认为，笛卡尔用这种论证来证明上帝的做法，并没有做出一种在存在论上的关键区分，因为他将思想中的一种实存形式——必然的实存者(necessary existence)——同实存这一事实相混淆了，正如他所表明的，实存的事实无法以同样的方式在逻辑上得到解释：

> 但是，说"上帝只能是一种必然的存在"(*Gott kann nur notwendig existieren*)，和说"上帝必然存在着"(*Er existiert notwendig*)，这是完全不同的两码事。从前面那个说法只能得出，"如果上帝存在着，那么他是一种必然的存在"，但根本不能得出，"上帝存在着"。

(*I/10 p.15*)

问题在于，"必然的实存者"(necessary existence)概念是否真的如门德尔松所说的那样，具有不同于任何其他概念的地位，以及这是否是我们能够通向"必然的实存者"问题与上帝问题的唯一方式。诚然，谢林试图通过对存在论的颠倒来拯救存在论，但在这种背景下，对后继的哲学来说更重要的是，谢林超越了唯心论范式(即思维与存在的可阐明的同一性)的那些举措，即便它们并不总是一致的。这种范式就包括关于上帝的思想，即认为上帝的概念必然包含了上帝的存在，黑格尔将此视为"概念的自我规定"。

谢林的存在论反思也非常适用于对"我思"(cogito)的反思。无论是在存在论证明中还是在"我思"中,实存与本质、"那个"和"什么"似乎都是同延的(coextensive)。海德格尔在 1941 年提出了这一点,当时他还认为《自由论文》时期的谢林实际上只是西方形而上学的一部分:

> 在确保"我思"(*sum cogitans*)的确定性的同时,也确保了上帝的先在的被给予性,上帝自身提供了确定性的最终保障(笛卡尔,沉思三)。德国唯心论之后从自身的绝对性中,把握了这种确保自身—表象(*des Sich-selbst Vorstellens*)的语境。
>
> (*Heidegger 1991 p.119*)

显然,《自由论文》时期的谢林不应当以这种方式被理解[1]:自我表象作为一种反思范式,其失败之处已经在《全部哲学的本原》中得到说明了。谢林通过区分不同样态的存在而到达关键之处,因此甚至——即便是被限制的和有时限的——笛卡尔所宣称的"我思"的绝对确定性也并非绝对:

151

> [我思考着而存在]的意思无非是指,我除非思考着,否则就不存在,或者说我仅仅通过思维而存在着,或思维是我的存在的实体等……因此思维仅仅是存在的一个规定或一个样式……因此那蕴含在 *cogito*[我思考]之内的 *sum*[我存在]仅仅意味着:*sum qua cogitans*[我作为思考者而存在着],也就是说,我处于人们所称的"思维"这一特定的样式之下,而这个样式仅仅是存在的另一个样式……因此那蕴含在 *cogito*[我思考]之内的 *sum*[我存在]并不是意味着"我无条件

---

[1] 正如我所表明的,就像关于费希特自我(ego)的评论中所表明的那样,同一哲学的谢林和《自由论文》的谢林不能被视为同一个人。

地存在着"，而是仅仅意味着"我以某种方式存在着"，也就是说，作为思考者，在这个样式（即人们所称的"思维"）之下存在着。

(1/10 p.10)

更进一步地说：我思本身并不比我关于事物的理念更为绝对，即使它们不是绝对地实存，它们也"绝非不存在着"，因为如果它们被怀疑，那么它们首先必须像"我思"一样存在于思想之中："因为对于那种无论如何绝对不存在的东西，我也不可能加以怀疑。"（同上书，p. 11）

此外，通过探索费希特所首先达到并被浪漫主义发展了的关于主体性的关键洞见，谢林进一步将笛卡尔式的主体"去中心化"（decentres）了（关于这一点，参见 Henrich 1967b, and A. Bowie 1990 chapter 3）：

就此而言，"我思考"真正说来根本不是某种直接的东西，它只有通过一种指向我之内的思考的反思才产生出来，而我之内的思考又是独立于那个反思着它的东西而进行的……甚至可以说，真正的思考必然是客观地独立于那个对其进行反思的主体，换言之，主体愈是不怎么介入思维，思维就愈是真实。

（同上书，p.11）

借此，谢林区分了反思性与前反思性的意识（后来萨特也这么做）。这一区分对于批判黑格尔至关重要。跟谢林一样，萨特也意识到了这样一个问题，即如果主体没有一种在存在论上先于任何自我认识的、前反思性的对于自身的熟悉，那么主体何以能在反思中（无论这种反思是对自身还是他者的反思）认识其自身。谢林意识到，正是这一存在论上的先在性，构成了对唯心论哲学的真正挑战。

海德格尔曾宣称,笛卡尔关于自我意识之绝对确定性的基本假设,构成所有现代哲学存在论的基石,然而这对于晚期谢林来说显然不成立。因而,在海德格尔看来:

> 笛卡尔的基本态度,原则上根本不可能对人之此在(*Dasein*)进行提问;……这种态度以及与之相伴的自笛卡尔以来近代的所有哲学活动,都根本无以插手此事。相反,笛卡尔哲学的基本态度,从一开始就已经知道或者确信知道,一切都可以绝对严格地或纯粹地得到证明或论证。
>
> (*Heidegger 1983 p.30*)

正如我们所见,笛卡尔式的态度基于自身—在场的概念。在"我思故我在"的基础上,思想被认为能够保证一种认识论和存在论上确定性,而除了思想之外,其他任何事物都不能再做到这一点。思想将存在(Sein)置于自身之下的权力,几乎成为所有形而上学反思的动机,而这种权力最终在尼采的主张中达到顶峰,权力意志就是主体确定性的隐匿的基础。然而,谢林并没有从在场形而上学出发来构思主体。他坚持认为,那种在反思中寻找主体的真正存在的尝试,恰恰阻碍了对主体性与存在的本性的恰当理解。被理解者总是在它能够被理解之前就已经存在着了;这样一种实存并不是某种可以被证明的东西,因为它总是已然处于实存之中了,并且就像《全部哲学的本原》中所说的那样,它也无法将自己宣称为自身存在的必然根据。进而,现在关注的焦点来到了以往哲学史中出现过的各种不同样态的存在。

谢林的首要任务是考察笛卡尔之后的存在论的历史,进而说明它们如何仅仅以"否定哲学"来理解存在论差异。这将他引到了他最富成效的概念的区分。他坚持认为，斯宾诺莎超过笛卡尔之处，在于他并没有赋予存在的概念以绝对的地位。谢林试图说明，对"存在"概念的定位是如何必然导致这样一种结论：哲学需要认识到概念对于先行于它的东西的依赖。他认为，人们必须首先通过去除所有可能的谓词来达到"存在的纯然主体"（mere subject of being），进而达至"绝对不能不存在者"（what absolutely cannot not be）（Schelling 1972 p. 133）。这种"存在"概念在逻辑上类似于《世界时代》中的"代词性存在"，记住，它仍然是一种思想中运作的结果，所以它仍然是一种由否定哲学产生的存在。尽管它是否定的，但这并不意味着它没有一种存在的样态。这是无可否认的，因为甚至在思想揭示其自身否定性过程中，也要必然地以之为前提。因此"不能不存在者"（what cannot not be）首先是一种非对象性的存在，因为它仅仅是对象性的逻辑上的在先条件：谢林运用"Gegen-stand"的词源——即"对-象"——即与一个主体"相对立"的意思，将"不能不存在者"与对象性的存在者进行对比，那么"不能不存在者"的存在者就仅仅还是"源初站立（Ur-stand）"的存在者，因为它作为"存在的纯然主体"与对象—他者之间还没有任何反思性的关系。为了反驳斯宾诺莎的上帝概念是"无限实体"——即它是所有客观属性的真正实存着的基体（substratum）——谢林区分了存在的"纯然主体"与斯宾诺莎意义上的"实体"，后者是"完全对象性且无思虑的存在（besinnungslos）"，而前者不是如此（Schelling 1972 p. 137）。但是，"存在的纯然主体"这一抽象概念是无法持久的，因为任何对它进行讨论的尝试，都会立即使我们超越它而进入谓述中，进入"盲目的存在""纯粹的客观性"之中，这种存在者是"存在的纯然主体"的相关之物，也是斯宾诺莎的体系的开端。

但问题的关键是，斯宾诺莎本人已经排除了从客观方面出发对发展进行解释的观点，而谢林与其早期哲学一致，他也仍认为客体方面不能

是第一位的。那么,为了克服观念论和实在论立场的分歧,这就要涉及以下问题:

> 存在的主体恰恰还不是及物意义上的存在。但是它的肯定的概念是成为能在者(das Seinkönnende)。因此,在存在的概念中,我们就有了二重的存在:即(1)它是存在的可能性或前提[也就是,及物的、尚未到达的存在];以及(2)它不是存在的前提,而就是它本身的存在,因此也是纯然本质性的(Wesende)、不及物的存在。
>
> (Schelling 1972 p.137)

一个重要的主张是,"否定哲学"永远只能有一种接近存在的先天途径:这指出了某种关于它自身无法提供的东西的可能性。否定哲学的对象是"仅仅在思想中的存在者"。这种存在者同时涉及一个主体和一个客体的方面,因而它被承认为"思维和存在的统一"[1]。不过,它并非那种足以维持着一个差异化世界(在其中思想只是一个方面)的运动的"及物性"的存在,因此,它仅仅是一种思想中"内在性"的存在(I/10 p. 34)。

现在,这种仅仅内在于思想中的存在者,就是谢林(通常)提到本质(Wesen)时所指的东西,它是不及物者,并且它的实在性要依赖于及物的存在者。在斯宾诺莎看来,即使是尝试去思考存在的主体——即在逻辑上不能不存在者——也会导致一种实在意义上的不能不存在者。

无论我如何尽早开始思维,就仿佛我简直没有时间去思维似的,它

---

[1] [译注]这里是指在一个否定的意义上的,作为思维与存在的统一。

都先于一切思维而出现在我面前，或者说，当我发现它时，它已经是存在者，因为它作为一切存在的主体，恰恰是一个按其本性就存在着的东西，绝不能被思想为不存在着。

（同上书，p.34）

然而，是什么让这个寂静的、作为逻辑推导之结果的存在者，变成了一个被阐明的、活生生的世界的呢？斯宾诺莎的体系无法说明为什么差异化的世界可以被解蔽为差异化的，因为在他那里属性与其根据之间的关系仅仅是必然的，就像三角形的属性是来自它先天的本性一样。这个反驳与早期谢林的说法很相似，并且到目前为止，谢林只是以一种更有说服力的方式重述了其早期哲学，而并未到达新的"肯定"的方面。

在晚期哲学中，谢林希望能够理解世界的事实性，但他试图将这种事实性与唯心论关于主体自身规定能力的观点调和到一起，而我们无法从所认识的客体世界中得出主体自我规定的能力。这种调和能否实现，归根到底要看谢林那种在哲学上可接受的宗教的尝试是否能够成功。首先，谢林进一步发展了否定哲学与存在问题之间关系的问题。尽管费希特的主体的力量，已经因为谢林对其根据的揭示而被削弱了，但就前几章来看，无条件（unbedingt）者的重要性仍然不变。费希特现在不出意料地被转而视为一个关键人物，用以摆脱斯宾诺莎的存在的必然性概念："费希特的真正意义在于，成为斯宾诺莎的对立面。"（II/3 p.54）因为，费希特通过理智直观概念，"把无限的主体规定为自我，并据此根本上把它规定为主体—客体"。这里的论证与《自然哲学》和《世界时代》中的论证是一致的，在那里谢林坚持认为，为了从无意识的自然出发来解释意识的发展，自我意识的自发性必须被拓展到整个自然界。现在他要表明,即便是他自己曾对这一进程的论述,在一个基本方面上也有所欠缺。然而在这样做时,他已然获得了能够表明他将如何超越黑格尔的思想资源。

这一点在晚期哲学中最引人注目的方面中得到了证明:谢林依据他对"否定哲学"及其向"肯定哲学"转变的必然性的新理解,重新表述了他在《自然哲学》中的思想,尤其是在《对肯定哲学的奠基》(pp. 184 – 213)以及"讲座"[1](I/10 pp. 99 – 125)中。谢林在最初的前提上,与黑格尔"实体即主体"的立场是相容的。正如我们所见,黑格尔与谢林都无法接受斯宾诺莎的实体概念,因为他们都认为那将导致一种静态的体系,在其中发展将无法得到解释。坚持否定运动(能够解释进程的东西)的优先性,就意味着会像斯宾诺莎的体系那样,缺少那种能持续在客观形式中设定自身而最终不被限定在任何形式中的东西。因而黑格尔和谢林都坚持着"主词"的必然的优先性,在这个意义上,主词可以将谓词假定为自身的显现,但主词无法被还原为任何谓词。哲学的任务就是阐释世界整体的发展过程,既要说明世界作为认识客体的规定性,又要说明任何特定规定的有限性。主体的运动是在自身与他者(客体)之间辩证的进程,其目的在于揭示客体与主体之间的同一性,从而使整个进程被理解为绝对者的运动——在其中一切有限者最终都会得到扬弃。对黑格尔来说,主体就是"自身之他者":如果没有超出自身的运动,主体就无法认识自己,因而甚至都无法成为自身。谢林关于主体运动向客观性的描述,虽然看起来与此相似,但实际上谢林已经摧毁了这种设想。

在谢林那里,主体的最初状态是一种"不能不存在者"。然而在斯宾诺莎那里,从这个主体中自动地就产生了客体世界的必然性,因为存在

---

[1] [译注]此处指 1833 至 1834 年谢林在慕尼黑大学讲授的"近代哲学史",作者简称其为"讲座"。中译本参见谢林:《近代哲学史》,先刚译,北京:北京大学出版社,2016 年。

者就属于这种"不能不存在者"的概念(Schelling 1972 p. 136),但是在谢林那里,最初的主体必须允许人们能够解释主体性的持续发展。因而,主体不能仅仅是那种必然产生出世界的客体属性的东西:它必须还能够解释这样一个事实,即世界并非一个完成了的客体。在某种意义上,黑格尔会同意这一点,但如何理解这种完成性的缺乏才是关键。对谢林来说,这种主体的规定性包含着一种根基上的不和谐,因为主体在本质上的自然本性,恰恰是不去成为任何事物。正是在这里,谢林对存在概念的区分变得至关重要。主体起初必须"作为无",因为此时主体不具有任何客观地可规定的状态(因为缺少一个他者)。那么问题在于,当主体获得属性后会发生什么。

谢林对这一环节进行了惊人的阐述,后来这一阐述也不断在弗洛伊德、拉康以及其他人那里有所回响。主体为了"作为某物"而存在,必须成为其所不是的东西[1]。谢林以"吸引活动"(attracting,anziehen)来看待这种成为一某物。谢林发挥了这个词语在德语中所具有的多重含义,并进而揭示出自我—在场的不可能性。这也许是谢林的拟人化隐喻中最令人印象深刻的一个例子,他带来了哲学上的合理洞见。除了所有这些"吸引"(attract)的含义,"anziehen"还有"穿上"的意思,它既意味着"衣服",也意味着人为地"穿上"性格属性。众所周知,一个人越想要去表现得真诚,那么就越会被谴责为不真诚。主体必须保持自身:否则它将被对象性吞噬,其进展也将不可理解。因此,它必须"吸引"——"anziehen"——其自身。

关键在于,为了澄清这个进程,主体必须作为自身来吸引自身,从而与自身建立一种反映关系。然而,这是一种先天(a priori)的不可能,因

---

[1] 我们在《自由论文》和"世界时代"中看到的"重力"概念已经包含了这种基本思想。

为主体是"作为无"的。"作为—结构"是陈述关于某物之真理的先天条件。谓述通过我们在同一哲学中看到的那种同一性（A 作为 B）的实—存而得以可能，这不仅是一种同义反复。必须假定 A 在判断之前就存在了，但在判断中 A 获得的规定性使 A 成为比它在判断之前更丰富的东西。然而就主词而言，A 并不是某种先于判断的东西，因此 A 无法在判断中被重新认识，因为只有在已经认识过 A 之后对 A 的重新认识才是可能的。这就引出了下面的内容，它对谢林证明黑格尔"实体即主体"尝试的必然失败至关重要：

> 但是，主体绝不可能作为存在者而掌握自己，因为恰恰通过自身关注，它转变为另一个东西。这是一个根本矛盾，也就是说，这是一切存在里面的不幸——即它要么放开自己，这样它就是作为"无"而存在，要么它关注自己（im sich-Anziehen），这样它就成了另一个东西，一个不同于自己的东西——它不再是对存在漠不关心，而是拘谨于存在——它本身感觉到这个存在是一个得到关注的存在，因此是一个偶然的存在。这里请你们注意，按照上面的说法，最初的开端已经被明确思考为一个偶然的东西。因此最初的存在者，或按我的说法，primum Existens［第一存在者］，同时也是最初的偶然东西（原初偶然）。因此，这整个建构开始于最初的偶然东西——不同于自己的东西——它开始于一个不和谐，而且必须如此开始。

> （I/10 p.101）

正如我们在《全部哲学的本原》中看到的那样，无限者无法将自身作为无限反映在有限者中。

这里的要求是，绝对主体不应该是那种无法成为其他东西的东西。

因为这种想法会让我们把绝对主体看作某物，进而意味着不可能存在一个无限主体的概念。因此，这一运动是这样一种不可能性的结果，即绝对主体不可能用一种存在的规定形式（最终仍是其自身的）来完全"抑制"自身的结果：

> 但它是一个无限的、亦即绝不可能在"无"中沉沦的主体，既然如此，当它是某物，它就直接地重新超越自己，在这个"某物之存在"里理解把握自己、认识自己。
>
> （同上书，p.103）

在这种情况下，知识的进程是一种辩证法，在其中绝对主体将自身反映为现实世界的显现，它从"物质"开始，经过"自然哲学"阶段，并经过我们在前几章提到过的意识发展的阶段。谢林宣称他的哲学就其本身而言，总是已然处在自然之中了，从而可以避免黑格尔那里从《逻辑学》到自然的过渡问题。然而要坚持的主要观点是，虽然绝对主体"想要自己做到这样，但这恰恰不是直接就可能的"（Schelling 1972 p. 190）。因此谢林描述了"自然哲学"和同一哲学的本质运动，这使他非常接近于黑格尔，因为主体与客体在进程的一开始就不可避免地联结在了一起。不过他在特定的关键方面提出了一个根本问题。绝对主体要么是直接的、不可知的，要么是被中介的、因此而失去其自身的东西。对反思问题的——即那种依赖自身之他者而去规定存在者的东西，如何能在自身之他者中作为自身而认识自身——认识再次成为关键点。

158　　谢林坚持认为，他刚才概述的那种体系可以避免落入斯宾诺莎所落入的陷阱，即仅仅将世界的规定视为上帝自然本性的必然结果："主体穿过一切而将自身宣示为上帝，他出现于世界之上，而在斯宾诺莎那里，上帝落入世界之中。"(Schelling 1972 p. 211)可以说在这个体系中"没有任何一个地方可以使上帝停留下来。人们只能找到他的脚印，而从未找到上帝自身"（同上）。谢林用这些术语描述最高本原，这本身就表明了一直存在的这个问题的一个新版本：它取决于否定性。谢林宣称这个体系与康德的体系一致，即在这种客观的进程中，体系仍然以上帝作为结果而告终，上帝历经对象化阶段并作为自身出现在终点处，从而证明自己有能力不受制于自己所成为的东西。

然而，描述这个体系的能力，就意味着最高形式的反思必须能够呈现一个先在的、主体所必须经历的必然进程。因此，结果必须在开端就已然被预定，以便它能够作为进程之结果而被认识。如果是这样，上帝就不可能在这个过程中作为上帝，因为他已经在进程中与自身相异化了；他唯有在终点处才是真正的上帝。从神学的角度出发，我们可以说这个体系产生了一种斯宾诺莎主义，它固然让一个被表达的世界的发展成为某种"主体性"的东西，但这仍然需要一个终点将起点反映为自身逻辑必然性的他者的过程。谢林认为，维持这一构想的唯一途径就是将其视为一种"永恒的事件"，在其中世界的本性不断地从上帝的本性中生发出来(I/10 p. 124)(Schelling 1972 p. 213)。这仍然还是一种逻辑性的、反思性的关系，并且因此，"真正说来没有任何事件发生，一切事件都是仅仅在思想里面发生的，而这整个运动其实只是思维的一个运动"(I/10 p. 125)。谢林在以极具破坏性的风格摧毁了反思的构想之后表明，只要人们还要求着一个完成了的封闭的哲学体系，这种反思问题就会重复出现。

在这一点上，谢林要求肯定哲学必须关注自身的"实存"（同上）。谢林从"自由的创造"出发考察这一点，这种创造所说的不是一种必然发生的创造，除了不可否认的事实之外，这种创造也无法从任何我们对世界的认识中推导出来。如果创造本身是必然的,那么第一因本身就也是必然的,我们就会再次遇到刚刚的问题。创造的要求在于,要产生"一个不是其自身存在的[完全原因]的存在者"(Schelling 1972 p. 214)。对于这里论证的部分,谢林已经没有什么可赘述的了,他后面转向对黑格尔的批判,认为黑格尔产生了一个否定性的体系,而他刚才已经展示了这种体系的局限性。其基本观点应当已经很明确了:任何试图将世界中的存在者还原为哲学上可以概念化的方式,都无法从根本上解决这个世界的存在的这一事实:本质(Wesen)——那种在反思中被认识到的存在者——要求及物的存在者,无论这些存在者是依赖于及物的创造者,或者是不那么神学地依赖于这样一种存在者——它超越于我们对它的概念把握,并且是我们对它进行概念把握的可能性的存在条件。

正如我们所见,对此,黑格尔式的一般反驳会认为,超越的存在者就像康德的"物自体"一样,实际上是一种思想的规定,这种规定只能通过人们减去对客体已有的认识来达到。无论在多么微小的程度上,客体作为知识的对象总是已然在与主体的关系过程中得到规定了:它永远不可能是纯粹的客体。谢林绝对不会在知识发展进程的层面上反对这一点。他关心的问题在于根本上存在客体的这一事实。因而,谢林哲学最终目的是要揭示,显现的实存者就是上帝自由决定的创造的结果。尽管他没有达到这个目的,但他确实成功揭示了黑格尔体系的基本问题。

4. 概念与存在

克劳斯·哈特曼认为黑格尔式哲学的目的是"把握在概念中存在的东西"(Hartmann 1976 p. 2)。黑格尔哲学的结构依赖于这样一个事实:"存在相对于概念的非异己性,表现在概念与存在之间的否定性关系中,这种否定性关系通过否定之否定将我们带回到统一体之中。"(同上，p. 7)哈特曼、布林克曼和怀特认为，通过证明哲学有能力重构那些由这一事实——即哲学总是已然与它的客体相接触——所必然带来的范畴，我们可以将黑格尔哲学的上述方面合法化，而无须从神学的角度解读它。思想与存在的"否定性"关系，乃是客体与思想相对立的一个结果。然而，通过这种表面上的与思想的对立，客体暴露了它对思想的依赖，这种依赖关系是客体存在对立于思想而被认识的条件。这种对立在以下事实中得到解决，即思维与存在必须在"同一与差异的同一性"（identity of identity and difference）中成为它们"自身的他者"。除了绝对理念自身，没有什么东西能够不牵扯于任何与他者的关系之中，它最终揭示了那个在每个规定的环节中都尚未完成的、并致使其超越自身的同一性。最终，思想的规定性和存在的规定性可以被证明为同一的。麦克塔加（McTaggart）宣称，对绝对理念的证明"必须始终保持是否定的"，而绝对理念的终极性在于"我们无法从中找到……任何一点不充分之处"（McTaggart 1910 p. 308）。不过，谢林在肯定哲学中的论述是从另一端开启的：黑格尔立场的不足之处在于，他对最终通向绝对者理念的运动的描述。黑格尔的意思可以有多种解释，但所有这些从神学的到"范畴的"解释方式都有可能遭到谢林根基性的反驳，因为反思的概念无论在什么层面上都存在着其内在的问题[1]。

在分析了谢林的存在论证明的意义后，我们可以更有效地考虑黑格尔对存在论证明的论述，因为这将使黑格尔与谢林之间的一个基本差异变得更加清晰。黑格尔并没有接受康德对该论证的反驳。他宣称，康德认为就任何有限的特殊性而言，事物与其概念之间存在着一种必然的差

---

[1] 当然，黑格尔不止有一种反思方案。

异,这种差异阻碍了人们从概念通向任何事物的实存。但是对黑格尔而言,关于有限者的定义却是:"它的实存不同于它的概念。"(Hegel 1959 p. 78)因为在黑格尔的特定意义上,这个概念必定是对象及其关系的动态总体性的表达,而这种总体性无法被还原为有限的、经验性的现象。然而,上帝的本性恰恰被认为是概念与存在的统一体:

> 诚然,这仍然是对上帝的一种形式的规定,因此这种规定也只包含概念自身的本性。但是,这个概念已经包含了完全抽象意义上的存在,这很容易看出来。因为无论概念如何被规定,它都至少是通过中介的扬弃(Aufhebung)而出现的,因而它与自身处在直接的关联之中,而存在也无非如此。如果精神的这个最内在的方面,即概念,或者甚至是我,或者尤其是作为具体的总体的上帝甚至都没有丰富到足以在自身中包纳一个像"存在"这样的最贫瘠、最抽象的规定性的话,那将是非常奇怪的。

> （同上书,p.78）

这种认为存在是最抽象的范畴的观点,当然是使"逻辑学"得以运作起来的东西。确实,黑格尔关于存在论证明的论证——这里引用自《哲学科学百科全书·逻辑学》——是以《逻辑学》整体的核心观点来表达的。而显然,他对思想与存在之间关系的构想与我们在谢林对存在论证明的质疑中看到的不一致,因为黑格尔并不认为从"必然的/以必然的方式实存着"(existing necessarily/in a necessary manner)到"必然地实存着"(necessarily existing)的过渡是有问题的。对黑格尔来说,对思维与存在的统一体的表达,乃是由于无中介的存在概念并不令人满意的性质所产生的必然结果。

《逻辑学》的重点是避免产生一种基础预设,这与黑格尔的整个体系相一致:体系中的一切都必须在体系中得到证明,否则,作为体系之基础的东西就会像物自体一样被抛弃在体系之外。而避免某种基础预设带来问题的方法,就是去揭示该预设也依赖于某些其他东西。那看起来是"直接的"、自身绝对的东西,却可以被证明是"被中介"了的东西,并通过呈现它对体系中其他要素的依赖而将它纳入体系。绝对理念就是对相互依赖关系的彻底揭示,它将先前所有要素的真理都纳入自身。看起来最直接的——存在——实际上却是最抽象者,它需要展示其真正所是,从而将自己具体化。虽然存在被谢林等人表述为直接的——比如"像放冷枪一样"的"理智直观"(Hegel 1969 I p. 65)——但实际上它也必须像其他东西一样被理解:"无论在天上、自然界、精神里,还是在任何别的地方,都没有什么东西不是同时包含着直接性和间接性。"(同上,p. 66)我们将在后面更详细地讨论黑格尔对此的阐发。当然,谢林的基本思想是,存在不能以这样的方式最终被考虑为被中介者。谢林的困难在于,他所尝试要做的事情无法在反思、概念中得到实现。[1] 那么用黑格尔的话来说,谢林就只是在援引一种无效的直接性。正如布林克曼所表明的那样,黑格尔坚持认为,"存在"只是"相对于思想的绝对他者"范畴。另一个关于这一点的术语是康德的"物自体",黑格尔也将其视为一种由思想产生的抽象物。康德反对谈论"本体",是因为它涉及一种运动,一种从思想必然性中逻辑地产生出来的理念,向被思想所设定的实存之物的独断式断言的运动。谢林在存在论证明方面的论述,与此是类似的。他认同康德反对笛卡尔的观点,即最高存在的观念必然来自"理性之本

---

[1] 正如加谢所说,从反思角度来看,"所有反对[绝对反思]的论战都是没有根据的"这句话是正确的。他引用伽达默尔说:我们永远无法通过反思,找到那个可以推翻黑格尔哲学的阿基米德之点(Gasché 1986 p. 64)。这也恰恰是谢林的观点。

性"(II/1 p. 284),但这并不意味着这种存在的实存就是必然的。同时，关于这个论证，他得出了与康德不同的结论。

在谢林晚期哲学中，他最有力的论点涉及思想与存在，即本质（Wesen）与存在（Seyn）的差异。在黑格尔的《逻辑学》中，人们从"存在"出发，但又被迫超越存在，进入本质，最后进入"概念"，以求克服存在是"最贫乏、最抽象的"东西的这一事实。谢林想要说明这种结构其实无法实现它所承诺的事情。他通过探索本质（Wesen）与存在（being）之间的关系，即事物是什么和事物存在的事实之间的关系，来做到这一点。谢林反复要做的事情就是去证明，一个理性体系最终无法解释其自身实存的事实。正是这种失败，导致了一种关于存在之差异的构想，这也许就是谢林对现代哲学的核心贡献。

对谢林来说，这个问题的重要性毋庸置疑：其晚期哲学的基调越来越倾向于存在主义。在同一哲学中曾提出过的相同问题现在在不同的语境下被重新提出了：

> 人类及其行动还远远没有使世界变得可理解，人类自己就是最不可理解的东西，这一点迫使我不可避免地觉得，一切存在都是不幸的……恰恰是他，人类，把我推向那个最终的、充满绝望的问题：究竟为什么有某物存在？为什么无不存在？
>
> (II/3 p.7)

如果这个问题没有答案，那么"对我来说，其他一切都沉入了无底的虚无之渊"（同上书，p. 8）。谢林对这个问题答案的探寻直接关联于他的肯定哲学，而这种肯定哲学并不会受到他在黑格尔哲学中所揭示的问题的影响。在黑格尔以及谢林的"理性科学"体系性版本中——即在1847

至 1852 年讲座和《纯粹唯理论哲学述要》里面概述的"否定哲学"中（在其中谢林比他通常所承认的要更多地受到黑格尔的影响），理性是作为"一切存在之主体"而运作的。他的意思是，考虑到反思在对任何存在者是什么的阐述中所导致的那种必然性，哲学反思可以通过说明这种必然的相继发生，独立于经验而自行运作。在这个意义上，谢林仍然坚持着德国唯心论的先验哲学的计划，他将完成那个已经由康德开启的工作。谢林反对下面这种观点："理性"作为"认识的无限潜能阶次"，为了自身的合理化就必须确立"认识的无限客体"的先在的实存。"问题根本不在于，是否可能存在一个无限认识的潜能阶次，因为这样就相当于在问，是否可能存在理性，没有人会突发奇想来问这个问题，理性是存在的，这是每个人都预设为前提的实情。"（同上书，p. 74）关键在于，我们可以给思想不可否认的必然性赋予何种地位。[1]

这方面的核心问题在于如何构思潜能性与现实性[2]：理性可以处理潜能性，但无法处理现实性。谢林同意康德的观点，即存在的事实不是由理性所确立的，理性立法的领域是"关于什么的问题"："康德一般地表明了，理性通过推论来超出自身达至实存的努力是徒劳的。"（同上书，p. 83）实存的事实只能通过"经验"才能被确定下来（同上书，p. 58）。这似乎是微不足道的一点，或者说是一种经验主义，但是在这一语境中它显然牵扯到了极为关键的问题。对谢林来说，经验是无法从先天必然性中得出的东西。理性可以去规定的是，如果某物存在，那么它必须是什么；但理性无法规定某物是否确实存在，而这也正是谢林对存在论证明的反驳。

---

[1] 尽管卢卡奇等人经常指责谢林，但这种质疑清晰地表明了谢林不能被视为一个非理性主义者。他的重要性恰恰在于他拒绝接受非理性主义，并同时直面引发这种非理性主义的哲学问题。

[2] 在《纯粹理性批判》中，康德对亚里士多德进行了极为原创性的反思。

谢林在阐释他与巴门尼德和斯宾诺莎相对立的存在概念时，他非常清晰地说明了存在论差异的重要性。我们可以通过去除掉所有属性，来印证我们对存在者进行抽象和普遍思考的能力，这就只留下"被去除了所有差异"的"实体"。但这仍然只是一种"相对必然"的构想，因为（莱布尼茨的问题在这里再次出现）：

> 因为如果我想要一直走到一切思想的边界上，那我就必须把"根本不存在任何东西"承认为可能的。最终的问题始终都是：为什么毕竟有某物存在，为什么无不存在？我不可能凭借对现实存在的抽然抽象来回答这个问题……在我走向那个抽象的存在者之前，我必定总是得首先承认某种现实性。

（同上书，p.242）

哲学就是从对世界之现实性的怀疑发端的，迄今为止，海德格尔一直将这种怀疑称作"存在论"的：怀疑在我面前的特定现实是否为真正的现实，比如，它是否其实只是我的思想，或者只是某种结构化了的东西。然而，这种怀疑立足于先天的"存在论的"问题，因为它预设了

164　　真正的现实之物……假如加诸个别存在者或个别的现实之物之实在性上的怀疑所具有的，只是下述意义，即怀疑现实之物的实在性本身，那巴门尼德的拥戛就会放弃比如说巴门尼德自己的前提预设了，也就是"抽象存在者"这个前提预设。

（同上）

谢林关注的这种存在者并不是实存的，所以说：

绝不是因为存在一个理性的存在才有精神（尽管据我们最初的进展过程来说可能看起来就是这样），而是相反：唯有因为精神存在，才有理性的存在和理性自身，正因为如此，关于精神我们只可以说，它存在，这个意思正是，精神无根据地存在，或者说，它独立地存在，因为它在没有任何先行于自己的必然性的情况下，就是始终存在的。

（同上书，*p.247*）

现在论证的方向指向了神学，而这将证明"精神"这个词的现实性。

谢林基于对存在论证明的拒斥提出了上述论证，而在这一拒斥中体现出来的这一特定的神学转变的历史意义不应当被低估，正如下面会提到的"星丛"所表明的那样。罗森茨维格在《救赎之星》中探讨康德与黑格尔的存在论证明如下[1]：

对康德来说，是因为他用存在（*being*）和实存（*existence*）的截然区分给这一证明以终结性的批判；而对黑格尔是赞成证明，但在神学家眼中他这非常天真的赞成给了它一个致命打击。尽管他是一个哲学家，但他没有认识到这一点。因为他认为这一证明同一般的哲学世界观的基本概念，同思维和存在同一的思想是一致的，而且它因此一定是同对其他的一切事情一样，对上帝也是有效的。这样，无须依赖"全"的思维及其存在而建立神圣的实存的道路就很明确了。上帝必须有先于一切存在和思维的统一的实存。如果这里有所引

---

[1]　人们推测，罗森茨维格在这里所说的"存在"是处于黑格尔《逻辑学》的开端处的那个"存在"。

申的话,那么同一再想从存在引出实存的存在论证据的企图相比,从实存引出存在将是更好的。从这一观点看来,我们正沿着谢林晚期哲学的线索向前推进。

(Rosenzweig 1988 pp.19 - 20)

罗森茨维格对列维纳斯(Emmanuel Levinas)的影响众所周知;当然,跟海德格尔一样,列维纳斯也是影响了德里达的主要人物。如果我们把上帝的存在论证明作为在场形而上学的典例(这是谢林的批判的基本观点),那么很明显,对存在论证明的拒斥将带来两种可能性。首先是一种不同进路的神学,这一点很明显,即谢林试图构建一种启示哲学,而非理性的神学。这种尝试进路之后仍然存在于罗森茨维格、保罗·蒂利希等人所发展的神学中。第二种可能就是神学自身被削弱或者破坏了,以及对自身—在场的拒斥,我们可以看到这在德里达和海德格尔[1]那里已经有所呈现了。谢林的晚期著作中就包含了指向这两种可能性的概念运动。因而,在看到关于黑格尔的严格哲学论证的结果之前,我们不妨先在这里考虑一下谢林神学的基本弱点,以便说明神学的失败并不意味着谢林其他论证的失效。

谢林的目的是抛弃上帝这个概念,"以便从纯然实存者(在其中,恰恰除了纯然的实存之外,绝没有任何东西被设想)出发来看,是否可以从它出发以达乎神性"(II/3 p. 158)。上帝是否可被证明的问题是一个"哲学经验主义"的问题,是一个"不断进展,不断生长"(Schelling 1977 p. 147)的证明,而不是一个先天概念的结果。然而正如迈克尔·图伊尼森(Michael Theunissen)和艾伦·怀特(Alan White)所指出的那样,谢林所

---

[1] 海德格尔和德里达当然都了解神学术语:关键问题在于对非辩证法的他异性的理解,这就是谢林的核心所在。

做的实际上是对存在论证明的颠倒:就像在对形而上学论证中的所有的颠倒一样,其结果反过来反映了最初以相反立场而提出的问题。图伊尼森表明,肯定哲学的意图在于

> 颠倒那种已被人们接受的上帝证明:要证明的并不是上帝的实存,而是"纯然实存着"的神性。在尝试实现这一意图的过程中,这种颠倒再次颠倒了自身;肯定哲学又回到了关于上帝实存的证明上来。这种回归是因为谢林不得不一开始就把神性归结为所谓的"纯然实存",而这种"神性"本应当通过事实上实存着的世界的所谓"结果"来从后天得到证明。
>
> (*Theunissen 1976 p.22*)

在我看来这已经是无可争议的了,它使得后来所有让哲学作为神学—哲学的尝试都失效了。[1] 同样,当谢林试图让肯定哲学反映出在历史实际进程中否定哲学发展的先天必然性时,他最终也会同样受到他对黑格尔许多批评的批评。出于我们的目的,我们将搁置上帝概念并保持这种搁置,以便考察谢林是如何处理上帝实存之事实性的,并将其与黑格尔在《逻辑学》中克服思维与存在之间分裂的方式联系起来考察。

实际上许多人都对谢林提出的论证感到不安,因为它依赖于对思想的一种放弃。正如谢林所说,肯定哲学"只能从绝对地处在思想之外的存在出发……彻底的超越之在"(II/3 p. 127)。如果这种存在在某种意义上是内在性的,那么它将依赖于思想的潜能阶次在体系框架中呈现出来的发展过程。而问题在于,思想自身的潜能阶次,必须先以一种自身

---

[1] 另一种观点见 Brown1990。

无法解释的方式存在。要想抵达思想中潜能阶次的源头,就需要具备在抵达源头时能够认识源头的能力,但这恰恰是我们反复遇到的问题:怎么可能通过反思认识到那个先行被排除在知识之外的东西呢? 加谢在谈到黑格尔时似乎并没有意识到这个问题:"在这种绝对反思的自身包纳之下(它逃避了所有进一步的反思),不仅反思被克服了——因为反思被整合于其中——而且绝对反思也成为所有可能关系(包括它与自身的关系)的终极总体性。"(Gasché 1986 p. 63)问题是如何能认识到这一点。这种知识的条件是一种在先的东西,一个相对于后继者而言的开端,并且它与后继者具有一种反思关系,但这正是谢林要揭示的问题。肯定哲学不会成为一个像否定哲学那样的体系,因为它无法最终被封闭起来。否定哲学

是一种全然锁闭在自身之内、已然达到一个持存不变终点的科学,因而在真正意义上是体系,相反,肯定哲学不可能在这同样的意义上叫体系,这恰恰是因为它绝没有绝对地锁闭。

(II/3 p.133)

谢林在神学中的错误在于他试图将其封闭起来,就像我们刚才看到的那样。然而,他的最初思想行动并不倾向于这个问题:"我们必须从那个我将之称作纯然实存者的东西出发,即从那个直接的、质朴的必然存在者出发,它之所以是必然的乃是因为,它先行于一切潜能阶次、一切可能性。"(同上书,p. 160)否定哲学通过对一切有规定的存在者的抽离才达到这个目的,而肯定哲学要求直接如此。

对这一点的证明论据如下。如果存在是抽象的结果,那么它就是从别的某个地方——思想——中来的,并且因此是别的东西的结果,思想

本身将成为一种必然性的法则。然而，当肯定哲学"放弃了这种概念时，它就留住了纯粹的存在者，即没有任何'什么—所是'的存在者"（同上书，p. 161），唯有如此，它才能避免否定哲学的那种后果。思想必须让位于实存之事实："因为思想恰恰只跟可能性，即潜能阶次打交道；如此一来，在潜能阶次被排除在外的地方，思想也就失去了权力。"（同上）虽然在思想中提出有某种先行于第一个思想的东西——存在——是无效的，但是在思想之外的先行于思想的存在却并非无效："因为并非因为有思想才有存在，而是因为有存在才有思想。"（同上）

　　谢林自己也看到了这种明显的黑格尔式反驳："人们或许会反驳道，先行于一切可能性的现实是无法设想的。在某种意义上，人们可以承认这一点并且说，这恰恰因为它是一切实际思想的开端，因为思想的开端本身还不是思想。"（同上书，p. 162）如果思想没有开端，那就会一直存在，一个自身封闭的无限体系就将是可能的。然而谢林坚持认为，思想是被存在的事实性"设定在自身之外"的。他宣称，在黑格尔哲学开端上的存在仅仅"只被设定为思想的纯然环节"（同上书，p. 163）。如果哲学关注的只是纯粹思想，那么它只是对自身的反映，但问题恰恰在于思想与存在之关系的真理。就像我们在对笛卡尔的批判中看到的那样，思想只是一种"存在的方式"。谢林总结了这种根本性的选择：

> 因为要么就必须得概念先行，进而存在必定就是概念的后果，这样一来，存在就不会再是无条件的存在；要么概念是存在的后果，那么我们就必须在没有概念的情况下从存在开启，我们想在肯定哲学中做到的，恰恰就是这一点。

（同上书，p.164）

现在，让我们更细致地看一下黑格尔自己对这些关系的看法。

5. 反思的逻辑

这里，是黑格尔在他自己特定的意义上对"概念"的论述，这些术语的次序极为清晰地呈现了他与谢林的区别：

> 概念表现为存在和本质的统一体。本质是存在的第一个否定，存在因此转变为映象；概念是第二个否定，或者说是第一个否定的否定，因此是重建的存在，却是表现为存在自身之内的无限中介活动和否定性。
>
> （Hegel 1969 II p.269）

这个结构就是"否定之否定"，其中的每个环节都揭示了自己的不充分性，并在接下来的环节中得到扬弃。《逻辑学》中的关键环节就是那些从一个阶段过渡到下一个阶段时的环节，从存在到本质，从本质到概念，并且这种过渡超越了《逻辑学》，从完成了的绝对理念过渡到自然哲学。正如引用段落所说的，关键的地方在于这一揭示，即表面上的直接性的东西实际上却是被中介的、"反映于自身中的"东西。亨利希在一篇关于"黑格尔的反思性逻辑"（in Henrich 1971）的开创性文章中指出了这个概念的问题。亨利希认为，这个问题可以用黑格尔式的术语解决；而曼弗雷德·弗兰克说明了这个问题如何已经被谢林所发现了，以及黑格尔的解决方案如何是不可能的（Frank 1975）。

亨利希认为，《逻辑学》的第一部分，即"存在论"的重点在于指出，"一方面是自在的规定的基础，另一方面是这些规定之间的相互关系，这两者之间的区分是不成立的"（Henrich 1971 p. 105）。换言之，尽管是以一种并不完全透明的方式，但那看似无差别的"一"，或者实体，以及不同的属性实际上都是相同者。用另一种方式说：那作为"简单的直接性"（Hegel 1969 I p. 68）的开端，实际上是被中介的。亨利希指出的问题在于黑格尔的直接性概念。黑格尔拒绝了任何形式的直接性：任何想要对它说些什么的尝试都已经使人超越它了。在"A 是 A"这种对同一性的陈述中，本身就涉及某种程度的中介：它不是一个对"A"的断言！"作为无"的存在，不得不以一种最初与谢林的"绝对自由"相似的方式否定其自身（如果否定性是另一个主体的结果，那么整个结构将会瓦解），以便让表达成为可能。这也就是荷尔德林所说的 Urteil，即"判断—源初分割"。

因为存在否定了自身，所以在黑格尔的建构中——与荷尔德林或谢林不同——一旦存在的结构被阐明出来，存在就可以认识到自己是被否定的了。亨利希称这种自身否定是一种"自主否定"（autonomous negation），其法则就在自身之内。这与传统逻辑的"否定之否定"的本质区别在于，后者的肯定性陈述是被预设出来的："A 不是非 A"预设了"A是 A"。在黑格尔那里，"如果肯定性要出现的话，它只能作为双重否定的一个结果（而不是作为一个前提）来发挥其效用"（Frank 1989a p. 453）。黑格尔宣称"'A = A'，无非是一个空洞的同语反复的说法"（Hegel 1969 II p. 41）[1]。因此对黑格尔而言，根本就不存在什么基础性命题；重要的"命题"乃是最终对同一与差异的同一性的彻底揭示，即对否定的最终否定。在从"存在"逻辑到"本质"逻辑的转变过程中，这种构想的问题变得明显起来。这种构想的问题在从"存在论"到"本质论"的过渡中变得明显起来。

169

---

[1] 在这篇文章中，弗兰克分析了黑格尔的"自主否定"与德里达的"差异"的接近性（also A. Bowie 1985）。

在《小逻辑》中，"本质"（Wesen）被描述为"通过对自身的否定而自己同自己中介着的存在"（Hegel 1959 p. 123）。因为存在已经被证明是片面的、直接的东西了，它仅仅是"否定的"东西，因为它依赖于一个无法成为自身的他者。而他者作为这种关系的一个部分也只能是"否定的"。然而我们要表明这个他者确实是存在的"自身之他者"。如果不是这样，那么这种关系就不是与自身的关系，并且会有一个必然的其他前提（对此，见 Frank 1975 pp. 32 - 7）。在这个过程中，存在被揭示为仅仅是下述这种基本结构的一个方面，这种结构使得构建一个在其终点处才出现真理、并且不依赖任何体系之外的前提的体系得以可能。为了实现一个无前提的体系，必须证明以下的处理是合法的。黑格尔指出"'单纯的直接性'本身是一个反思表述，意味着把中介者区分开来"（Hegel 1969 I p. 68）：简单直接性的范畴的规定性只能通过与"反思"中的某些事物的关联来达成。这就是我们看到布林克曼在说明"存在"仅仅是"相对于思想的绝对他者"的范畴时所用的论点：鉴于双方是相互依存的两者，他们最终也必须是同一的。然而这种同一性的真正基础是"范畴"的存在，而不是存在，因为"存在"如果没有一个与之相关联的他者，它就无法表达出任何同一性。

弗兰克明确表明，如果黑格尔想要体系运作起来，就必须如此："只有当反思中的内在性关系可以完全取代存在的位置，并代替了存在那绝对独立于任何关系的特性时，黑格尔的方案中的反思逻辑才能得到实现。"（Frank 1975 p. 37）——而困难在于，存在与无并不是对称的。[1]黑格尔称存在的最初直接性"只与自身相同"的目的，在于揭示这种表面

---

[1] 这是康德在最后一章中对先验理想进行反思的观点："除非以相反的肯定作为基础，没有人能够确定地设想一种否定。"（Kant 1968 p. B 603 A 575）（［译注］参见《纯粹理性批判（注释本）》，李秋零译，北京：中国人民大学出版社，第 404 页）

上肯定的前提其实是"反思"的、"否定的自身关联的产物"(同上,p. 50)。黑格尔认为反思是一种"从无到无的运动,从而是一个与自身融合的否定"(Hegel 1969 II p. 25)。这让他陷入了亨利希所分析的那种无效做法:他把两种不同形式的"直接性"等同了起来。

为什么这一点如此重要?因为体系完成自身的能力就取决于此。如果没有从一种直接性形式走到另一种形式的能力,那就不可能在黑格尔的扬弃的三重含义(否定、保留与提升)上,扬弃存在而进入本质,扬弃直接性而进入反思性等。如果允许这个运动过程发生,那么逻辑学就可以发挥其作用,因为这样一来,对前提的需要就被克服了:那表面上最不可还原的存在,实际上本身却是否定性的,它依赖后继于它的本质与概念,而不是反过来。

这里的核心问题就是"反思":任何谈论存在的尝试,都必须面对这个我们反复遇到的事实:存在只能被否定地谈论。对黑格尔来说,这意味着——因而也强调的是——"存在的真理是本质"(同上书,p. 13)。正是这种超越直接性的运动引出了真理,因此,即使是直接性它也是一种反思的形式。这是因为反思需要的是两个环节之间的关系,这意味着两个环节都是"否定的"并且都依赖于另一个环节。这个论点在某种程度上没有问题,因为任何试图关于存在说出什么的尝试都依赖于反思,即"判断",也就是把分裂的、因而也互为依存的东西结合起来。本质是认识存在的基础。谢林不会不同意这一点,正如他在我们讨论过了的体系框架中所呈现出来的那样,知识的可能性需要一种反思性的划分。而这里的问题在于黑格尔对直接性(Unmittelbarkeit)的两种含义的界定,亨利希分别称之为"U1"和"U2"。"存在"是"只与自身相同的"(sameness only with itself)——U1;"本质"是"否定与自身的关系"(the relation of the negative to itself)——U2。亨利希表明,黑格尔的论证导致了这样一个事实,"本质将自身预设为它的他者的前提。因为,在这里所说的,不仅仅是本质设定了它的他者[存在]并扬弃了他者"(Henrich 1971 p. 123)。如此一来,U1便同一于U2。原来作为反思之他者的存在,现在变成了依赖于反思的东西,因此它也是反思,进而以此方式也能够被吸纳进辩证法的进程中。

171   然而,这种论证本身就依赖U1与U2同一性的前提,但黑格尔却认为自己可以避免这种前提。因而,亨利希说道:

> 只有我们将直接性从根本上把握为自身关系之时,才能证明前提和反思之间并没有一种外部的关系,进而可以假定说在前提与反思中的自身关系是一样的。[1]

> (同上书,p.128)

曼弗雷德·弗兰克已经清楚地说明了这一点。核心在于,黑格尔的结构中没有什么可以让人们去说清楚这两者之间的相同关系。事实是,U2必须基于以下原因而逻辑地依赖于U1:

> 黑格尔声称,直接性作为自身关联的结果,是无关乎并且独立于否定性U1的,但是直接性——作为独立于规定性的东西——在其名称中就已经表示了这样的事实,即直接性不会是对于反思的否定的结果。反过来:如果直接性作为反思的他者U1而出现,那么因此,它就必定是某种区别于作为否定性(U2)自身扬弃之影子的东西,因为这种U2的自身扬弃的影子,仅仅存活于其"根据"[即否定性]

---

[1] 为了确保没有外在的预设,这种关系必须是内在的。

的非存在之中。因此,直接性无法被还原为否定性。

(Frank 1975 p.57)

　　因此,这里有一种两者的不同,存在必须依赖本质才能被认识,而本质依赖存在才能去存在:这就是我们已经遇到的认识根据与实在根据之间的区别。黑格尔试图将两者结合起来。他这样已经假设了关系中的一方,即本质能够显示出它与另一方的同一性。然而这需要第三种设定,即在逻辑上必须是本质性的设定,而不是存在的直接性的设定。黑格尔认为这个设定就是概念的设定,即对否定的进一步否定。问题是这个设定不能依赖它与他者的关系,否则就会导致一种倒退,即(相关的)每个否定设定都试图成为独立于关系的设定。因此,黑格尔在绝对知识中看到的对整个进程的最终洞见就不再可能了。唯一可能使构建有效的设定,必须已然是直接的:"因为反思仅仅是一种两者之间的关系,并且反思以它自身的结构为根据,它必须将'自身同一性'作为一种外在于反思的事实而预设为前提。"(同上书,p. 60)这种自身同一性正是荷尔德林在《判断与存在》中所理解的存在。谢林坚称:

172

　　如果我们意愿某个思想之外的存在者,那我们就必须从一个绝对独立于一切思想、先行于一切思想的存在出发。对这种存在,黑格尔哲学一无所知,也没有这一概念的一席之地。

(II/3 p.164)

　　他用以下方式,将这种"必然的实存者"(necessary existence)从本质中排除出去:"'必然的实存者可能会是怎样的一个本质'这个问题是荒谬的;因为借此我就假定了,有一个本质,一个'什么',一个可能性先行于必然实存者。"(同上书,pp. 166 - 7)向本质与概念的过渡运动是从存在出发的:"在这里,实存并非概念或者本质的结果,相反,实存者在这里自身就是概念,就是本质。"(同上书,p. 167)

6. 非同一性

考虑到谢林的超越的(transcendent)存在概念,那么康德在哲学上对超验(transcendence)的肯定性概念的怀疑——这是黑格尔试图建立自身关系体系的一个根源——又是如何的呢? 谢林的回答概括了谢林晚期的立场。他指出,"超越"问题的症结在于它仍然是一种反思性的构想:"所有的超越者其实都是相对而言的东西,唯有关联于某个它超越其上的东西,才是超越者。"(II/3 p. 169)这也是存在论证明的问题,即从最高存在者的观念到它的实存的过渡是无效的,这也是康德所不承认的那种"超越"。然而,关键在于在开端处就要摒弃反思性,以便避免在思想与实存关系内部证明两者的同一性。

> 但如果我从一切概念的先行者出发,那么我在这里并没有进行超越,倒不如说——如果人们把这个先行于一切概念的存在当作超越的存在——我是在这个存在中演进到概念的,如此一来,我就超越了超越者,进而以此方式重新成为内在的(immanent)……康德禁止形而上学去进行超越,但只是禁止独断化的理性去进行超越,即那种从自己出发、想通过推论而达至实存的理性。
>
> (同上书,pp.169 - 70)

谢林的下一步又转向了神学,其中"理性科学的危机"(II/1 p. 565)

173

使理性超出了思想所能理解的东西，并走向对上帝之现实性的要求，虽然哲学证明实存着的神性的尝试失败了，但那些支持存在论差异的观点并未因此而失效。

谢林通过"颠覆理性"（II/3 p. 162）——在其中，理性"被设定在了自身之外，处在绝对的绽出（ekstatisch）状态中"（同上书，p. 163）——而达至那个"先于一切思想之存在"（同上书，p. 173）、"纯粹的那个（That）"。而理性之所以设定"无概念的存在"（同上书，p. 170），乃是为了使其"重新成为理性的内容"，而不是为了放弃理性。因此，这是一种"非同一性"或者说"他异性"的哲学，阿多诺后来也会发展这种哲学来反对黑格尔，这是近来许多哲学争辩的主题（见 A. Bowie 1993a）。加谢在谈到德里达与反思性的关系时说到，他"洞察到在否定性、矛盾、扬弃、辩证法和同质性这些术语之间的团结性，这种团结服务于将异质性从所有对立的总体性的思辨统一体之中撤离出来"（Gasché 1986 p. 95）。现在应该已经很明显了，这就是谢林反对黑格尔的立场。

在比较否定哲学和肯定哲学时，谢林很明确地使用了非同一性的概念：

> 纯粹或者无限的潜能阶次（即否定哲学的开端）乃是与思想同一的内容，因为这一内容并不走向思想（因为它本就与思想同一），所以它只能出自思想。相反，纯然的存在者乃是不与思想同一，甚至首先把思想排除在外的内容，但恰恰因为这一点，它就可以且必须被带向思想，因为它源初地就在思想之外。
>
> *(II/3 p.170)*

因此，如我们所看到的，他否认了一切反思性地为思想和存在之间的关系进行奠基的可能性：我们不可能回到一个已知两者间关系的位置，因为那将依赖于思想的首要地位，并将导致在黑格尔那里呈现出的倒退。谢林的论点仍然要比黑格尔的观点更少地为人知晓，而且谢林的论点也并不容易理解：那么，让我们在结束本章之时，再次简要地回顾一下谢林在晚期讲座中的主要观点，其中包括对黑格尔最广泛而明确的批判[1]。

174　　谢林表明，黑格尔在《逻辑学》的开端处将"存在"与"无"同一起来的尝试，依赖于获得"纯粹存在"概念的这个无效尝试，然而，这是一种为了显示它超越自身的逻辑必然性的抽象结果。

> 即使他仍然赋予纯粹存在一种内在的运动，这也无非意味着，那个以纯粹存在为开端的思想感到自己不可能停留在这个最抽象和最空洞的东西上面。

(I/10 p.131)

真实的情况是，"有一个更为丰富的、更充满着内容的存在"（同上）使得哲学家超越了这种空洞的抽象。因此，在黑格尔那里：

> 在黑格尔的哲学里，出发点相对于后来的东西而言是一个纯粹的负量，是一个欠缺，是一个得到充实并正因此而遭到扬弃的空虚；但这里根本没有什么被克服的东西，正如当一个空空如也的容器被填满

---

[1] 弗兰克在他对《启示哲学》的导论(Schelling 1977 p. 68)中提出，慕尼黑演讲"强烈地倾向于与自主否定的唯心论保持距离"，但因此未能实现唯心论的内部否定，这种否定是在《启示哲学》的否定哲学中所达到的"推翻理性"的终点。虽然这可能会让它关于概念与存在之间关系的一些表述受到质疑，但最终它并没有使这里的观点失效。而且在后来更简短的批判版本中，这些观点也得到了完善（无论如何，一些在字面上的表述是一样的）。

后，也谈不上有什么东西被克服；在这个过程中，一切都是完全平静
地进行的——存在和"无"之间没有什么对立，它们互不干涉。

（同上书，p.137）

事实上，黑格尔不得不依赖"直观"——这个在谢林那里关涉直接性
的术语，即使他不承认这一点："黑格尔从一开始就把直观当作他逻辑学
的前提，而且如果他不滥用直观的话，根本就不能前进半步。"（同上书，
p. 138）这种将直接性揭示为间接性的尝试，导致了概念与存在之间关系
的颠倒，而黑格尔关于概念的特殊构想正是基于这种颠倒。但谢林坚持
认为："实际上，概念本身只能存在于意识之内，因此它们不是在自然之
先，而是在自然之后，才被当作客观的东西。"（同上书，p. 140）这些试图
在纯粹思想中运作的尝试，即便是像黑格尔这样，试图让纯粹思想内在
地包含他者的尝试，也都会遭到存在论证明的反对。可能的情况是，"一
切存在着的东西都是存在于理念或逻辑概念之内，因此理念是一切事物
的真理"。但这并不意味着人们能够证明它确实如此，因为"逻辑东西也
呈现为存在的单纯的否定者，呈现为这样一种东西，如果没有它，那么没
有什么东西能够存在，但由此远远谈不上可以得出一个结论，说一切事
物只有通过这种东西才能存在"（同上书，p. 143）。

这种困难在《逻辑学》向自然哲学过渡的地方体现得最明显，也是在
这里，谢林提出了最尖锐的批评。霍斯特曼在一篇说明谢林确实以某些
方式误读了黑格尔的文章中宣称，谢林论证的自然作为"理念的存在—
他者"这一点，对黑格尔来说并不是什么问题：

然而，在逻辑理念和自然之间的关系方面，却存在着一个体系性的
问题，可以确切地将其表述为：为什么逻辑理念还必须要把自己作

175

为自然来证明（而不是证明自身为精神）。

（Horstmann 1986 p.301）

　　然而，霍斯特曼的问题（甚至是连他使用"证明"这个词的选择上），也很明显就是谢林提出的关于理念与自然关系的问题，我们可以通过谢林"否定哲学"的观点对此有更好的理解：

　　但在理念里根本不包含一种必然的运动……人们为了找到一个让理念继续前进的根据，就这样来自圆其说：理念虽然在逻辑学的终点存在着，但它还没有经受考验，因此它必须脱离自身，以接受考验。

（I/10 pp.152-3）

　　然而，既然理念是自足的，那么它在逻辑上就没有理由通过堕落（Abfall）入自然来证明自己："理念应该为谁经受考验呢？为了理念自己吗？……那么理念必须为了一个第三者，为了一个旁观者，经受考验吗？但这个旁观者又位于何处呢？"（同上书，p. 153）如果要像黑格尔所宣称的，这是理念的一种自由的决定，那么那个理念，"那个自由地作出决断的东西必定是一个现实存在着的东西，一个单纯的概念不可能作出决断"（同上书，p. 154），正如《世界时代》和《全部哲学的本原》中的论述所表明的那样。我们又一次地说明了，反思性的结构无法为思想与存在的关系问题提供一个充足的哲学解释。谢林要说的是，黑格尔在某种程度上实际上并未超越斯宾诺莎。要超越斯宾诺莎就意味着放弃一个自身奠基的体系，并面对这样所导致的对理性的后果。

　　瓦尔特·舒尔茨引用谢林对黑格尔体系中上帝的描述，上帝与自然的关系是他不断地"将自身抛入"：

这个事件是一个永恒的,亦即始终持续着的事件,但正因如此,反过来也可以说,这不是一个真正的事件,亦即不是一个现实的事件……毋宁说他是这样一个上帝,永恒地、始终持续地行动着,处于永不止息的躁动中,永远都找不到安息日,他是这样一个上帝,始终只是做着他做过的事情,因此拿不出任何新的东西;他的生命是一个由许多形态构成的圆圈,因为他始终持续地外化着,以便重新返回自身,只为了重新外化自身。

（同上书,*p.160*）

舒尔茨评论道:"谢林在这些话中表明,永恒的事件是无意义而且虚无的,因为在其中并没有什么事情真正发生,所出现的都只是已经发生过的,没有什么有意义的行动可以进入未来。"(Schulz 1957 p. 104)最近,在谢林与黑格尔的比较中,用黑格尔来阐述"历史的终结"观点的趋势更加明显了。当然,这一想法的主要影响是科耶夫对黑格尔的阐释。这种想法在理智上的破产——即使它是一种无效的运用黑格尔的方式——必须引起人们深思。当人们还不认识历史是什么的时候,该如何思考历史的终结?虽然说历史在理智上并不是完全不可理解的,但这并不意味着可以用黑格尔假定的方式来表述历史概念,将其作为一种可以从自身中描述其总体的东西。就是因为这种反思的诱惑如此反复地出现着,所以谢林仍然重要。谢林在批判中所揭示出的情况,表明了在现代哲学中一种基本的张力,这种张力最近在后结构主义对"他异性"(alterity)[1]的关注中再次出现。

---

[1] 不过,这常常引起后结构主义者对后历史的关注,比如德里达在《立场》中就有这种假设,即唯一一严肃的历史哲学概念,是黑格尔或马克思式的那样一种基本的形而上学的概念。

在哈特曼、怀特和布林克曼针对谢林而为黑格尔所作的辩护中,这种哲学上的张力显而易见。对他们来说,黑格尔证明了思想与存在在规定性上的必然同一性,并且避免了在超反思意义上对"存在"进行断言的后果。这些辩护依赖对谢林的批判中谢林对"直接性"的依赖。而对谢林来说,这种直接性的必要性意味着,黑格尔的体系将不可能得到奠基,因为黑格尔那种合理化的设定,并不能像黑格尔所说那样的可行。不过,那些为黑格尔做辩护的人们并没有回答亨利希和弗兰克对黑格尔处理直接性问题的方式的反对。此外,弗兰克证明了谢林并没有简单的援引前反思性的存在,因为它恰恰是反思进行自身扬弃的、必然的肯定性根据,而不是一个未能经过概念运用的结果,这一点似乎没有引起所有反对谢林而为黑格尔辩护的评论家的注意。

在我看来,在这些对黑格尔的解读中,不可能找到一种可以绕过谢林所揭示的问题的解读。我们必须接受这样一个事实,即黑格尔认为终点揭示出了开端的真理,而要证明这一点,又恰恰需要黑格尔所摒弃了的东西,即一个可以在终点处被反思到的预设,并因此它必须已经在自身中包含了自己的目的:"在终点处出现的东西也已然是一个或那个开端。"(Schelling 1977 p. 132)正如马克思以及其他人在谢林之后将提出的那样,黑格尔颠倒了现实的关系。谢林宣称:

> 由于黑格尔自己只是在发展的终点处,才让自由的外化、自由的活动(Wirken)成为可能,所以他没有将它作为某种在终点处活动的东西,而是把它当作整个运动的最终原因,它作为这样一个原因不是因为它自己的活动,而是因为这样一个事实:一切都趋向于它。最后的原因当然也是最高的终极原因,但这整个序列不过是终极原因的一系列连续的序列。如果我们回头来看,无机自然是物质的原

因，有机自然是无机自然的原因，动物世界是植物世界的原因，人是动物世界的原因。现在，如果通过反转，绝对者成为有效原因，那么人也将表现为动物王国等的有效原因。我不知道黑格尔希望在这方面走多远。

（同上书，*pp.132－3*）

那在最后达至其真理的东西，必须在一开始就已然熟悉自身，否则这样一种认识就不可能发生。在镜子中看到作为你自己的自己，意味着你必须在这种反映前就已经熟悉了自己。这一点几乎毫无例外地被非同一性哲学遗忘了。例如在德里达那里可以被理解为"存在"之真理的"先验所指"，其实是一个虚幻的目标，一旦反映开始，它就总是已经失去了。然而谢林充分地意识到，存在不可能是一个奋力追求的结果；这就是他论证存在必须先于反思的全部要点所在。在谢林之后，哲学的真正问题是摧毁了绝对反思之后会带来什么。鉴于谢林未能为这些问题找到一种可信服的神学解决方案，因而在结论中，我想简要地提出思考谢林哲学所揭示的现代性中关于理性问题的方法。

第七章

结　论

　　尽管谢林表明，我们既不能从理性内部证明为什么有理性，也不能以理性自身的运作来为理性奠基，但他坚持要捍卫一种理性概念，这使得在某些方面谢林要比黑格尔更适合作为现代性哲学的代表。仅凭这一事实，就足以使当下许多关于西方形而上学历史的观点失效了。值得重申的是，对谢林来说重要的哲学认识在于：理性尝试为自身奠基的失败、"反思的自身否定"以及"理性科学的危机"。他并没有非理性地呼吁一种神秘的直接性，甚至在讨论波墨和雅各比的时候[1]，他明确地拒绝了这种呼吁。自黑格尔主义消亡以来，捍卫理性要涉及这样一种重复的尝试，即以各种形式尝试去克服谢林所阐明的问题。某种意义上说，无论德里达、利奥塔等人在其他方面有什么贡献，就现在一些人对最新重现在后结构主义中的某些问题的热情程度而言，这种热情与德里达他们实际的哲学成就之间是不成比例的。正如哈贝马斯所提醒的，相比于后现代的追随者或《启蒙辩证法》的作者们所说的那种情况，理性概念和现代性的关系远远要更为复杂。而我们只有随着接下来的历史的推移，才会清楚为什么近些年人们如此热衷于谴责一个历史上极为有限的理性概念。正如我在讲到"泛神论之争"时所尝试提出的，理性的危机几乎

---

[1]　这一点在 I/10 的第 165—192 页中最清晰（[译注]中译本参见谢林：《雅各比　神智学》，先刚译，载于《近代哲学史》）。

不是一个新的哲学话题。然而,这一危机显然不会很快得到解决,这也是为什么我们再次关注谢林的原因。

谢林并没有陷入时下那种将理性视为一种内在自恋的哲学方式,而是深入探讨了理性尝试为自身奠基所带来的影响。正如我们看到的,对谢林来说,理性不能以支配性的主体[1]之名,成为压制激进"他异性"的东西。在谢林的早期哲学生涯中,他就对主体与主体所根据的自然之间的关系有所把握,这也使他产生了一些洞见,这些洞见对最近新的自然哲学的方法来说,仍然有很多值得借鉴的地方。谢林后来试图建立"否定"与"肯定"哲学的有效版本,其目的是寻找一种理解理性之界限的哲学道路。谢林的这种做法并没有使他走向近年来那种非常时髦的说法,即揭开理性的面纱并让理性依附于一个可规定的他者,比如权力、欲望或其他什么。黑格尔的体系未能直面那个无法被消解入逻辑或语义的存在论维度,而正是晚期谢林第一次真正为哲学阐明了这个存在论维度。在这个维度上,正如霍格雷贝呼应海德格尔"在世界之中存在"的概念而对谢林的存在论所说的那样,哲学试图接受这样一个事实:

> 在某种意义上,我们总是置身于语义维度之外,而身处于某个存在的事物之中了,因此,我们总是仅仅返回来规定存在的事物……这种与存在的某物或他物的关系,仍然体现在每一个有规定的谓述中,也就是在所谓的存在量词中……谓述性、理性呼应于我们与存在的某物或其他东西的非谓述性、前理性关系。
>
> (Hogrebe 1989 pp.125 - 6)

---

[1] 正如我们将要看到的,这里关于理性自恋的论证源于海德格尔对尼采的批判。而且《启蒙辩证法》和许多后结构主义者(如利奥塔)都至少部分地分享了这一点。

这个"存在的某物或其他东西"当然也包括我们自己：否则我们就将继续因禁于意识内在性之中，反思的问题也会因此重复地出现。而早在尼采、海德格尔或赖尔之前，谢林就在他对笛卡尔的批判中揭开了意识内在性的面纱。

在谢林那里，理性与"先行于一切概念的存在"（Schelling 1977 p. 156）之间的"绽出"关系，并不会像通常对这种存在论的担忧所表明的那样，引发一种赞颂已经失落了原初起源的哲学。这一点在其晚期哲学中尤为清晰：在那里，起源甚至比《世界时代》时期的更丰富，人们必须以理性之名与这种起源斗争，尽管它永远不可能在被理性克服的过程中被根除。正如谢林在《启示哲学》中所坚持的，存在的真理就是一种不断超出自身的运动。如果不这样的话，我们就会滞留于一个必然性的体系之中，使"发展"变得不可理解，就像黑格尔从《逻辑学》运动到自然。

180 如果一个存在者（Wesen）不得不停留在它的原初存在中，那么它经由自身只能成为僵硬的、不动的、死的和不自由的东西。即使是人也必须把自己从自身的存在中剥离出来，以便开启一个自由的存在……将自身从自身中解放出来是所有"教化"（Bildung）的任务。

（同上书，p.170）

然而，关键是可以被"打破"的只是这种原始存在的"形式"（Schelling 1972 pp. 442, 447），而不是"这个存在本身"[1]。对谢林来说，我们既要努力发展以超出我们的自然本性，又要找到一种方法以适

---

[1] 参见萨特《存在与虚无》："'人的实在'不能——哪怕是暂时地——消除置于他面前的存在团块。人的实在所能改变的，是他与这个存在的关系。"（Sartre 1943 p. 59）

应这种它所强加的必然性。跟在其他地方一样，在哲学中我们所能做的就是革新我们对世界的解释，尽管我们无法最终看透其中的原因。然而这种革新并不仅仅是主观的投射，因为这个革新过程本身就以一种我们无法完全把握的方式成为现象世界的一部分。不过，即使我们没有阿基米德点去验证其真伪，这个新解释仍然站得住脚。在这里，谢林"肯定哲学"和"哲学经验论"的构想已经指向了被海德格尔称为"世界—解蔽"的事件，即我们作为主体（谢林或许颠覆了主体，但他没有消除主体）总是已然身处于其中的、发生了的事件。谢林的哲学开始揭示出任何形式的诠释都必须面对的那种固有的不可靠性：正如现在戴维森、罗蒂等人从不同传统中提醒我们的那样，没有任何东西可以最终能将诠释自身的有效性反射到诠释上面。[1]

关于霍格雷贝的"前—谓述性关系"的探究——这对海德格尔来说也同样重要——再次体现了本书开端所提出的问题的重要性，即隐喻在哲学中的作用。就像在精神分析中一样，谢林对主体发展进程的大部分理解，都需要以想象性的途径通达那些自身无法被表象的事物，以及那些需要由隐喻开启的事物。在隐喻中，语言的谓述性方面总是伴随着否定在字面陈述中所设定的同一性。如果能使所有隐喻最终都拥有字面上的含义，那么可以说我们回到了黑格尔那里，因为意义的领域将被绝对反思所规定。[2]"否定哲学"最终必须兑现它的隐喻，或者必须预设隐喻可以最终被兑现，这意味着否定哲学所揭示的东西，总是已经在体系的运动中可被内在统摄的东西了。从《先验唯心论体系》开始，谢林的

---

[1] 尽管如此，我们不应低估美国实用主义传统与德国唯心主义和浪漫主义的关系：比如，皮尔斯（C. S. Peirce）就熟悉并且有时会认同谢林与黑格尔的一些方面。

[2] 显然，如果不欣赏黑格尔自己对隐喻的使用，我们甚至无法开始讨论他：然而问题在于，最终阐明其体系的这种能力是否需要扬弃（Aufhebung）隐喻，因为它是基于直观或直接性的。

哲学就表明否定哲学是一条无效的"封闭"道路。为了理解为什么会如此，让我们最后回顾一下"导言"中所概述的星丛。

正如哈贝马斯指出，黑格尔主义衰落后的时期再次成为哲学关注的对象，这主要是因为我们仍然在处理许多相同问题。正如我们所见，这同样适用于泛神论之争的某些方面。哈贝马斯就这样描述黑格尔之后的思想状况[1]：

> 费尔巴哈强调客观性的优先地位……马克思认为精神扎根于物质生产，并表现为社会关系的总和。克尔凯郭尔用自身实存的事实性和彻底的自我意志的内在性来反对历史中的空想理性。所有这些论点都反对自我关涉而又追求整体性的辩证法思想，强调精神的终极性——马克思称之为绝对精神的"腐败过程"。固然，整个青年黑格尔派都把自然、社会和历史的优先性物化为一种自在物，并因而有不由自主地倒退到前批判思想水平上去的危险。
>
> （Habermas 1988 p.47）

哈贝马斯认为，青年黑格尔派未能达到康德和黑格尔的理论水平，随即他们也为尼采对理性的总体批判敞开了大门。不过，这并不适用于晚期谢林的那些最出色的哲学论证。正如我试图表明的那样，尽管只是在哲学的某些领域，但谢林确实已经达到了黑格尔的水平。谢林显然没有黑格尔的体系性的广度，但他在对理性的自我奠基的这一关键问题的处理上，既优于黑格尔，也优于他同时代的其他人。尽管谢林在神学的

---

[1] 注意，这里所有被引用的思想家很大程度上都受到谢林的影响。我想到了阿多诺论证"客观性的首要地位"的尝试，哈贝马斯曾在这里将阿多诺这一尝试归功于费尔巴哈（A. Bowie 1993a）。

某些方面可能退回前批判思维，他也不能被视为前批判性的[1]。谢林在后形而上学的思想中揭示了的理性问题，他以后康德的方式表明，哲学无法达到一个在概念上已经有所规定的在先者。尽管谢林并没有与他所处时代的社会历史和政治现实保持直接紧密的联系。但晚期谢林在哲学上的地位仍然重要，因为他恰恰避免了陷入尼采及其前辈们（从叔本华到费尔巴哈）的后继者相继落入的陷阱中。

　　青年黑格尔派对黑格尔主义的批判，哈贝马斯对此的评价取决于他们与"他异性"(alterity)之间的关系[2]。"他异性"作为谢林晚期哲学的核心概念，是一种尝试阐明"自身关联"的总体性——总体性通过这种自身关联可以克服主体与客体之间的分裂——的失败后的结果。哈贝马斯认为，青年黑格尔派在指出是什么颠覆了这种总体性的自身认识关系时，犯了与前康德思想家相同的错误，即宣称可以直接通达那些唯有通过反思性才能被认识的东西。因而，哈贝马斯批判青年黑格尔派未能阻止尼采对理性的全盘否定，他这一批判的根据在于——青年黑格尔派通过引入自然或历史这样的"自在之物"来与"他异性"概念达成妥协[3]。但首先，我们不该仅仅假定尼采的理性自毁概念本身是后康德式的[4]。尽管偶

---

[1]　这并不适用于神学论证本身，这从上一章所引用的对存在论证明的拒斥中就可看出："我恰恰必须放弃这个概念，放弃神这个概念，以便从纯然的实存者（在其中，恰恰除了纯然的实存之外，绝没有任何东西被设想）出发来看，是否可以从它出发以达乎神性。也就是说，其实我并不能证明神的实存（否则我就是从神之概念出发的），但我反倒被给予了先行于一切潜能阶次并因而无可置疑的实存者这一概念。"(II/3 p. 158)

[2]　在上一章中，我通过海德格尔与罗森茨维格，阐述了谢林与列维纳斯之间的关联。

[3]　在第二章中，我呈现了谢林在自然哲学中通常是如何避免一种前康德立场的：谢林的"自然"无须被理解，它本身就是一个规定之物的东西，因为他并未规定自然是什么，而只是规定了自然如何显现自身。这已然包含了存在论差异。

[4]　海德格尔将尼采的前康德式方面夸大为西方形而上学的巅峰思想，即现象世界是一种力量——权力意志——的结果，而这一构想来自一种驱动主体的想法。我在第四章中提出了对尼采的反驳：意志或力量概念是一种反思性的概念，它需要一个他者来成为其自身。正如我所说的(in A. Bowie 1990)，尼采有时候自己也意识到了这个问题，但这 （转下页）

尔有例外，尼采本人恰恰依赖于一个自在之物——"权力意志"或狄奥尼索斯。例如，在《真理与谎言之非道德论》中他就宣称，那在语言显现表象背后的真实存在是"一个我们不可通达也无法定义的 X"。尼采主要关切的是不该将这个自在之物以关联于上帝的方式偷偷将其归并入理性，就像他认为康德和黑格尔所做的那样。相反，尼采经常把理性本身变成一种自欺欺人的形式。因而，将尼采的这一做法与谢林进行区分是极为重要的。

如果人们接受了谢林摧毁反思之基本模式的理论行为，那么尼采的理性概念就不会是一个严肃的替代方案。不管怎么看，要想把理性变成一种自欺欺人的东西，那就需要有识别这种欺骗的能力，这意味着尼采的模式本身就是反思性的东西。如果欺骗的概念是可理解的，那么关系中的一方就必须把另一方看作对自身的有规定的否定（determinate negation）[1]。如果要对这种关于欺骗的主张进行阐述，那就必须以某种方式认识到那关乎理性的真正真相。唯有通过一个有规定的（黑格尔式的或前批判的）知识，或者一种绝对的直观，来认识到那真正的存在（而不是欺骗），我们才有可能认识到理性的真正真相。就像谢林所表明的，如果我们要再次呈现它，就反过来要求我们能够达至某种我们已然熟知的事物。众所周知，尼采曾把真理看作"一群活动着的隐喻"，但他把隐喻看作幻象，因而使显现于语言中的真理也成为一种幻象，一种人

（接上页）并没有促使他采取任何举措，除了反讽性地承认他的论证存在悖论。

[1] 这可以通过说谎（涉及一个人明知什么是真的）和说错（说的不真却误以为自己说的是真的）之间的区别来理解。对此，新尼采主义的一般反驳会说，尼采所做的只是一种让我们远离所有真理基础的修辞策略。尽管如此，即使我们仍然认为尼采没有参与论证，那也需要有一种能将某物识别为修辞性的而非真理性主张的能力，否则，其修辞性的意义就无法理解。这一切都归结为这样一个问题：人们在放弃了作为表象的真理概念之后会发生什么。对于不依赖于表象的真理理论，人们也无法用尼采本质上是形而上学的论证来反驳。

们已经忘记是幻象的幻象。然而，是什么能够让尼采一边使用语言，一边宣称由语言提供的真理是一种幻象呢？这一主张包含了一种践言冲突（Performative contradiction）。它建立在这样一种观点上，即主体只能通过自己的术语将客体表象给自身。正是因为这种术语忽略了它们仅仅是从主体角度给出的描述这一事实，所以它们应当被视为一种自我欺骗。然而，我们还需要一个元视角来表明这一点——从这个视角出发，我们可以确定这些术语只是主体的术语等。当然，这又回到反思性的问题。

一旦真理不再被理解为主体对客体恰如其分的表象[1]，人们就面183临一个选择：要么试图去理解真理如何在语言中运作——这意味着真理甚至无法在语言之外被想象，要么尝试找到一条超越可言说之物的道路。这种选择再次把我们拉回出现在各种争辩里的、当代哲学最重要的议题之一，即把语言视作"命题断言的中介"与把语言视作"解蔽—世界的中介"的两种见解之间的张力，这种张力在某些方面上也契合否定哲学和肯定哲学的差异。正如罗蒂所表明的，分析哲学和"欧陆"哲学进路之间许多难以解决的差异就是这种张力的结果。这种张力也以分离了阿多诺与哈贝马斯的方式，同样出现在法兰克福学派的传统中。阿多诺秉承《先验唯心论体系》的传统坚持认为，以现代艺术的"摹仿性"拒斥与社会中的其他部分（它们现在完全被工具理性所支配）进行交往，这是留给强有力的理性的哲学构想的唯一希望，而哈贝马斯则基于以有效性宣称为导向的交往行动，希望为现代性中的理性指出一条新道路。

事实上，在现代哲学中这种张力的历史根基也恰恰是谢林自己哲学

---

[1]　诚然，尼采往往往会拒绝表象（representation）模型，但在他几乎所有文本的关键处，他又提出了其他版本表象模型。

的根基,这有助于解释为什么谢林的作品在当下获得了一种新的现实性。曼弗雷德·弗兰克宣称,正是"对于反思而言,绝对者变得不透明了,由此,在早期浪漫主义中也出现了向审美主义和语言哲学的转向,这两个进程处在同一个运动中"(Frank 1992b p. 65)。在审美主义和语言哲学中,由于我们不可能真正说出绝对者是什么——它被理解为主体—表象者和客体—被表象者之间关系或语言和世界之间关联的奠基者——表象的概念被颠覆了。在艺术中,这种颠覆以我们在《先验唯心论体系》中看到的方式显现。在这本著作中,呈现绝对者的唯一方式就是阐释艺术作品中内在的无尽可能性。语言哲学之所以能成为核心,是因为对主体对自身—在场的尝试被颠覆了,如果主体希望达到真理它就不得不参与到语言的秩序中来。到达绝对者是我们普遍共识的目标,但它现在只能成为一个目标,哲学不能划定这种普遍性,因为达到普遍性的手段是个体,而个体自身的解释和交往活动构成了实现这一目标的基础。[1] 这就是哈贝马斯在他的交往理论中所面对的情况。这里的深层问题在于,如果将谢林反对黑格尔体系所提出的一些论点,转化为当代关于理性之争辩的语言,其反对论点是否还适用于当代这些更温和的理性概念。

跟海德格尔一样,哈贝马斯认为反思内在于笛卡尔的"主体性范式"。在这种范式中,一个孤立的主体试图跨越自我与非我之间的鸿沟。因此,主体性的范式是反思性的。而从主体的角度来看这种反思性,那么它必然无法跨越主体与他者之间的鸿沟,这在谢林同一哲学的最佳论证中已经很明显了。哈贝马斯的替代方案是摒弃掉"孤立的主体"这一

---

[1] 如弗兰克(1989a)所说,正是施莱尔马赫(Schleiermacher)首先为现代哲学揭示这些后果;而施莱尔马赫深受谢林的影响,正如我在导言中所表明的那样(有关施莱尔马赫的更多信息,见 A. Bowie 1990 chapter 6)。

概念,并将自我意识视为总是已经在主体间性的交往中形成了的。这种黑格尔式的立场在某些方面受到弗兰克和亨利希的质疑,因为它不足以解释个体之自我意识的本性——自我意识无法通过主体对自身的反思关系或在他者中的自我—反思来理解。在上一章中,我们在考察谢林对笛卡尔的批判时已经看到了这一论点的某些方面[1]。哈贝马斯揭示了自我意识的反思性范式中固有的一个毋庸置疑的问题,并由此认为他可以避免反思性的其他缺陷。哈贝马斯认为,通过以理想的语言情景假设为导向的交往行为范式,这些问题可以被克服。理想的语言情境是一种"绝对",这种"绝对"内在于交往之中;因为它否定了参与者在交往行为中相对的个别利益,参与者们认识到交往本身固有的更高共识目标,即以共识有效性为导向的共识目标。要补充的是,为了摆脱迫在眉睫的黑格尔陷阱,这种目的必须依赖于交往参与者对语言中内在真理的前反思性的熟悉;否则,他们甚至不会认识到什么时候已经达成了共识,甚至可以说,他们根本不希望达成共识。尽管,哈贝马斯(基于形而上学的理性概念的消亡)在尝试对理性进行新的理解与阐释的方面很重要,但它仍然面临重蹈黑格尔思想覆辙的危险,而这种黑格尔思想正是谢林的论证所质疑的。

　　这里的问题太重要也太复杂,我只能简单地指出,谢林对理性危机的揭示如何开启了一种对哈贝马斯发展交往理性理论尝试的质疑,并进而提出一种不同于后黑格尔主义对理性辩护历史的进路。我的目的并非要否定这种理论的必要性,而是要追问哈贝马斯的进路是否排除了某些关键的要素。在哈贝马斯的思想中,典型的黑格尔要素在于交往行动理论与交往行动实践之间的关系。这个问题非常明显地体现在哈贝马

---

[1]　关于这一点,具体参见弗兰克1991年(Frank 1991)。

斯的一种区分方式中,他将语言解蔽世界的能力(这在隐喻或任何一种交流表达中都明显可见,例如音乐——它导致了一种无法以现有规则来定义的新的理解)与有效性的话语区分。以下是哈贝马斯在最近一篇关于维特根斯坦的文章中所说的:

> 当代的哲学争论展示了我们在关注语言和审美体验时所获得的洞见,这种关注在涉及世界的构建、开阔眼界的同时,也具有掩盖的功能。在这里我看到了德国对 20 世纪哲学的特殊贡献,这可以通过尼采,追溯到洪堡、哈曼。无论我们在这一传统中身处何种地位以及感到自己如何受惠于其中,对我们中的一些人来说,因为这个世纪的特定经历,他们那里也留下了怀疑主义的痕迹。这种怀疑主义主要针对的是那种在语言、文学和艺术的诗意力量面前,退缩并放弃了问题的解决的哲学思想。
>
> (Habermas 1991 p.90)[1]

他警示我们,不要忽视现代理性在认知、伦理和审美等不同领域之间的"相互依赖性"。虽然审美活动只能在某种与非审美活动的关联中得到构造,但语言的解蔽能力潜在地存在于任何形式的交流中,这也使得这种审美与非审美活动的区分只是一种相对的区分,而这似乎正是哈贝马斯不愿接受的。一旦我们承认可以用隐喻来解决问题——例如精神分析所证明的那样,那么"问题—解决"进路,和"世界—解蔽"进路的区别就必须被相对化。语言中的世界—解蔽问题与《世界时代》中的核心问题相呼应,同时也是诠释学的基础,现在它甚至还出现在分析性(或

---

[1] Jürgen Habermas, *Texte und Kontexte*, Frankfurt am Main: Suhrkamp, 1990.

"后分析性")哲学的某些地方。[1] 最近,人们对世界—解蔽问题的关注基于这样一种认识,即"语言转向"(linguistic turn)是以忽视我们与实存的前命题关系为代价的。

谢林对直接性和"直观"的关注曾饱受诟病,而现在看来,鉴于黑格尔要证明直接性其实是反思,或者鉴于对语言用法的分析能够彻底地描述真理条件,谢林的这种关注似乎也不那么可疑了。正如我所表明的,无论如何,直接性可以被看作远离作为表象之思想的一个步骤。以下是谢林在黑格尔批判中关于直接性问题的总结:

> 如果思维是与这种质料["存在""绝对主体"]的规定打交道,那么它所思考的并不是这个根基本身,而仅仅是它"注入到"……这个根基之内的这个概念规定,因此这个根基就是一个虽然包含在思维之内,但其实未被思考的东西。但是,一种不思考的思维(*Ein nicht denkendes Denken*)就和一种直观着的思维没有多大差距了……
>
> (*1/10 p.151*)

隐喻是这种尝试的一部分,它试图将"直观着的思维"带到语言"反思"层面。而正如谢林在肯定哲学中批判黑格尔所表明的那样,由于反思与其根据之间关系的自然本性,这尝试永远不可能最终实现。这种认识的当代表现是,人们注意到这样一个事实,即理性内在地关联于诠释的需要,而即使在对现有日常交往行为的实践的理论化基础上,这种诠释最终也无法被形式化。正如我们看到的,哈贝马斯反复论证人们不应

---

[1] 这里几乎完全把注意力集中于"世界—解蔽"而忽略了有效性宣称(validity claims),这是后结构主义对很多人具有直接吸引力的原因,也是哈贝马斯对其持怀疑态度时所给出的常见理由。

该混淆"问题解决"(problem-solving)和"世界解蔽"(world-disclosure)。因此,他在一个不那么思辨的层面上重复了黑格尔的做法,即提出有一个更高的真理,它可以通过将直观提升到概念层面来实现——这导致黑格尔在自己的体系中让艺术与宗教从属于哲学(见 A. Bowie 1990 chapter 5)。

通过一种指向谢林和浪漫主义传统的方式,普特南对哈贝马斯获得非实证主义理性概念的方式提出了质疑[1]:

187　　[哈贝马斯]的尝试清楚地代表了一种认识,我称之为实证主义背后的虚无主义;那种不成立的看法认为,除了那些可以在定律和数学结果中被公开证明的直观和智慧问题之外,洞见、直观和智慧等概念根本没有任何意义……但在我看来,这种说辞是错误的。

(*Putnam 1983 p.299*)

这是错误的,因为即使是在"问题解决"的科学中的有效性中,对诠释和直观的依赖程度也远远超过哈贝马斯的理论所允许的程度。普特南接着说,我们不能像哈贝马斯试图做的那样:

通过将"通则"科学中对理性的实证主义描述,与"表意"科学中的理性的模糊描述结合在一起,来实现对理性恰当的概念把握。而一个更好的方法是,首先认识到,广义上的解释和价值,在一切领域中都涉及我们对理性的概念。

(同上书,*p.300*)

---

[1]　需要注意的是,"泛神论之争"在关联于现代科学而重新出现的"虚无主义"中的回响。

哈贝马斯并非对"问题—解决"和"世界—解蔽"的问题漠不关心，而是正如普特南指出的那样，他独断地将两者分开的方式是行不通的。

哈贝马斯对宗教语言的重视表明，这个问题在他那里是现代哲学的核心。他在《后形而上学思想》中坚持认为：

> 只要宗教语言仍然具有启示作用和必不可少的语义学内涵——而且这些内涵是哲学语言（暂时？）所无法表达的——并继续拒绝转化成论证话语（begründende Diskurse），那么，哲学哪怕是以后形而上学形态出现，同样既不能取代宗教，也不能排挤宗教。
>
> （Habermas 1988 p.60）

同时，哈贝马斯的论断依赖于一种能在合法性话语和宗教语言之间划界的理论，就像他要求在哲学和文学的可批判的有效性宣称之间划清界限一样。在哈贝马斯的合理期望中，他试图将那种拒绝任何严肃论证的后尼采式尝试（这种尝试现在也存在于后结构主义最糟糕的方面）与以检验有效性为导向的哲学区分开来，然而哈贝马斯却滑向了这样一个立场，在其中，他以一种本质上是黑格尔式的方式断言了超出其后形而上学视域所允许范围内的东西。

曼弗雷德·弗兰克针对哈贝马斯指出：

> 如果那种共识是先天地（或主体间性地）被保证了的话，那么无论是在文学还是哲学中，我们甚至不需要踏上主体间性的共识的道路。但它没有得到保证；而事实是，它不是个人揭示世界的不可还原的多元性的一种结果，倘若没有它，那就不会促使我们存在个体之间

达成共识的方向上的动机。作为个体,我们必须在彼此之间达成共识,但这并非一种"尽管如此"的事情,而是因为我们不能建立在一个事先商定的共识体系上。如果不是这样的话,真理概念作为主体间性的共识概念就会失去其意义:它将不再是经典的存在论[表象的]真理理论的一种特殊的后形而上学的替代方案。

(Frank 1992b p.83)

通过一定程度的诠释学理解,我们可以把这一点重新转回谢林对黑格尔批判的结构中。

关键是要拒绝接受这种观点,即认为那种试图在共识中将差异性消解入同一性的理论能够依凭于一个该理论自身划定的基础。尽管这种进路破坏了理论的总体化的要求,但它不意味着放弃直面先前问题的尝试,即这种理论仍然试图理解和超越那些问题。这就是谢林在否定哲学和肯定哲学的区分中所要表达的核心真理[1]。这种区分在后来的哲学中发展成两种不同的观点:一种观点认为我们可以通过意义理论给出一个决定性的真理理论,而诠释学则坚持认为,意义理论必然要始终依赖于一种不可控制的现实:事实上我们总是已然参与了诠释与理解,因而要去划定理解是什么(这种做法本身就需要理解来进行)就不可能了。这就重复了谢林的基本观点,即反对反思的自我奠基。然而,这个根本问题会在诠释学自身中反复出现。即使是伽达默尔,当他这样说时:

每个语词……都关联于一个总体性,通过这个总体性它才单独成为

---

[1] 正如我所表明的,当谢林试图让肯定哲学镜照否定哲学时,这种差异就变得过于对称了。不过在我看来,这种划分所指向的东西才是至关重要的。

一个语词。每个语词都共鸣于它所属的整个语言,并将它所基于的那整个世界观显现出来。因此,每个语词也允许那未言说的东西——作为它发生的环节——而存在。

(*Gadamer 1975 p.434*)

他也滑向了黑格尔范式的语言学:怎么可能在没有预设的情况下就知道这一点呢?[1]哈贝马斯似乎想要将分析方法和诠释学方法结合起来,但这使他陷入了困境。而这些困难对于后来将分析方法和诠释学方法结合到哲学中的尝试来说,是具有启发性的。

后形而上学理性概念的唯一基石是对真理、同一性的追求,这种追求也在交往的事实中被揭示出来;而尼采的思想与此相反,他认为交往是对他者的行使权力[2]。这意味着真理至少是潜在地存在于与另一个人相关的任何一种交往行为中。因而,我们必须正视这样一个事实,即所有关于真理意识的诠释方法都以它们所要诠释的东西——即世界—解蔽的这个事实——为前提,这就是真理不能被(诸如权力之类的)其他东西来解释的原因;但这也是理论基于真理之不可还原性的这一假设无法为自身奠基的原因。对真理结构这种不可还原性的探索是海德格尔为现代哲学所作的主要贡献,并且,我也曾试图阐明谢林在这个方向上给出的方法[3]。那么,为了在真理宣称(truth claims)和世界—解蔽之间作出理论上可辩护的区分,理论家必须已经能够预设一个对它们

---

[1] 关于这一点,参见我 1991 年对魏因斯海默(Weinsheimer)的评论(A. Bowie 1993b)。

[2] 这并不意味着交往不能被用作一种权力强制的手段——它显然可以而且正在被用于强制——但我们能够理解这种非法强制的可能性这一事实本身,就意味着交往不是首要地基于此的。

[3] 遗憾的是,海德格尔并没有从这里提出的真理概念中引出它所包含的伦理后果,不过,这当然也需要一个主体对其关于真理的交往负责的理论。

之间区别的完整的理论知识[1]。这不能仅仅基于一种理论,作为一种后形而上学理论,它必须以交往中真正的语用的成功为基础。这里本质性的问题在于这两者的关系:一者是要尝试提供一种理论,用以公正地对待我们通过交往事实已然置身于其中的理性,一者是认识到理性实践的关键要素之一,就是它能够超越任何可被理论化的东西。哈贝马斯承认,宗教和美学表达的语义潜力带来了无法用哲学话语回应的挑战,但他又通过将黑格尔式的哲学"首要地位"给予哲学话语的方式来化解这一挑战。正如弗兰克所指出的,哈贝马斯因此忘记了这将使他退回到形而上学的假设中,因为那需要对实践的绝对差异进行限定,实践的差异只能不断地在真实交往的突发事件中被检验。

因此,对理性危机的回应需要一种理论上的开放性,而黑格尔恰恰排除了这种开放性,尽管他还有其他的贡献。正是谢林开始为这种开放的概念提供根据,具体如下:

190　　就此而言,黑格尔经常强调的一个观点也可能是正确的,即一切存在着的东西都存在于理念或逻辑概念,因此理念是一切事物的真理……人们可以承认,一切事物都存在于逻辑理念,确切地说,没有什么东西能在理念之外存在着,因为无意义的东西无论如何都没有

---

[1] 恩斯特·图根哈特通过坚持这两者的差异来反对海德格尔:任何意义中所固有的解蔽—世界与有效性宣称的概念——接收者可以对其作出否定性或肯定性的回应(Tugendhat 1970)。哈贝马斯显然采取了图根哈特的立场。而这个问题的影响可能需要一本书的篇幅才能恰当处理,所以我将暂时遵循弗兰克的观点,即所有交往都需要生产者假定接收者有能力理解并诠释其提议。对诠释的这种在先要求,给出了一种质疑图根哈特和哈贝马斯的方式——他们为认知有效性宣称(cognitive validity claims)赋予了超过其他关于意义倡议的优先性(initiatives of meaning)。弗兰克宣称,"命题的真理性根基于真理的可理解性"(Frank 1992b p. 73)。正如普特南所说,那在先的东西是固有的诠释能力,而不是特定的某种交往(communication)。

立足之地,绝不可能存在着。但正因如此,逻辑东西也呈现为存在的单纯的否定者,呈现为这样一种东西,如果没有它,那么没有什么东西能够存在,但由此远远谈不上可以得出一个结论,说一切事物只有通过这种东西才能存在。

(1/10 p.143)

可以看到,长期以来被认为只是19世纪哲学中一个"异类"的谢林,比他的同时代人和他在19世纪的后继者更恰当地阐述了理性危机的某些方面,也提出了当代理论中的一些问题。

有时,为了向前迈进,我们必须回到过去。无论如何,人们在研究谢林的时候不得不涉及大量诠释学问题:这些问题要源于他对语境的关注、做哲学的特殊方式以及拯救神学的尝试,他还揭示了一些似乎与新近理论已经完全失去了联系的问题。我们不会得到一个有效的语言起源理论;但那些用以理解我们身处其中的自然界的关键方法——它们已经越来越被边缘化到前命题艺术形式的表达领域(如音乐)中——在《世界时代》谓述理论的影响下则具有更多的意义。我们无法达成一种能完全克服向前康德主义倒退的自然哲学;但几乎相比于其他所有现代哲学家,谢林都更加清醒地感受到这种不去压制自然——我们身处其中的自然——的要求。这样的哲学不仅是文学性的,也不仅简单依赖于类比:虽然它从隐喻资源中获得力量,但它同时在同一个文本中固执地追寻概念问题的答案。我们也许无法达到德国唯心主义和浪漫主义所希望的那种现代知识领域的综合,但我们不该拒绝这样一种综合的理念本身。一种恰当的现代理性概念,必须对所有可用的思想资源保持开放:一些后结构主义对理性的批判之所以能成功,其中不少是因为这些批判所调动的文学资源,而这些资源越来越被那些试图为不可靠的现代理性概念

191

辩护的哲学忽视。通过对所有可用的资源保持开放,当代的理性概念在与理性的事实性达成一致的同时仍然揭示出这样一种想法的虚无性:我们来到了一个从"理性的沉睡"中苏醒的后现代世界。谢林对现代理性史的贡献或许如迷宫一般复杂,就连他自己也经常迷路,但他所开辟的某些道路仍然值得我们探索。

附　录

参考文献

References (e. g. I/10 p. 121), are to Friedrich Wilhelm Joseph Schelling's Sämmtliche Werke, ed. K. F. A. Schelling, I Abtheilung vols 1 – 10, II Abtheilung vols 1 – 4, Stuttgart: Cotta, 1856 – 61.

An easily accessible substantial selection of the complete works has been published, ed. Manfred Frank, as Friedrich Wilhelm Joseph von Schelling, *Ausgewählte Schriften*, 6 vols, Frankfurt: Suhrkamp, 1985.

References to the *Ages of the World as WA* are to *Die Weltalter*, ed. Manfred Schröter, Munich: Biederstein, 1946.

All translations are my own. Books published in Frankfurt are all Frankfurt am Main.

Adorno, T. W. (1973) *Philosophische Terminologie. Zur Einleitung* Band 1, Frankfurt: Suhrkamp.

Apel, Karl – Otto (1973) *Transformation der Philosophie* Band 1, Frankfurt: Suhrkamp.

Beiser, Frederick C. (1987) *The Fate of Reason: German Philosophy from Kant to Fichte*, Cambridge, Mass. : Harvard University Press.

Bell, David (1987) 'The art of judgement', *Mind* 96.

Bowie, Andrew (1985) 'Individuality and différance', Oxford Literary Review 7.

—— (1990) *Aesthetics and Subjectivity: From Kant to Nietzsche*, Manchester: Manchester University Press, reprinted 1993.

—— (1993a) '"Non-identity": the German Romantics, Schelling, and Adorno', in T. Rajan, ed. , *Intersections: Nineteenth-Century Philosophy and Contemporary Theory*, Albany, NY: State University of New York Press.

—— (1993b) ' The Revenge of hermeneutics ' [review of Joel Weinsheimer, *Philosophical Hermeneutics and Literary Theory*], *Radical Philosophy*, 63.

—— (1994) ' Re-thinking the history of the subject: Schelling and Heidegger ', in

Proceedings of University of Essex Philosophy Department Conference on *Deconstructive Subjectivities* ed. Simon Critchley (forthcoming SUNY 1994).

Bowie, Malcolm (1978) *Freud, Proust, and Lacan: Theory as Fiction*, Cambridge: Cambridge University Press.

Brown, Robert (1977) *The Later Philosophy of Schelling: The Influence of Böhme on the Works of 1809 - 15*, Lewisburg: University of Pennsylvania Press.

—— (1990) 'Resources in Schelling for new directions in theology', *Idealistic Studies* 20:1.

Cunningham, Andrew and Jardine, Nicholas (1990) *Romanticism and the Sciences*, Cambridge: Cambridge University Press.

Davidson, Donald (1980) *Essays on Actions and Events*, Oxford: Clarendon Press.

—— (1984) *Inquiries into Truth and Interpretation*, Oxford: Oxford University Press.

—— 'The structure and content of truth', *The Journal of Philosophy* 87 :6.

Derrida, Jacques (1972) *Marges de la philosophie*, Paris: Seuil.

Dews, Peter (1987) *Logics of Disintegration*, London: Verso.

Fichte, J. G. (1971) Werke I, Berlin: De Gruyter.

Frank, Manfred (1975) *Der unendliche Mangel an Sein*, Frankfurt: Suhrkamp.

—— (1984) *Was Ist Neo-Strukturalismus?*, Frankfurt: Suhrkamp.

—— (1985) *Eine Einführung in Schellings Philosophie*, Frankfurt: Suhrkamp.

—— (1989a) *Das Sagbare und das Unsagbare*, Frankfurt: Suhrkamp.

—— (1989b) *Einführung in die frühromantische Ästhetik*, Frankfurt: Suhrkamp.

—— (1990) *Zeitbewußsein*, Pfullingen: Neske.

—— (1991) *Selbstbewusstsein und Selbsterkenntnis*, Stuttgart: Reclam.

—— (1992a) 'Is self-consciousness a case of *présence à soi?*', in *Derrida : A Critical Reader*, ed. David Wood, Oxford: Blackwell.

—— (1992b) *Stil in der Philosophie*, Stuttgart: Reclam.

Gadamer, Hans-Georg (1975) *Wahrheit und Methode*, Tübingen: J. C. B. Mohr.

—— (1986) Hermeneutik: Wahrheit und Methode 2 Ergänzungen, Register, Tübingen: J. C. B. Mohr.

Gasché, Rodolphe (1986) *The Tain of the Mirror. Derrida and the Philosophy of Reflection*, Cambridge, Mass. , and London: Harvard University Press.

Goodman, Nelson (1984) *Of Mind and Other Matters*, Cambridge, Mass. , and London: Harvard University Press.

Habermas, Jürgen (1973) *Theorie und Praxis*, Frankfurt: Suhrkamp.

—— (1988) *Nachmetaphysisches Denken*, Frankfurt: Suhrkamp.

—— (1991) *Texte und Kontexte*, Frankfurt: Suhrkamp.

Hartmann, Klaus, ed. (1976) *Die ontologische Option*, Berlin: De Gruyter.

Hegel, G. W. F. (1959) *Enzyklopädie der philosophischen Wissenschaften*, ed. Friedhelm Nicolin and Otto Pöggeler, Hamburg: Meiner.

—— (1969) *Wissenschaft der Logik I and II* (Werke 5 and 6), Frankfurt: Suhrkamp.

—— (1970) *Phänomenologie des Geistes*, Frankfurt: Suhrkamp.

Heidegger, Martin (1960) *Der Ursprung des Kunstwerkes*, Stuttgart: Reclam.

—— (1971) *Schellings Abhandlung über das Wesen der menschlichen Freiheit*, Tübingen: Niemeyer.

—— (1978) *Wegmarken*, Frankfurt: Klostermann.

—— (1979) *Sein und Zeit*, Tübingen: Niemeyer.

—— (1983) *Die Grundbegriffe der Metaphysik*, Frankfurt: Klostermann.

—— (1989) *Die Grundprobleme der Phänomenologie*, Frankfurt: Klostermann.

—— (1991) *Die Metaphysik des deutschen Idealismus (Schelling)*, Frankfurt: Klostermann.

Henrich, Dieter (1967a) *Der ontologische Gottesbeweis*, Tübingen: Niemeyer.

—— (1967b) *Fichtes ursprüngliche Einsicht*, Frankfurt: Suhrkamp.

—— (1971) *Hegel im Kontext*, Frankfurt: Suhrkamp.

—— (1982) *Selbstverhältnisse*, Stuttgart: Reclam.

—— (1987) *Konzepte*, Frankfurt: Suhrkamp.

Heuser-Kessler, Marie-Luise (1986) *"Die Produktivität der Natur" Schellings Naturphilosophie und das neue Paradigma der Selbstorganisation in den Naturwissenschaften*, Berlin: De Gruyter.

Hogrebe, Wolfram (1989) *Prädikation und Genesis. Metaphysik als Fundamentalheuristik im Ausgang van Schellings "Die Weltalter"*, Frankfurt: Suhrkamp.

—— (1991) 'Schwermut. Der späte Schelling und die Kunst', unpublished lecture, given in Leonberg 17 October 1991.

Hölderlin, Friedrich (1970) *Sämtliche Werke und Briefe* Band 2, Munich: Hanser.

Horkheimer, Max, and Adorno, T. W. (1971) *Dialektik der Aufklärung*, Frankfurt: Fischer.

Horstmann, Rolf-Peter (1986) ' Logifizierte Natur oder naturalisierte Logik? Bemerkungen zu Schellings Hegel-Kritik', in Rolf-Peter Horstmann and Michael John Petry, eds, *Hegels Philosophie der Natur*, Stuttgart: Klett-Cotta.

Jaspers, Karl (1955) *Schelling: Größe und Verhängnis*, Munich: Piper.

Kant, Immanuel, *Werkausgabe I-Ⅻ*, ed. Wilhelm Weischedel, Frankfurt: Suhrkamp 1968 – 77 *Kritik der reinen Vernunft* (1968) (vols Ⅲ, Ⅳ) *Kritik der Urteilskraft* (1977a) (vol. Ⅹ) Metaphysische Anfangsgründe der Naturwissenschaft (1977b) (vol. Ⅸ).

Kierkegaard, Søren (1968) Concluding Unscientific Postscript, Princeton, NJ: Princeton University Press.

Kuhn, Thomas (1976) *The Essential Tension*, Chicago: Chicago University Press.

Lacan, Jacques (1971) *Écrits*, Paris: Seuil.

Löw, Reinhardt (1990) ' Das philosophische Problem der " Natur an sich " ', *Philosophisches Jahrbuch* 97.

McTaggart, John M. E. (1910) *A Commentary on Hegel's Logic*, Cambridge: Cambridge University Press.

Marcuse, Herbert (1963) *Reason and Revolution*, London: Routledge.

Marquard, Odo (1987) *Transzendentaler Idealismus. Romantische Naturphilosophie. Psychoanalyse*, Cologne: Dinter.

Marx, Werner (1984) *The Philosophy of F. W. J. Schelling: History, System, Freedom*, Bloomington: Indiana University Press.

Nagel, Thomas (1986) *The View from Nowhere*, Oxford: Oxford University Press.

Neuhouser, Frederick (1989) *Fichte's Theory of Subjectivity*, Cambridge: Cambridge University Press.

Nietzsche, Friedrich (1980) *Sämtliche Werke*, vols 1 – 15, ed. Colli and Montinari, Munich, Berlin, and New York: dtv.

Novalis (1978) *Novalis Band 2. Das philosophisch-theoretische Werk*, ed. Hans-Joachim Mähl, Munich and Vienna: Hanser.

Penrose, Roger (1989) *The Emperor's New Mind*, Oxford: Oxford University Press.

Putnam, Hilary (1983) *Realism and Reason: Philosophical Papers vol. 3*, Cambridge: Cambridge University Press.

—— (1988) *Representation and Reality*, Cambridge, Mass. , and London: MIT Press.

Ramberg, Bjørn T. (1989) *Donald Davidson's Philosophy of Language*, Oxford:

Blackwell.

Ricoeur, Paul (1986) *Die lebendige Metapher* (revised German edition), Munich: Fink.

Rorty, Richard (1991a) *Objectivity, Relativism, and Truth* (*Philosophical Papers vol.* 1), Cambridge: Cambridge University Press.

—— (1991b) *Essays on Heidegger and Others* (*Philosophical Papers vol.* 2), Cambridge: Cambridge University Press.

Rosenzweig, Franz (1988) *Der Stern der Erlösung*, Frankfurt: Suhrkamp.

Sandkaulen-Bock, Birgit (1990) *Ausgang vom Unbedingten. Über den Anfang in der Philosophie Schellings*, Göttingen: Vandenhoeck & Ruprecht.

Sartre, Jean-Paul (1943) *L'être et le néant*, Paris: Seuil.

Schelling, F. W. J. (1969) *Initia Philosophiae Universae* (1820 - 1) (*Initia*), ed. Horst Fuhrmans, Bonn: Bouvier.

—— (1972) *Grundlegung der positiven Philosophie* (1832 - 3) (GPP), ed. Horst Fuhrmans, Turin: Bottega d'Erasmo.

—— (1977) *Philosophie der Offenbarung* (1841 - 2) (PO), ed. Manfred Frank, Frankfurt: Suhrkamp.

—— (1989) *Einleitung in die Philosophie* (1830), ed. Walter E. Ehrhardt (Schellingiana 11), Stuttgart: Frommann-Holzboog.

—— (1990) *System der Weltalter* (1827 - 8), ed. S. Peetz, Frankfurt: Klostermann.

—— (1994) *On the History of Modern Philosophy*, translated with an introduction by Andrew Bowie, Cambridge: Cambridge University Press.

Scholem, Gershom (1970) *Judaica* 3, Frankfurt: Suhrkamp.

Schulz, Walter (1957) *Der Gott der neuzeitlichen Metaphysik*, Pfullingen: Neske.

——ed. (1968) *Fichte-Schelling Briefwechsel*, Frankfurt: Suhrkamp.

—— (1975) *Die Vollendung des deutschen Idealismus in der Spätphilosophie Schellings*, Pfullingen: Neske.

Theunissen, Michael (1976) ' Die Aufhebung des Idealismus in der Spätphilosophie Schellings', *Philosophisches Jahrbuch 83*.

—— (1978) *Sein und Schein. Die kritische Funktion von Hegels Logik*, Frankfurt: Suhrkamp.

Thomä, Dieter (1990) *Die Zeit des Selbst und die Zeit danach, Zur Kritik der Textgeschichte Martin Heideggers* 1910 - 1976, Frankfurt: Suhrkamp.

Tilliette, Xavier (1970) *Schelling: une philosophie en devenir*, 2 vols, Paris: Vrin.

Weinsheimer, Joel (1991) *Philosophical Hermeneutics and Literary Theory*, New Haven, Conn. , and London: Yale University Press.

White, Alan (1983a) *Absolute Knowledge: Hegel and the Problem of Metaphysics*, Columbus: Ohio University Press.

—— (1983b) *Schelling: Introduction to the System of Freedom*, New Haven, Conn. , and London: Yale University Press.

Wood, David, ed. (1992) *Derrida: A Critical Reader*, Oxford: Blackwell.

Wüstehube, Axel (1989) *Das Denkenaus dem Grund. Zur Bedeutung der Spätphilosophie Schellings für die Ontologie Ernst Blochs*, Würzburg: Königshausen & Neumann.

谢林著作译本表（作者附）

The list does not claim to be complete, but does contain all the readily available texts that I have been able to trace.

The Ages of the World (1967) translated with introduction and notes by F. de W. Bolman, jr., New York: Columbia University Press.

Bruno, or On the Natural and the Divine Principle of Things (1984) translated with an introduction by Michael G. Vater, Albany: State University of New York Press.

Ideas for a Philosophy of Nature: An Introduction to the Study of this Science (1988) translated by E. E. Harris and Peter Heath, introduction Robert Stern, Cambridge: Cambridge University Press.

Of Human Freedom (1936) a translation with critical introduction and notes by J. Gutmann, Chicago: Open Court.

On the History of Modern Philosophy (1994) translation and introduction by Andrew Bowie, Cambridge: Cambridge University Press.

On University Studies (1966) translated by E. S. Morgan, edited N. Guterman, Athens, Ohio: Ohio University Press.

The Philosophy of Art (1989) Minnesota: Minnesota University Press.

Schelling's Treatise on 'The Deities of Samothrace' (1977) translation and introduction by R. F. Brown, Missoula, Mont.: Scholars Press.

System of Transcendental Idealism (1978) translated by Peter Heath, introduction Michael Vater, Charlottesville: University Press of Virginia.

The Unconditional in Human Knowledge: Four Early Essays 1794 - 6 (1980) translation and commentary by Fritz Marti, Lewisburg: Bucknell University Press.

译名对照

A

Abgrund 深渊
the Absolute 绝对者
Absolute identity 绝对同一性
Affairs 事态
All 大全
Alterity 他异性
Angst 畏
Anthropomorphisms 拟人论
Attract(Anziehen）吸引
Anomalous monism 反常一元论
A priori 先天，先验

B

Band 纽带

C

Can be(das Seinkönnende）能在者
Constellation 星丛
communicate 交往

D

Deduction 演绎
Determination 规定性
Determinability 可规定性
Différance 延异
Disclosure 去蔽

E

Egoity 自我性
Ekstasis, Extase 绽出迷狂
Erschlossenheit 敞开状态
emerge 涌现、出现

F

Fallibility 不可靠性

H

Happiness(Seligkeit）至福

I

Ideal 观念，理想

Idea 理念

Idealism 唯心论

ideal imitation 观念性的摹像

Identity philosophy 同一哲学

Immediacy 直接性

Immanent 内在的

Intellectual intuition 理智直观

Intransitive 不及物

intelligibility 可理解性

G

German Idealists 德国唯心论

Grounding 奠基

Ground 根据

K

kinds of being 存在的样态

M

Manifest world 现象世界

mere subject of being 存在的纯然主体

Melancholy(Schwermut) 沉郁

N

Naturphilosophie 自然哲学

Necessary existence 必然实存者

Negative philosophy 否定哲学

O

Object 对象,客体

Ontological difference 存在论差异

Other of itself 自身的他者

P

Particular 殊异

per posterius 从后天出发的

Physicalism 物理主义

Physicalist 物理主义者

Polarity 极性

Poiesis 创制

Positive philosophy 肯定哲学

Potentiality 潜能性

Predication 谓述

Prius 在先者

Principle 本原

Privation 缺乏

Productivity 生产性

Process 进程

Project 方案

Pronominal being 代词性存在

Q

quidditative being 什么-存在

quodditative being 如此-存在

R

Real 实在

Reflection 反映、反思

Representation 表象

Rotation 轮转

S

Selfhood 自身性
Self-cancellation 自身取消
Self-presence 自身在场
Spontaneity 自发性
Sucht 渴求
Substance 实体
Subjectivity 主体性

T

Tension 张力
Transcendental 先验
Transcendental ideal 先验理想
Transcendent 超验，超越
Transcendence 超验

Transitive 传递性的、及物的
Transience 转瞬即逝
Transreflexive 超反思的

U

the primal kind of all being(Urtyp us alles Seins)
　　一切存在的原型

W

Word 话语
World-disclosure 世界-解蔽

V

Validity claims 有效性宣称

汉译参考

谢林引用部分：

Ⅰ/2：谢林：《论世界灵魂》，庄振华译，北京：北京大学出版社，2018 年。

谢林：《一种自然哲学的理念》，庄振华译，北京：北京大学出版社，
2022 年。

Ⅰ/3：谢林：《先验唯心论体系》，石泉、梁志学译，北京：商务印书馆，
1997 年。

Ⅰ/4：谢林：《对我的哲学体系的阐述》，王丁译，北京：北京大学出版社，
2023 年。

Ⅰ/5：谢林：《艺术哲学》，先刚译，北京：北京大学出版社，2021 年。

Ⅰ/6：谢林：《全部哲学尤其是自然哲学的体系》，庄振华译，北京：北京大
学出版社，2023 年。

谢林：《哲学导论》、《哲学与宗教》，载于《哲学与宗教》，先刚译，北京：
北京大学出版社，2017 年。

Ⅰ/7：谢林：《自然哲学箴言录》，载于《哲学与宗教》，先刚译，北京：北京
大学出版社，2017 年。

谢林：《论人类自由的本质及相关对象》，先刚译，北京：北京大学出版
社，2019 年。

Ⅰ/10：谢林：《近代哲学史》，先刚译，北京：北京大学出版社，2016 年。

Ⅱ/3：谢林：《启示哲学（上卷）》，王丁译，北京：北京大学出版社，

2022 年。

谢林:《启示哲学(下卷)》,王丁译,北京:北京大学出版社,2022 年。

谢林:《启示哲学导论》,王丁译,北京:北京大学出版社,2019 年。

WA Ⅰ/Ⅱ:谢林:《世界时代》,先刚译,北京:北京大学出版社,2018 年。

Initia:《全部哲学的本原——埃尔朗根讲授录》,王丁译,北京:北京大学出版社,2023 年。

其他引用部分:

康德:《纯粹理性批判(第 2 版)》,李秋零译,北京:中国人民大学出版社,2004 年。

康德:《纯粹理性批判(注释本)》,李秋零译,北京:中国人民大学出版社,2011 年。

黑格尔:《精神现象学》,先刚译,北京:北京大学出版社,2013 年。

黑格尔:《逻辑学Ⅰ》,先刚译,北京:人民出版社,2019 年。

黑格尔:《逻辑学Ⅱ》,先刚译,北京:人民出版社,2021 年。

黑格尔:《小逻辑》,贺麟译,北京:商务印书馆,2011 年。

海德格尔:《存在与时间》,陈嘉映、王庆节译,北京:商务印书馆,2020 年。

海德格尔:《谢林:论人类自由的本质》,王丁译,北京:商务印书馆,2018 年。

海德格尔:《路标》,孙周兴译,北京:商务印书馆,2014 年。

海德格尔:《形而上学的基本概念》,赵卫国译,北京:商务印书馆,2017 年。

海德格尔:《现象学之基本问题(修订译本)》,丁耘译,北京:商务印书馆,2018 年。

海德格尔:《路标》,孙周兴译,北京:商务印书馆,2000 年。

264 —— 谢林与现代欧洲哲学

萨特:《存在与虚无》,陈宣良等译,北京:生活·读书·新知三联书店,
　　1997年。

伽达默尔:《真理与方法(上卷)》,洪汉鼎译,上海:上海译文出版社,
　　2004年。

伽达默尔:《真理与方法(下卷)》,洪汉鼎译,上海:上海译文出版社,
　　2004年。

罗森茨维格:《救赎之星》,孙增霖、傅有德译,济南:山东大学出版社,
　　2013年。

利科:《活的隐喻》,汪家堂译,上海:上海译文出版社,2004年。

德里达:《延异》,张弘译,李钧编,载于《二十世纪西方美学经典文本第三
　　卷:结构与解放》,上海:复旦大学出版社,2000年。

哈贝马斯:《后形而上学思想》,曹卫东、付德根译,南京:译林出版社,
　　2012年。

译后记

安德鲁·鲍伊的这本《谢林与现代欧洲哲学》是英文学界关于谢林的经典之作。鲍伊试图在整个德国古典哲学的"星丛"脉络之中勾勒出谢林的关键地位,并展示谢林哲学对"后唯心论"时代乃至整个现代哲学的深远影响。因而,我们也希望,这本译作可以更清晰地呈现出谢林在哲学史中的形象,并带领我们进入更深的思想争辩。

本书翻译的具体分工如下:导言与第四章由杨萌萱译出,第一章、第二章、第三章由田佳润译出,第五章、第六章、第七章则由孟德誉译出。此外,葛岩松也为本书的翻译与校阅工作作出了贡献。本书的校对工作由王丁老师完成。在整个过程中,王丁老师在翻译的术语、语法、原著材料以及文本理解等方面都作出了细致的指导。我们也反复讨论、修改并确定译法,但难免存在尚待修正和完善之处,特此希望读者不吝赐教。

本书的引文部分尽可能地采用国内已有的汉译本,所参考的汉译本已在附录中的"汉译参考"部分给出;至于作者引用但尚无中译本的经典著作部分,则由我们译出。此外,若读者需查阅引用出处,可按照文章中引用句后的标注,在附录的"参考文献"中查阅作者给出的英文或德文出处。

特别地,本书的翻译工作在极大程度上受益于"谢林著作集"汉译团队的已有贡献,因而,特此感谢"谢林著作集"的译者团队。同时,感谢山东大学哲学系的培养与支持。

希望以此书,为谢林哲学及其影响的研究工作作出贡献,共攀科学高峰。

田佳润　孟德誉　杨萌萱

2023 年 7 月

图书在版编目（CIP）数据

谢林与现代欧洲哲学 /（英）安德鲁·鲍伊著；田佳润，孟德誉，杨萌萱译.
－上海：东方出版中心，2024.1
ISBN 978-7-5473-2328-1

Ⅰ.①谢… Ⅱ.①安… ②田… ③孟… ④杨… Ⅲ.①现代哲学－研究－欧洲
Ⅳ.①B5

中国国家版本馆CIP数据核字（2024）第000900号

谢林与现代欧洲哲学

著　　　者　[英]安德鲁·鲍伊
译　　　者　田佳润　孟德誉　杨萌萱
校　　　者　王　丁
责任编辑　陈哲泓　时方圆
装帧设计　陈绿竞

出 版 人　陈义望
出版发行　东方出版中心
地　　　址　上海市仙霞路345号
邮政编码　200336
电　　　话　021-62417400
印 刷 者　上海万卷印刷股份有限公司

开　　　本　890mm×1240mm　1/32
印　　　张　9
字　　　数　200千字
版　　　次　2024年4月第1版
印　　　次　2024年4月第1次印刷
定　　　价　68.00元